NEGÓCIOS E SOCIEDADE

TÍTULO ORIGINAL
Peter F. Drucker on Business and Society

AUTOR
Peter F. Drucker

CONJUNTURA ACTUAL EDITORA
Sede: Rua Fernandes Tomás, 76-80, 3000-167 Coimbra
Delegação: LEAP CENTER – Espaço Amoreiras
Rua D. João V, n.º 24, 1.03
1250-091 Lisboa – Portugal
e-mail: editoras@grupoalmedina.net

TRADUÇÃO
Carla Morais

REVISÃO
Inês Castelhano

CAPA
FBA, sobre capa original da Harvard Business School Publishing Corporation

PAGINAÇÃO
João Jegundo

IMPRESSÃO E ACABAMENTO
ACD Print, S.A.

Dezembro, 2021

DEPÓSITO LEGAL
493487/21

Biblioteca Nacional de Portugal – Catalogação na Publicação

DRUCKER, Peter F., 1909-2005

Negócios e sociedade. - (Biblioteca Drucker)
ISBN 978-989-694-652-4

CDU 338

PETER F. DRUCKER

NEGÓCIOS E SOCIEDADE

ACTUAL

ÍNDICE

NOTA DO EDITOR

Este livro é um dos vários volumes da Biblioteca de Peter Drucker publicados pela Harvard Business Review Press.

Os ensaios aqui contidos foram escritos entre 1946 e 1969. Quando Peter Drucker os reuniu neste livro em 1971, resistiu, como explicou num subsequente volume de ensaios, «à tentação de reescrever», argumentando que era «justo deixar que o leitor decidisse se as opiniões, os preconceitos e as previsões do autor tinham resistido ao teste do tempo».

Cerca de cinquenta anos depois, os leitores poderão achar que a linguagem de Drucker é, por vezes, datada ou inapropriada, e que alguns dos seus argumentos são controversos ou absolutamente desviados. Mas, como editores, também optámos por resistir à tentação de adulterar os textos originais, pois não tínhamos a certeza de sermos sempre capazes de distinguir entre a atualização e a censura. Além disso, achamos que um dos muitos encantos destes ensaios para os leitores contemporâneos, que valorizam a vantagem de uma perspetiva completa que se estenda a todo o período durante o qual Drucker fez previsões, é poderem julgar agora como se conserva admiravelmente presciente e aplicável uma tão grande parte do seu pensamento.

PREFÁCIO

Terão os ensaios deste volume algo em comum, além do autor? À primeira vista, podem parecer aleatoriamente dispersos, sem um tema subjacente ou uma tese unificadora. O ensaio sobre «Os Novos Mercados», que trata as modas e loucuras financeiras dos anos 60 como sintomas de uma mudança estrutural na economia e na sociedade, pode parecer um estranho companheiro de viagem para um ensaio sobre Kierkegaard, seguramente o pensador menos «orientado para o mercado» do Ocidente moderno. Uma evocação de Henry Ford enquanto «Último Populista», e simultaneamente a concretização e a negação dos sonhos agrários e jeffersonianos do século XIX, pode parecer muito distante das tensões internas do «milagre económico» japonês ou do *pathos* e *bathos* da atual «Geração Romântica», os jovens educados de hoje.

Contudo, apesar da diversidade dos seus conteúdos, todos estes artigos têm uma matéria e um tema em comum. Todos eles são ensaios sobre aquilo a que chamaria «ecologia política (ou social)».

Este termo não se encontra em nenhum catálogo universitário. No entanto, a única coisa que é «nova» na ecologia política é o nome. Enquanto tema e preocupação humana, poderia gabar-se de descender de uma linhagem antiga, remontando até Heródoto e Tucídides. Conta entre os seus praticantes nomes tão eminentes como De Tocqueville e Walter Bagehot. O seu estatuto é a famosa definição de Aristóteles do Homem enquanto «*zoon politikon*», ou seja, animal social e político. Como Aristóteles sabia (embora muitos que o citam não o saibam), isto implica que a sociedade, a política e a economia, embora sejam criações do Homem, são a «natureza» do homem, que não pode ser entendido como sendo separado ou exterior a estes conceitos. Implica também que a sociedade, a política e a economia são um ambiente genuíno, um todo genuíno, um verdadeiro «sistema», para usar o termo da moda, em que tudo se relaciona com todo o resto e em que os homens, as ideias, as instituições e as ações devem ser sempre vistos em conjunto para serem verdadeiramente vistos, quanto mais para serem entendidos.

Os ecologistas políticos são pessoas cuja presença pode ser incómoda. A sua própria atividade faz com que desafiem as classificações convencionais, seja da política, do mercado ou da academia. De Tocqueville, por exemplo, era um «liberal» ou um «conservador»? E Bagehot? Os «ecologistas políticos» sublinham que cada feito tem um preço e, para escândalo dos bons «liberais», falam de «riscos» ou de «contrapartidas», em vez de «progresso». Mas também eles sabem que para o ambiente da sociedade, da política e da economia, tal como para o ambiente da própria natureza, não existe equilíbrio, mas sim um desequilíbrio dinâmico. Os ecologistas políticos enfatizam, portanto, que a forma de conservar é a inovação propositada — e isso dificilmente apela ao «conservador».

Os ecologistas políticos acreditam que as disciplinas tradicionais definem ferramentas bastante reduzidas e limitadas quando deveriam consistir em áreas de conhecimento, ação e eventos significativos e autocontidos — da mesma forma que os ecologistas do ambiente natural sabem que o pântano ou o deserto são a realidade, enquanto a ornitologia, a botânica e a geologia são apenas ferramentas para fins especiais. Por conseguinte, os ecologistas políticos raramente ficam quietos. Seria difícil dizer, saliento, quais dos capítulos deste volume são sobre «gestão», «governo» ou «teoria política», «história» ou «economia». A tarefa determina os instrumentos a utilizar: mas esta nunca foi a abordagem da academia.

Os estudantes das várias dimensões sociais do Homem — governo, sociedade, economia, instituições — assumem que o seu objeto de estudo é acessível a um pleno entendimento racional. Com efeito, o seu objetivo é encontrar «leis» suscetíveis de confirmação científica. A ação humana, contudo, tende a ser tratada como não racional, ou seja, como determinada por forças externas, tais como as suas «leis». O ecologista político, pelo contrário, assume que o seu assunto é demasiado complexo para ser entendido na sua totalidade — tal como o seu homólogo, o ecologista natural, o assume em relação ao ambiente natural. Mas precisamente por este motivo, o ecologista político exigirá — como o seu homólogo nas ciências naturais — ações responsáveis do Homem e responsabilização do indivíduo pelas consequências, intencionais ou não, das suas ações.

Um volume anterior de ensaios meus, *Tecnologia* (publicado em 1970), centrava-se no que costumava ser chamado «a civilização material»: empresas e respetivas estrutura, gestão e instrumentos; tecnologia e a sua história, e assim por diante. O presente volume está sobretudo relacionado com processos económicos, políticos e sociais: o diagnóstico precoce de mudanças sociais e económicas fundamentais; a relação entre o pensamento — económico, político ou social — e as ações; as coisas que funcionam e as que não funcionam em certas tradições, quer sejam as da América ou as do Japão; ou as condições para uma liderança eficaz nas complexas estruturas das sociedades industriais e dos governos gigantescos. Mas, em última análise, os presentes ensaios e os do volume anterior têm o mesmo objetivo. Visam uma compreensão do ambiente natural específico do Homem, a sua «ecologia política», como pré-requisito para uma ação eficaz e responsável, seja enquanto executivo, decisor político, professor ou cidadão.

Não haverá um único leitor, tenho quase a certeza, que concorde com todos os ensaios; de facto, conto com que alguns leitores discordem de todos eles. Mas há muito que aprendi que os erros mais graves não são cometidos em resultado de respostas erradas. O que é verdadeiramente perigoso é fazer as perguntas erradas. Espero que os leitores, sejam executivos de uma empresa ou administradores de um organismo governamental, pais ou os seus filhos, responsáveis políticos ou cidadãos, professores ou estudantes, concordem que este volume se dirige às perguntas certas. E mesmo o leitor que discordar acaloradamente dos preconceitos, opiniões e conclusões do autor encontrará nestes ensaios, assim espero, uma leitura agradável.

Peter F. Drucker
Claremont, Califórnia
Primavera de 1971

CAPÍTULO UM

Os Novos Mercados e os Novos Empresários

I

A TERCEIRA VAGA de fusões a inundar a economia americana neste século está a regredir rapidamente. Deixa no seu rasto uma paisagem ainda mais alterada em termos fundamentais na estrutura económica do que as suas predecessoras, há 65 e há 40 anos.

A primeira vaga de fusões, que atingiu o clímax entre 1900 e 1910, foi a dos «magnatas», com a U.S. Steel, de J. P. Morgan, e a Standard Oil Company, de John D. Rockefeller, como protótipos. Nestas fusões, um industrial ou financeiro dominante tentava conquistar e manter uma posição de destaque na economia, obtendo o controlo de um material essencial ou de uma grande indústria. Eram fusões «ofensivas».

Em contrapartida, a segunda vaga de fusões, nos anos 20, foi de fusões «defensivas». O seu protótipo — na verdade, o seu exemplo mais antigo — foi a General Motors, realizado entre 1910 e 1920 como uma fusão de empresas automóveis de média dimensão para defesa comum contra o quase monopólio de Henry Ford. O objetivo destas fusões «defensivas» era o de criar um «número dois» que pudesse defender-se contra os gigantes que a primeira vaga de fusões tinha gerado. E enquanto muitas das criações deste período — como a própria General Motors — se tornaram, por sua vez, a empresa líder na sua indústria, as fusões defensivas permitiram uma menor concentração de poder nas principais indústrias do país e um maior vigor e igualdade na concorrência. Resultou frequentemente em «oligopólio»; mas a maior parte das vezes impediu o «monopólio».

A terceira vaga de fusões, a que agora atingiu o seu auge, começou com fusões defensivas, muito semelhantes às da década de 20. As fusões ferroviárias são disso exemplo, como a que criou a Penn-Central e o novo sistema

Publicado pela primeira vez em *The Public Interest*, em setembro de 1970.

ferroviário no Noroeste, entre Chicago e Seattle. Não é coincidência que o plano para estas fusões ferroviárias tenha 40 anos, remontando ao período das fusões defensivas nos anos 20. Mas as fusões entre os maiores bancos de Nova Iorque no final dos anos 40 e início dos anos 50 — como a que uniu o Chase Bank e o Bank of Manhattan no Chase Manhattan Bank, o National City Bank e o First National no First National City, ou o Chemical Bank e o New York Trust Company no Chemical New York — também foram defensivas. Como resultado, a banca comercial em Nova Iorque — e a banca comercial a nível internacional — tornaram-se muito mais competitivas. Há menos elementos em jogo, sem dúvida, mas são muito mais fortes e agressivos. Estas fusões defensivas dos últimos 20 anos visavam, tal como as fusões dos anos 20, criar empresas suficientemente grandes para um mercado nacional ou internacional e suficientemente fortes para resistir à concorrência à escala nacional (ou, como no caso dos bancos, à escala internacional). Fusões deste tipo têm vindo a ocorrer também na indústria transformadora. A fusão entre duas empresas de madeiras de média dimensão, Champion Paper e U.S. Plywood, criou, por exemplo, um negócio de mil milhões de dólares que produz todo o tipo de produtos a partir de madeira, desde pranchas de madeira serrada e contraplacados até ao papel de qualidade. Ainda assim, a empresa combinada é consideravelmente mais pequena do que a maior empresa de papel do país, a International Paper, ela própria criada por fusões antes da Segunda Guerra Mundial.

A fusão de diversificação

Mas as fusões típicas do período pós-Guerra, e especialmente as dos últimos dez anos, não se assemelham nem às fusões ofensivas de 1900 nem às defensivas de 1925.

Para começar, existiam dois tipos muito diferentes e, no entanto, «típicos». Na «fusão de diversificação» que dominou os primeiros anos — digamos, até cerca de 1964 —, uma grande empresa, embora claramente não fosse um dos líderes da sua indústria, funde-se com empresas do mesmo tipo, mas em ramos de atividade totalmente diferentes. Um dos líderes neste tipo de fusão foi a ITT — as iniciais de International Telegraph and Telephone. Originalmente, era uma empresa que operava negócios telefónicos no estrangeiro, especialmente nos países de língua latina. Também fabricava equipamento telefónico para estas empresas. Na realidade, era originalmente o homólogo estrangeiro da American Telephone and Telegraph Company, a Bell System. Durante os últimos 40 anos, a empresa perdeu ou desistiu gradualmente de uma após outra das companhias telefónicas que operava. Em vez disso, tornou-se um fabricante mundial de eletrónica, muito grande na sua dimensão total, mas não melhor do que terceiro ou quarto em cada um dos seus mercados ou tecnologias. Posteriormente, nos últimos 10 ou 15 anos, expandiu-se através da aquisição de empresas em nada relacionadas, pelo menos à primeira vista, com o seu negócio principal. Adquiriu a Avis-Rent-A-Car, a cadeia de hotéis Sheraton e a Levitt, a maior construtora do país. Também adquiriu a Hartford Fire Insurance, uma das maiores companhias de seguros de acidentes (embora a divisão *antitrust* ainda esteja a tentar desfazer esta fusão).

Numa «diversificação através da fusão» semelhante, a American Radiator & Standard Sanitary Corporation, uma antiga e grande, embora estagnada, produtora de equipamento de canalização e aquecimento, fundiu-se primeiro com a Westinghouse Air Brake, uma grande e também bastante estagnada produtora de freios e sinais ferroviários, depois com a Mosler Safe, uma empresa de tamanho médio e em rápido crescimento, que fabrica sobretudo equipamento para bancos, e depois com a Lyons, uma empresa de construção sediada na Califórnia. Neste processo, a empresa tornou-se «American-Standard».

Duas das muitas centenas de fusões de diversificação ilustram o fenómeno. Uma delas é a fusão em que a Montgomery Ward, uma grande cadeia de venda a retalho e de venda por correspondência, se juntou à Container Corporation of America para formar uma nova empresa, a Marcor. O outro exemplo é a aquisição da segunda maior empresa de financiamento a médio prazo do país, a Commercial Credit, pela Control Data, até agora o único fabricante de computadores que não a IBM (e muito mais pequeno) que tem obtido quaisquer lucros a fazer computadores. À primeira vista, a Montgomery Ward e a Container Corporation não têm nada em comum e a fusão não faz sentido do ponto de vista económico. Mas ambas as empresas, embora em absoluto muito grandes, não são mais do que meros participantes nos respetivos sectores, com menos de um terço das vendas do líder do sector (Sears, Roebuck e American Can, respetivamente). Nos seus problemas, oportunidades e decisões estratégicas, podem, portanto, ser parecidas uma com a outra. Da mesma forma, produzir grandes computadores e atribuir empréstimos a prestações a compradores de automóveis não têm, ao que parece, nada em comum. Mas o problema principal do fabricante de computadores de sucesso é financiar as suas máquinas que, regra geral, são adquiridas em *leasing*, em vez de efetivamente compradas. O problema principal de uma empresa financeira, especialmente uma pequena e fraca, é um fornecimento fiável e constante de mutuários de alta qualidade. Mais uma vez, existe um elevado grau de «encaixe», embora as respetivas empresas sejam tão diversas quanto possível.

A fusão de aquisição

As fusões diversificadas, embora tendo continuado pelos anos 60 fora, tiveram o seu auge por volta de 1964 ou 1965. A partir daí, durante cinco anos, até ao final de 1969, as fusões que fizeram as manchetes foram algo bastante diferente: a «fusão por aquisição» ou OPA. Esta fusão é imposta a uma direção relutante e que muitas vezes oferece grande resistência, organizando uma revolta dos acionistas contra ela. Aquele que «adquire» é quase invariavelmente uma empresa muito mais pequena, uma empresa completamente forasteira, de facto, tipicamente um recém-chegado impetuoso que nem sequer existia alguns anos antes. Nas fusões de diversificação, ambas as partes davam o nó com uma promessa de «sinergia» que, de alguma forma, tornaria o negócio combinado mais produtivo do que os dois sozinhos. Mas, na aquisição, o *slogan* é «gestão de ativos», ou seja, a maximização do valor do capital próprio dos acionistas através da gestão financeira. Com efeito, a OPA assemelha-se mais a um golpe de Estado do que a uma fusão de empresas. Um líder guerrilheiro, que não detém praticamente nenhuma parte da empresa que adquire, consegue que os acionistas externos de empresas com participações públicas de grandes dimensões deponham os seus próprios «gestores profissionais» e, em vez disso, o coloquem ao comando. E os mais bem-sucedidos destes novos capitães da guerrilha empresarial passaram de uma aquisição para outra. Começando com nada, constroem dentro de poucos anos «conglomerados», registando receitas totais nos milhares de milhões.

Entre as vítimas das aquisições, encontram-se algumas das empresas mais antigas e mais conhecidas do país — empresas geridas por uma «gestão profissional» enraizada. Estas incluem duas das maiores empresas siderúrgicas do mundo, Jones & Laughlin e Youngstown Sheet & Tube, ambas com vendas que rondam os biliões de dólares. Foram adquiridas, respetivamente, pela Ling-Temco-Vought, controlada por James Ling, e por ele em poucos anos desenvolvida de uma pequena loja de eletrónica para uma empresa aeroespacial de média dimensão, com vendas de cerca de 160 milhões de dólares, e pela Lykes Bros. Steamship Company, uma companhia de navegação sediada em Nova Orleães que nunca, ao longo dos seus 40 anos de história, tinha tido vendas superiores a 70 milhões de dólares.

Numa outra aquisição amargamente disputada, a AMK, uma empresa da qual ninguém tinha ouvido falar poucos anos antes, adquiriu a antiga United Fruit Company em Boston — uma empresa com mais de 400 milhões de dólares em ativos e quase 400 milhões de dólares em vendas. Este foi o segundo salto da AMK; no primeiro, um ano antes, tinha adquirido uma das mais antigas empresas de processamento de carne, a Morrell — mas a sua base tinha sido uma pequena empresa de fabrico de maquinaria industrial. Os acionistas da United Fruit aliaram-se ao invasor, não porque a administração tivesse falhado, mas porque tinha tido tanto sucesso na sua tentativa de dar a volta e salvar uma velha empresa em dificuldades, que tinha acumulado uma grande quantia. A mais espetacular destas aquisições teria sido a aquisição do sexto maior banco do país, Chemical New York, com ativos de 9 mil milhões de dólares, por uma empresa chamada Leasco, que nem sequer constava dos almanaques financeiros de 1966, dois anos antes de ter feito a tentativa (embora malograda) de se apoderar de um enorme banco comercial, naquilo que tinha começado, alguns anos antes, como uma pequena operação de *leasing* de computadores, sem qualquer capital digno de nota.

Surgiu assim todo um novo grupo de empresários. Não são «proprietários», mas sabem como mobilizar a vasta multidão de acionistas de grandes empresas com participações públicas contra a direção dessas empresas. Têm conseguido repetidamente destituir a «gestão profissional» em nome da «gestão de ativos», ou seja, prometendo maximizar os retornos financeiros. E o seu objetivo não é o «sinergismo» (o que quer que isso possa significar) da «diversificação». É o «conglomerado» construído por manipulação financeira e baseado no controlo financeiro.

As novas empresas em crescimento

Talvez ainda mais significativo, porém, é um outro fenómeno que nunca tinha coincidido com uma vaga de fusões. Refiro-me ao aparecimento de mais um grupo de novos empresários muito mais numerosos do que os gestores de ativos, mas talvez bastante mais sãos, embora nem tão exuberantes nem tão espetaculares. São os homens que têm vindo a criar novos negócios de «crescimento» em grande número. É claro que estão sempre a ser criados novos negócios. Mas estes foram criados desde o início como empresas de crescimento, e desde o início com grandes investimentos do mercado de capitais. Em todos os anos de 1965 a 1969, foram abertas oito a dez mil novas empresas. Muitos novos empresários foram para o mercado de capitais por quantias na ordem de um milhão de dólares antes ainda de o seu negócio ter sido iniciado, produzido o primeiro produto ou feito a primeira venda. Um ou dois anos mais tarde, a maioria voltaria para outra soma substancial de dinheiro, variando entre um milhão e dez milhões de dólares cada. Estas empresas eram ainda suficientemente pequenas e os seus investidores suficientemente poucos em número — e também aqueles a que as leis de valores mobiliários chamam «investidores sofisticados» (ou seja, principalmente instituições de investimento) — para não terem de registar os seus valores mobiliários junto da Comissão do Mercado de Valores Mobiliários. No entanto, já eram suficientemente grandes para terem de informar a Comissão da sua existência. Em suma, estas novas empresas angariaram cerca de 5 a 10 mil milhões de dólares por ano junto dos «investidores sofisticados» durante os últimos cinco anos.

A maioria dos leitores não pertencentes ao ramo financeiro dirão, provavelmente, que se tratava de empresas «baseadas na ciência». De facto, as empresas de base científica que surgiram nos anos 50 nos arredores de Boston, na Estrada 128 ou na Península a sul de São Francisco, foram as precursoras. Mas embora as indústrias baseadas na ciência, tais como a «aprendizagem» ou a aplicação informática, se encontrem entre os novos empreendimentos de crescimento dos anos 60, estas constituem uma pequena fração do total. Entre as ações «glamorosas» para as quais os investidores sofisticados licitaram estavam restaurantes de *franchise*, editoras de revistas e livros, lares e hospitais, fabricantes de casas pré-fabricadas e de casas móveis, entre muitos outros.

Podemos encontrar algumas destas novas empresas em crescimento inclusivamente no sector financeiro, tanto em Wall Street como enquanto gestores de fundos de investimento. A primeira destas empresas de crescimento financeiro — e a mais bem-sucedida até à data, Donaldson, Lufkin & Jenrette — foi iniciada há dez anos por um grupo de jovens licenciados em gestão e tinha-se tornado, em 1969, na sétima maior empresa da Bolsa de Valores. Depois conseguiu, por si só, o que Franklin D. Roosevelt, com todo o poder do governo dos Estados Unidos a apoiá-lo, não tinha conseguido fazer cerca de 30 anos antes: forçar a Bolsa de Valores a deixar de ser um «clube privado». Quando a Donaldson, Lufkin & Jenrette ultrapassou a sua base de capital em 1969 e ameaçou abandonar a Bolsa de Valores, a menos que lhe fosse permitido vender ações ao público — algo desde sempre estritamente proibido pelas regras que, na realidade, limitava o investimento em empresas da Bolsa de Valores a indivíduos ricos —, a empresa tinha-se tornado tão importante que a Bolsa de Valores teve de ceder. A Donaldson, Lufkin & Jenrette angariou 12 milhões de dólares através da venda de ações ao público em abril de 1970.

Muito poucas destas novas empresas podem ser comparadas com a Xerox, a empresa de crescimento por excelência da economia americana no pós-Segunda Guerra Mundial — uma empresa com apenas 1 milhão de dólares em vendas em 1950, ainda com menos de 50 milhões de dólares em vendas em 1960 e que, em 1969, registou vendas de 1,5 mil milhões de dólares. Mas um bom número destas novas empresas cresceu, num período muito curto, para uma dimensão média muito respeitável — 50 milhões de dólares, 60 milhões, 70 milhões, por vezes até 100 milhões de dólares em vendas. Um número ainda maior cresceu a ponto de os seus fundadores poderem vendê-las com um considerável ganho de capital a empresas mais antigas, estáveis e menos «dinâmicas», inclinadas à «diversificação», ou poderiam, em alguns casos, tornar-se «empreendedores de aquisições» por direito próprio. Desde os empreendimentos ferroviários e bancários da Era de Jackson que não havia uma explosão comparável de novos empreendimentos a receber, desde o início, um amplo apoio financeiro em montantes muito elevados.

Os acontecimentos que «não poderiam ter acontecido»

De acordo com aquilo que «toda a gente sabe» sobre a estrutura da economia americana, nem as fusões de aquisição nem os novos empreendimentos de crescimento poderiam ter acontecido. Isto é claramente evidenciado pela clivagem entre os acontecimentos reais e o anúncio magistral sobre o que poderia acontecer — precisamente na altura em que os acontecimentos reais se estavam a aproximar do seu auge.

Em 1967, foi quando as aquisições dispararam e foi também quando surgiu o maior número de empresas de «novo crescimento» no mercado de capitais. Foi também o ano, no entanto, que produziu o maior *best-seller* alguma vez escrito por um economista académico americano, John Kenneth Galbraith: *O Novo Estado Industrial*. O livro tem duas teses fundamentais. A primeira: a gestão profissional nas grandes empresas está tão firmemente enraizada que não pode ser desafiada, quanto mais ser derrubada por dentro ou por fora. O acionista «público» disperso é completamente marginalizado, a ponto de a gestão não precisar de maximizar a rentabilidade (e de facto não o faz) e poder gerir o negócio confortavelmente, perpetuando-se no poder. A segunda: simplesmente não podem existir novos negócios nesta economia de grandes empresas que manipulam o mercado, tanto o das mercadorias como o do capital. As novas empresas de pequenas dimensões não podem, com toda a certeza, crescer. Assim estava escrito em *O Novo Estado Industrial*.

O que torna particularmente significativo o contraste entre as teses deste tão vendido livro e a realidade do próprio momento em que foi lançado é, no entanto, que Galbraith neste livro não é o inovador, o iconoclasta e o explorador da sabedoria convencional que tinha sido nos livros anteriores. As duas teses contidas em *O Novo Estado Industrial*, por muito que Galbraith as tivesse redigido de forma provocadora, foram as mais convencionais e mais amplamente aceites no que diz respeito à estrutura económica americana. Na verdade, remontam aos anos antes da Primeira Guerra Mundial, quando John R. Commons, o pai da economia institucional americana, as apresentou. São o pano de fundo, naturalmente, do trabalho de Veblen nos anos da Primeira Guerra Mundial. Foram completamente documentadas no clássico sobre a estrutura empresarial americana, escrito por Berle e Means, *The Modern Corporation and Private Property*, publicado em 1932. Estas mesmas teses foram reafirmadas nos três livros que iniciaram, de uma forma ou de outra, o tremendo interesse sobre as empresas americanas e o seu estudo nos últimos 25 anos: *The Managerial Revolution* (1941), de James Burnham, e os meus próprios livros *Concept of the Corporation* (1946) e *The New Society* (1950). Desta vez, por outras palavras, Galbraith, em *O Novo Estado Industrial*, foi a voz da própria «sabedoria convencional». Mas isto torna ainda mais evidente que algo de significativo deve ter acontecido na própria estrutura da economia americana nestes últimos anos.

De facto, nem mesmo a fusão de diversificação é verdadeiramente compatível com a doutrina prevalecente e geralmente aceite da «hegemonia da administração». A doutrina apregoa que a gestão entrincheirada das grandes empresas de capitais públicos não precisa, de todo, do mercado financeiro externo. As empresas grandes e bem estabelecidas, assim o diz a sabedoria herdada dos últimos 40 anos, são capazes de se financiarem a si próprias através de «lucros retidos». Mas se isto fosse verdade, as fusões de diversificação não poderiam, de facto, ter acontecido. A doutrina consagrada também nos ensina que uma empresa dessas não tem de competir pela gestão. A gestão pode perpetuar--se e pode oferecer carreiras seguras a mediocridades competentes. Nestas fusões, uma gestão de topo abdica voluntariamente, uma vez que, evidentemente, a nova empresa resultante da fusão necessita apenas de uma gestão de topo. Nenhuma gestão de topo, conclui-se, cometeria suicídio se fosse à partida imune ao controlo dos acionistas e capaz de se dotar dos recursos para o seu próprio sucesso. E, de facto, nunca ninguém o fez, nestas condições.

Ao contrário das fusões defensivas do passado, as fusões de diversificação não reforçam uma empresa nos mercados dos seus produtos ou na eficiência de fabrico. A única explicação para que as administrações de empresas que aparentemente estão a ter um bom desempenho — tal como a Commercial Credit e a Control Data, Montgomery Ward e a Container Corporation, Sheraton Hotels, American Radiator e Westinghouse Air Brake — possam estar dispostas e muitas vezes ansiosas por se fundirem é que se encontram sob pressões que não podem negligenciar, ou seja, são incapazes de atrair recursos dos quais necessitam para sobreviver, e não é pelo simples facto de serem grandes e estabelecidas que são capazes de os gerar. A fusão de diversificação, tal como a aquisição e os novos empresários em crescimento, foi uma perturbação sísmica que representa uma grande mudança estrutural ocorrida nas profundidades da economia.

A empresa multinacional

Um outro fenómeno, igualmente significativo, ocorreu na estrutura económica durante estes últimos anos, e também ele «não poderia ter acontecido». Há 15 anos, todas as grandes empresas dos Estados Unidos, tirando meia dúzia, eram inteiramente «americanas» (ou pelo menos «norte-americanas», ou seja, com uma filial no Canadá) na sua distribuição geográfica. Atualmente, a grande maioria das grandes empresas transformadoras são «multinacionais», com 20% a 50% da produção fabricada fora dos Estados Unidos. De facto, como Jean--Jacques Servan-Schreiber salientou no seu livro, *Le Défi Américain* (O Desafio Americano), que se seguiu ao *O Novo Estado Industrial*, de Galbraith, como o *best-seller* económico internacional para 1968, as empresas americanas que produzem na Europa são a terceira maior potência industrial do mundo, superada apenas pelos Estados Unidos e pela Rússia, chegando mesmo a superar a produção do Japão e da Alemanha. O «multinacionalismo» também não está confinado às empresas de transformação. Os grandes bancos dos Estados Unidos, o Bank of America, o First National City Bank e o Chase Manhattan, têm hoje uma proporção ainda maior dos seus negócios fora dos Estados Unidos do que a maioria das empresas transformadoras multinacionais. Também várias bolsas de valores, como é o caso da White Weld, por exemplo, são verdadeiramente multinacionais e tornaram-se agentes líderes nos mercados de capitais europeus. E depois há os fundos de investimento *offshore*, geridos por americanos, mas domiciliados fora dos Estados Unidos e limitados, por lei, a fazer negócios exclusivamente com não-americanos. Um deles, Investors Overseas Service, começado apenas em 1956 por um antigo assistente social de Filadélfia, Bernard Cornfeld, tinha, no final de 1969, acumulado quase 2,5 mil milhões de dólares em ativos e tinha-se tornado o principal gestor de ativos em muitos países europeus e latino-americanos.

Este fenómeno começou nos Estados Unidos e, durante os primeiros anos, «multinacional» era sinónimo de «baseado nos Estados Unidos». Por volta de 1965, contudo, a mudança para o multinacionalismo tornou-se verdadeiramente multinacional. Os que mais rapidamente cresceram nestes últimos anos foram os suecos. Hoje, três em cada dez homens que trabalham para fábricas de propriedade sueca trabalham fora da Suécia; há poucos anos, o número era de um em cada dez. Depois os japoneses, por volta de 1968, começaram a mexer-se. Cada edição do *Oriental Economist*, o homólogo japonês do *Wall Street Journal*, relata uma nova fábrica construída por uma empresa japonesa no estrangeiro, uma nova *joint-venture* com uma empresa não japonesa para produzir no estrangeiro ou uma nova filial japonesa de produção no estrangeiro. O desenvolvimento tem sido tão vasto que um estudante, Judd Polk, economista da Câmara de Comércio Internacional, defende que deveríamos substituir a velha teoria do comércio internacional, que trata da «distribuição internacional dos frutos da produção», por uma nova teoria da alocação internacional dos fatores de produção. Outro estudioso, o Professor Howard Perlmutter, da Universidade da Pensilvânia, prevê que, por volta de 1985, o grosso da oferta mundial de bens manufacturados será proveniente de 300 empresas mundiais, com produção em todos os principais países, geridas a nível multinacional e detidas por acionistas de todos os principais países.

Mais de metade da produção das multinacionais sediadas nos EUA no exterior dos Estados Unidos surgiu nos últimos cinco anos. No entanto, há cinco anos, todos os economistas «sabiam» que a expansão das multinacionais americanas tinha sido travada, que, de facto, as empresas multinacionais americanas estavam a sofrer uma forte contração. Com efeito, em 1965, o governo dos Estados Unidos proibiu mais investimentos de fundos americanos em empresas multinacionais americanas no estrangeiro, especialmente nos países desenvolvidos (com exceção do Canadá e Japão). A razão ostensiva era a preocupação com a balança de pagamentos dos Estados Unidos — embora uma das principais razões fosse certamente também o desejo de aplacar os nossos aliados europeus, especialmente de Gaulle, que se queixavam ruidosamente de que os Estados Unidos estavam a utilizar o seu défice de pagamentos para comprar as economias europeias. A proibição foi rigorosamente policiada e fielmente respeitada. No entanto, todos os anos, desde 1965, as multinacionais dos Estados Unidos têm vindo a investir mais na Europa. A resposta é simplesmente que a América nunca financiou as aquisições europeias e os novos negócios das multinacionais americanas; desde o início que eram os europeus que o faziam. Trocavam as participações nas suas empresas nacionais, que operavam num mercado nacional restrito, por participações numa empresa multinacional de âmbito e gestão mundiais. Na verdade, durante estes últimos dez anos, a Europa investiu bastante mais — um ou dois milhões — em ações de empresas sediadas nos EUA do que as empresas sediadas nos EUA investiram na produção na Europa, quer através do arranque de um negócio, quer através da aquisição de uma empresa europeia já existente. O resultado disto é que os europeus, no seu conjunto, possuem agora provavelmente a mesma percentagem das principais empresas americanas — talvez até 20%, em alguns casos — que as empresas americanas possuem de grandes indústrias na Europa. Até agora, ninguém prestou muita atenção a este facto. Mas, previsivelmente, um dia virá à tona e, então, o «domínio estrangeiro da indústria americana» tornar-se-á provavelmente um *slogan* político neste país como o «domínio americano da indústria francesa (alemã, britânica, italiana, holandesa ou outra)» se tornou um *slogan* político na Europa.

Os exemplos sueco e japonês são ainda mais espantosos. Em ambos os países, o governo sempre exerceu o mais rigoroso controlo sobre o investimento no estrangeiro. Em ambos os países, o investimento em fábricas no estrangeiro foi oficialmente proibido e a moeda estrangeira para o fazer simplesmente não estava disponível. O multinacionalismo da indústria nestes dois países está, por outras palavras, também a ser financiado pelos investidores multinacionais — especialmente o investidor nos países em que o investimento está a ser feito — que troca a sua participação numa empresa local por uma participação numa multinacional.

Mas isto é tão incompatível com as «verdades» da teoria económica internacional como a vaga de aquisições ou a emergência de novos empresários é incompatível com a sabedoria recebida da doutrina da «hegemonia da administração». Não é apenas a teoria keynesiana que pressupõe a soberania fiscal e financeira do Estado de uma nação; toda a teoria económica destes últimos 50 anos tem feito precisamente isso. Mas mal o Estado mais poderoso, os Estados Unidos, exerceu esta soberania, logo surgiu, de forma totalmente não planeada, o «mercado eurodólar» através do qual os europeus canalizaram o seu capital para empresas multinacionais baseadas nos Estados Unidos, derrotando assim o governo dos Estados Unidos e os seus próprios governos também.

Pode argumentar-se que as novas fusões, sejam de diversificação ou de aquisição, são «fenómenos temporários» e também que muitas delas não eram sãs nem desejáveis. Pode argumentar-se que os novos empresários são só paisagem num *boom* da Bolsa de Valores. Pode argumentar-se — como fez o general De Gaulle — que as empresas multinacionais são uma abominação e uma violação flagrante das leis imutáveis da política e da História. Há, de facto, poucas dúvidas de que uma boa parte dos conglomerados foram feitos às três pancadas, resultado de truques de ilusionismo financeiro e «exploração de ativos», em vez de «gestão de ativos». Uma boa parte dos novos negócios, cujas ações foram avidamente adquiridas por «investidores sofisticados», foram certamente moda e insensatez, e pouco mais. Não é preciso ser ultranacionalista para ver alguns problemas reais em empresas multinacionais que têm receitas maiores do que as receitas nacionais de alguns dos países onde operam, e que tomam as suas decisões em sedes que estão longe dos países que delas dependem e muito fora do alcance dos governos desses países.

Mas que estes fenómenos dos últimos dez anos podem não ser do agrado de todos, que podem não ter sido todos desejáveis ou sãos, e que nem todos os seus resultados podem ser duradouros, não altera dois factos: o de terem acontecido e o de terem afetado fundamentalmente a estrutura económica, a nível interno (em todos os países desenvolvidos) e internacional. Quer se goste ou não — pessoalmente, tenho grandes reservas —, há que perguntar o que os explica. E há que assumir que mudanças de um alcance desses, que, além do mais, vão contra o que consideramos «conhecimento» nessa área, devem ter as suas causas em grandes mudanças na estrutura da economia e na estrutura da sociedade.

II

Os acontecimentos dos últimos dez anos são, a meu ver, as respostas iniciais à emergência de dois novos grandes «mercados de massas»: um mercado de massas para capital e investimento e outro para carreiras de pessoas instruídas que desenvolvem trabalho intelectual. Tal como todas as respostas iniciais, foram, com toda a probabilidade, as respostas erradas ou, na melhor das hipóteses, respostas inadequadas. Mas foram respostas a novos desafios reais, e os desafios não vão desaparecer.

Cada economia, qualquer que seja a sua estrutura ou o seu nível de desenvolvimento, tem três dimensões. Uma dimensão é a dos bens e serviços, a sua produção, distribuição e consumo. É o «aqui e agora» da economia. A segunda dimensão é a da afetação de recursos para o futuro, a que trata da formação e do investimento de capital. Finalmente, em cada economia, há trabalho, empregos e carreiras.

Cada uma destas dimensões, independentemente do nível em que a economia opera, necessita de alguma forma de afetação de recursos.

Mas só quando uma economia atinge a fase em que produz, em cada dimensão, mais do que a mera subsistência, é que as escolhas começam a tornar-se importantes. Só então pode haver um «mercado» ou «planeamento». E um «mercado de massas» só pode surgir quando houver oferta suficiente em cada área para que um grande número de pessoas faça escolhas significativas.

A escala de mercado de massas no que respeita à primeira dimensão, a da produção e consumo de bens e serviços, só foi alcançada no mundo há cerca de 200 anos. É a essência daquilo a que os livros de história económica chamam a «revolução comercial» do início do século XVIII, concentrada, claro está, até às Guerras Napoleónicas quase exclusivamente em Inglaterra e nos Países Baixos. Mas até mesmo em Inglaterra o bem-estar da população ainda era medido até meados do século XIX, mais concretamente até à revogação das Leis do Milho em 1846, pelas flutuações no preço do pão. Por outras palavras, mesmo em Inglaterra em meados do século XIX, a grande parte da população tinha muito pouca escolha no que respeita a bens e serviços e ainda não era capaz de formar um mercado de massas. Estavam delimitados pela oferta em vez de escolherem a partir dela. No Japão, por sinal, o preço da unidade básica de arroz continuou a ser a medida padrão do bem-estar económico até à altura da Primeira Guerra Mundial.

A emergência do mercado de massas de bens e serviços no século XVIII explica o surgimento súbito da disciplina da economia: sem a existência significativa de escolhas, não podia haver economia.

Mas as primeiras teorias económicas, sejam elas clássicas, neoclássicas ou marxistas, não produziram uma teoria do dinheiro, do capital e do investimento, quanto mais uma teoria para a dimensão do trabalho e do emprego. Não havia necessidade disso, pois a oferta nestas duas áreas ainda não tinha atingido o nível de escolhas significativas, a não ser marginalmente. Há muitos séculos que há mercados para o crédito. Estes remontam às grandes feiras do final da Idade Média. Ainda assim, já no início da década de 1930, quando eu era um jovem investidor na banca em Londres, que naquela altura ainda era a capital financeira do mundo, era axiomático que não mais do que uma em cada trezentas ou quatrocentas pessoas, mesmo numa economia altamente desenvolvida, tinha poupanças suficientes para investir em algo mais do que nas necessidades financeiras básicas, como seguros de vida ou hipotecas das suas casas. Por outras palavras, mesmo nas economias altamente desenvolvidas, já em 1930, a grande massa da população, no que diz respeito ao capital e ao investimento, era determinada pela oferta disponível, em vez de ser capaz de a distribuir, em qualquer grau significativo, entre as escolhas. E toda a teoria económica anterior, desde Adam Smith, passando por Marx, até Marshall na viragem do século, assumiu essencialmente que os empregos eram, por necessidade, mais escassos do que a oferta de mão-de-obra disponível, quer isto estivesse a ser expresso na «Lei de Ferro dos Salários», de Marx, quer nas equações muito mais elegantes, mas essencialmente idênticas, de «Utilidade Marginal».

A economia, ao longo do século XIX, podia tratar o capital, por um lado, e o trabalho, por outro, como sendo determinados pela economia «real», a economia dos bens e serviços, não tendo assim qualquer autonomia nem dinâmica própria.

Keynes enquanto sintoma

Nesta perspetiva, o desenvolvimento da economia monetária, que culminou no trabalho de Keynes no início dos anos 30, provocou uma mudança estrutural importante: a emergência de uma dimensão da economia, a do capital e do investimento, num verdadeiro sistema de mercado em que um número substancial de pessoas tem possibilidades de escolha. Para Keynes, e ainda mais para os pós-keynesianos como Milton Friedman hoje, a dimensão do capital e do investimento é a economia «real», com os bens e serviços tão dependentes dela como na economia anterior, o capital e o investimento eram vistos como dependentes da dimensão dos bens e serviços.

Quando Keynes publicou as suas grandes obras, no início dos anos 30, o capital e o investimento eram ainda muito «mercado de massa especializado» de uma pequena minoria, embora muito maior do que tinha sido apenas algumas décadas antes. Quando a Bolsa de Nova Iorque anunciou, por volta de 1945, que visava a «propriedade em massa de ações», tinha em mente aumentar a proporção de proprietários de ações de cerca de 1% para 3% ou 4% da população americana. O número situa-se agora em 80% ou mais. Não «nacionalizámos» o capital neste país, mas «socializámo-lo». O instrumento através do qual o maior número de americanos possui hoje os «meios de produção» são os intermediários financeiros — fundos mútuos e fundos de pensões, acima de tudo. Eles são os verdadeiros «capitalistas». Estas instituições são, por assim dizer, os «compradores profissionais» para a grande massa de consumidores financeiros. É a eles que se referem a Securities Exchange Commission e a Stock Exchange quando falam de «investidores sofisticados». Eram detentores, no final de 1969, de entre 45% e 50% do capital social das empresas americanas. Em consequência, a propriedade financeira neste país é agora distribuída aproximadamente no mesmo grau de igualdade — ou desigualdade — em que o consumo de bens e serviços estava distribuído no início dos anos 20, no primeiro grande *boom* de «consumo de massa». Os ricos, ou seja, 20% da população, provavelmente ainda possuem ou controlam mais de 40% do capital das empresas americanas. Os pobres, 10% da população, não possuem, naturalmente, qualquer capital próprio. O grupo médio, composto por cerca de 70% da população, possui diretamente, ou através dos seus intermediários, cerca de metade dos ativos financeiros. O resto, por sinal, é maioritariamente detido por estrangeiros, mais uma vez, maioritariamente por instituições.

Um exemplo deste processo e da sua rapidez é o fundo de pensões dos professores universitários americanos, a Teachers Insurance and Annuity Association, que gere os fundos de reforma de 300 mil pessoas — da grande maioria dos professores universitários das faculdades e universidades privadas e, cada vez mais, também dos professores das instituições estatais e municipais. Foi fundada no início dos anos 20 e os professores levaram 50 anos a constituir um fundo de pensões de cerca de 2,5 mil milhões de dólares em anuidades convencionais, investidos sobretudo em obrigações, hipotecas e outros investimentos tradicionais em seguros de vida. Depois, há menos de 20 anos, em 1952, os professores acrescentaram um Fundo de Pensões de Reforma, ou seja, um fundo mútuo de ações ordinárias, e começaram a oferecê-lo aos professores universitários participantes. Hoje em dia, este fundo gere uma carteira de ações ordinárias muito superior a mil milhões de dólares — na qual, aliás, ainda se encontra entre os gestores de carteiras de médias dimensões e não entre os grandes. Mais a mais, quase todos os participantes no fundo de pensões de renda fixa convencional se tornaram também investidores de ações ordinárias através do College Retirement Equity Fund.

O que raramente é entendido é que isto não é reflexo de uma mera expansão quantitativa do conjunto de investidores. Trata-se de uma mudança qualitativa no seu carácter. Eles não são «capitalistas». São «investidores». O seu principal papel na economia não é através dos seus investimentos, mas sim através do seu emprego e dos rendimentos que daí advêm. Aquilo que conseguem investir na economia é, por assim dizer, «extra». Eles não dependem disso, portanto, podem dar-se ao luxo de correr riscos com esse dinheiro. De facto, o comportamento económico mais racional para este grupo é ser um «especulador», ou seja, investir para ganhos de capital e não para obter rendimentos e segurança. O grupo de rendimentos médios, que ganha entre 8 mil e 20 mil dólares por ano, está talvez mais consciente da carga fiscal do nosso imposto sobre o rendimento, abruptamente progressivo, e é menos capaz de o aliviar através de brechas fiscais e de evasão fiscal, precisamente porque os seus rendimentos são provenientes de salários e vencimentos. Portanto, os rendimentos adicionais provenientes de investimentos têm pouco incentivo para tal. O crescimento, ou seja, a oportunidade de valorização do capital, tem quase o dobro do valor para este grupo, em termos de rendimento real, do que teria um rendimento adicional. Ora, este grupo, que é, na realidade, o atual acionista maioritário, está, portanto, singularmente recetivo à promessa de «gestão de ativos» e à «maximização do valor do investimento dos acionistas» — e perfeitamente disposto a aceitar um risco considerável a fim de obter ganhos de capital e «maximização de ativos».

À primeira vista, isto não parece aplicar-se a um grande segmento destes novos investidores: os fundos de pensões. Tradicionalmente, os fundos de pensões têm sido investidores ultraconservadores, quanto mais não seja porque precisam previsivelmente de um rendimento no futuro para pagar aos seus pensionistas. Mas os fundos de pensões de hoje, especialmente os fundos de pensões da indústria, foram criados de tal forma que a única coisa que é previsível é que o rendimento necessário no futuro não pode ser obtido a partir das contribuições pagas no presente, mas deve ser complementado por ganhos de capital apreciáveis. Em primeiro lugar, o típico plano de pensões americano baseia a pensão de uma pessoa nos seus rendimentos durante os últimos cinco anos de vida ativa e num período de aumento constante dos salários. Isto significa que as contribuições para um fundo de pensões baseado nos salários médios atuais não serão adequadas às necessidades de uma pensão no futuro. Além disso, as pensões estão a ser cada vez mais ajustadas retroativamente em função das mudanças no custo de vida ou do nível salarial das pessoas ainda no ativo. Num período de aumento dos salários e preços inflacionários, a exigência das pensões futuras deve, portanto, exceder em muito tudo o que as atuais contribuições possam proporcionar. Por conseguinte, os fundos de pensões, para estarem à altura das responsabilidades decorrentes dos contratos de trabalho, têm de investir para obter ganhos de capital. Quanto maior for a pressão inflacionária na economia, mais o comportamento «especulativo» aparecerá como a única linha de ação verdadeiramente «conservadora» para um fundo de pensões, e o que costumava ser considerado comportamento conservador aparecerá como «especulação» imprudente e, na realidade, irresponsável. A única forma através da qual o típico fundo de pensões atual pode esperar cumprir as suas obrigações é investindo no crescimento e nos ganhos de capital; a única forma de poder ser fiel à sua garantia é apoiando a «gestão de ativos».

Assim, o novo mercado de massas para capital e investimento deve dar um significado muito diferente a «desempenho» ou a «valor» do que o significado que o capitalista tradicional ou o gestor profissional atribui a estas palavras. Estas novas expectativas podem parecer especulativas em termos tradicionais, mas refletem as realidades económicas do novo consumidor financeiro em massa, a classe média empregada. Podem não ser realistas, mas são perfeitamente racionais.

Um mercado de massas para as carreiras

Talvez mais importante a longo prazo, e por enquanto ainda muito menos visto pelo público em geral, é o surgimento do mercado de massas nas carreiras dos trabalhadores intelectuais, ou seja, para pessoas com formação universitária. Apenas há 40 anos, nas vésperas da Grande Depressão, havia muito poucas carreiras em que se pudesse efetivamente ser pago para pôr o conhecimento em prática. Essas eram, essencialmente, as profissões antigas como o sacerdócio, o ensino, a medicina e o direito, às quais, nos primeiros anos do século, a engenharia tinha sido acrescentada. Os licenciados de Yale que foram contratados pelas empresas de Wall Street nos anos 20 para serem vendedores de títulos não foram contratados pelos seus conhecimentos, mas sim pelas suas ligações.

A oferta de homens e mulheres com educação avançada e preparados para o trabalho intelectual aumentou quase 20 vezes desde 1920. Mas a oferta de oportunidades de emprego e carreira para estes indivíduos aumentou ainda mais rapidamente. Nos últimos dez anos, as escolhas de carreira para as pessoas com formação superior parecem ser praticamente ilimitadas. Na verdade, o facto de os jovens de hoje terem de fazer escolhas deste tipo, e sem qualquer informação efetiva, é certamente um importante fator que contribui para a agitação no *campus* universitário. Os jovens são assoberbados pela quantidade de oportunidades que apregoam «Agarra-me!».

A emergência de uma escolha genuína de carreiras e empregos é tão recente que até agora não existe uma teoria económica de um verdadeiro «mercado do emprego». Mas há o primeiro sinal de que os antigos pressupostos estão a ser descartados pelos economistas. Nos últimos dez anos, a «curva de Phillips» tem encontrado uma aplicação crescente na análise económica. Com o nome do economista inglês que a desenvolveu, esta curva relaciona a inflação e o emprego, tentando identificar o desemprego mínimo necessário num determinado país para evitar pressões inflacionistas. Por outras palavras, assume, ao contrário de qualquer teorema económico anterior, que uma escassez de pessoas em vez de uma escassez de empregos é a «norma» de uma economia e que o mercado do trabalho, longe de ser o corolário do mercado de bens e serviços e do mercado de dinheiro e capital, é, em si mesmo, uma grande força que molda a economia e molda as suas outras duas grandes dimensões. Mas isto é apenas um começo. Até agora, nem sequer existe o primeiro sinal de uma verdadeira teoria económica do mercado de trabalho, empregos e carreiras, quanto mais de algo comparável ao modelo dominante de Keynes.

Há 70 anos, ainda era válido, mesmo neste país, como ainda o é para as massas no mundo subdesenvolvido, que a maioria das pessoas não tinha escolhas quanto à sua ocupação. Mesmo onde os empregos eram abundantes ao invés de escassos, o emprego ao qual um jovem tinha acesso e o seu trabalho a partir daí para o resto da sua vida era, em grande parte, determinado pela ocupação do seu pai e pela posição económica da sua família. Para a grande massa de pessoas, isto significava simplesmente que o filho seguia o pai; e na maioria dos casos, claro, esse filho seguia o pai atrás de um arado. Alguns muito dotados, muito afortunados ou muito empreendedores poderiam sair deste padrão, e nesse aspecto, claro, a sociedade americana sempre teve mais mobilidade do que qualquer outra. Mas mesmo na sociedade americana, essa mobilidade era a exceção.

Hoje em dia, por mais desigual que seja a distribuição das oportunidades educacionais, a maioria dos jovens tem acesso a uma educação universitária e, com ela, acesso à mobilidade e a uma escolha de carreira significativa.

Também aqui se trata de uma mudança ainda mais qualitativa do que quantitativa. É uma mudança que passa de «procurar emprego» para «ter a expectativa de uma carreira», de «ganhar a vida» para «querer dar um contributo». As primeiras brochuras de doutrinação de empregados, escritas pelos primeiros responsáveis pelo pessoal nos anos do *boom* dos meados da década de 20, quando o trabalho era escasso, geralmente começaram com a pergunta: «O que é que o trabalho exige de si?» As brochuras de recrutamento de hoje geralmente começam com a pergunta: «O que pode esperar da Empresa XYZ?» Antes supunha-se, mesmo no auge de um *boom* anterior, que as pessoas estavam à caça de empregos, agora assume-se que os empregos estão à caça de pessoas e que, portanto, têm cada vez mais de satisfazer os valores, exigências, expectativas e aspirações dos trabalhadores intelectuais. Adicionalmente, claro está, o jovem trabalhador intelectual é também o típico «investidor» do novo mercado de capitais de massa. Isto explica, em grande medida, o que para tantos espectadores, especialmente para os empresários mais velhos, se assemelha a uma total contradição, de facto, a uma hipocrisia gritante, no seu comportamento. Proclamam bem alto o seu «idealismo» e a sua procura por uma «carreira na qual possam dar o seu contributo», mas, no instante seguinte, perguntam ao recrutador da empresa: «E que opções de ações vou ter e qual o seu valor?» Porém, dada a sua realidade, não há qualquer contradição nessas duas expectativas para o jovem trabalhador intelectual — ou pelo menos não em maior grau do que aquele com o qual a maioria das pessoas pode viver confortavelmente.

Foi-nos dito repetidamente durante os últimos anos que o académico já não deve «lealdade» à sua faculdade, mas sim à sua «profissão» ou «disciplina». Mas isto aplica-se a todos os outros trabalhadores do conhecimento hoje em dia. Passaram do foco no «emprego» para o foco na «carreira». O jovem académico é apenas o mais visível desse lote, ou talvez apenas o mais visível para outros académicos que escrevem livros.

Mas para ver o impacto total desta mudança, talvez seja melhor passarmos dos Estados Unidos para o Japão, onde a mobilidade é agora um dado adquirido, muito para além da sua incidência real. Isto porque no Japão, especialmente para os profissionais e gestores, durante muito tempo, emprego era sinónimo de «emprego vitalício». O jovem que se formava na faculdade era, por assim dizer, «adotado» por um «clã», quer fosse ministério governamental, empresa ou universidade, onde permaneceria então automaticamente para o resto da vida. Tanto deixar o empregador como ser por ele dispensado eram ações tão cuidadosamente circunscritas como o é o divórcio no Direito Canónico Católico Romano. Só se podia partir por um único motivo: para assumir o negócio de um pai envelhecido ou doente. Só se podia ser dispensado por um desvio de conduta muito grave ou por um crime efetivo. Estas ainda são as regras oficiais, mas já não estão a ser cumpridas pelos jovens japoneses instruídos. Eles esperam, de facto, que a organização na qual ingressam lhes proporcione um emprego vitalício, mas eles próprios exigem cada vez mais o direito de se mudarem — com o devido protocolo, evidentemente. Cada vez mais esperam — o que constitui uma inovação ainda maior — uma «progressão na carreira» adequada à sua educação e qualificações, em vez de uma progressão por antiguidade. A SONY foi a primeira empresa japonesa a aperceber-se disto. Combinando habilmente as tradições japonesas e os novos valores dos jovens trabalhadores intelectuais, combina a segurança do emprego vitalício para aqueles que o desejam com uma política de contratação aberta para aqueles que desejam deixar os seus antigos empregadores. Combina também as remunerações e os títulos por antiguidade com a atribuição de postos de trabalho e progressões na carreira, de acordo com as qualificações e as escolhas pessoais. Este é, provavelmente, o verdadeiro «segredo» do rápido crescimento da SONY e do seu sucesso contra a resistência empedernida por parte do «estabelecimento» japonês face aos recém-chegados arrojados. Pode muito bem ser um exemplo com o qual nós, no Ocidente, podemos aprender muito.

As primeiras respostas

As mudanças estruturais na economia, a nível interno e externo, podem ser entendidas como primeiras respostas aos desejos e valores destes novos mercados de massa em investimento e carreiras.

As fusões de diversificação foram respostas defensivas que visavam reforçar uma posição competitiva em erosão nestes dois novos mercados de massas. Em essência, não diferem das fusões igualmente defensivas dos anos 20, exceto que o que forçou as empresas anteriormente independentes a agruparem-se com custos elevados na posição e no estatuto das administrações foi a crescente deterioração e fraqueza nos mercados de capitais e carreiras, em vez de, como nos anos 20, no mercado de bens e serviços. Muitos dos anúncios públicos que acompanharam estas fusões disseram-no muito claramente. A fusão foi empreendida porque as empresas combinadas esperavam ter «maior capacidade de angariar capital», ou «maior poder de empréstimo», ou «elevado valor para os seus acionistas» — bem como «maiores oportunidades de carreira para os nossos gestores», ou «mais possibilidades para os nossos jovens». Na verdade, que uma empresa possa financiar-se a si própria a partir de «lucros retidos» é, em termos da racionalidade dos novos mercados, uma grande fraqueza e não um ponto forte. Isto não significa que uma empresa esteja segura, mas sim que está estagnada. Pode oferecer rendimentos aos seus proprietários, mas não crescimento de capital. Pode oferecer empregos a funcionários de meia-idade, mas não oportunidades e carreiras a jovens trabalhadores intelectuais (quanto mais opções de compra de ações tentadoras). Muitas das fusões de diversificação foram, naturalmente, meras operações plásticas; a nova empresa resultante da fusão ficou duas vezes mais antiga, duas vezes mais burocrática e duas vezes mais «pouco dinâmica» do que cada uma das empresas originais era antes da fusão. Em muitos outros casos, a fusão de diversificação proporcionou, de facto, a «sinergia» de que falava o anúncio da fusão — mas em relação à sua capacidade de desempenho e capacidade de competir nos novos mercados de massas, e não nos mercados de bens e serviços.

Em contrapartida, os «conglomerados» criados pelas fusões de aquisição são uma resposta ofensiva às realidades e exigências dos novos mercados de massas. «Gestão de ativos» é simplesmente mais um termo para a conceção de um «produto» que se adapta aos valores e exigências dos novos investidores e das suas novas instituições investidoras. Para a gestão de ativos, o objetivo é aumentar o valor de um negócio através da eliminação das velhas partes obsoletas e improdutivas, acrescentando-lhe novas partes com capacidade de crescimento rápido. Efetivamente, quem criou os conglomerados através de táticas de aquisição e manipulação financeira apresentava-se aos novos investidores como especialista na obtenção do maior ganho de capital no período mais curto, e prometia um ganho de capital contínuo e um crescimento de ativos, ano após ano, no futuro. Estas pessoas perceberam que os novos investidores acreditam que podem dar-se ao luxo de assumir riscos e, por isso mesmo, querem assumi-los. Os criadores de conglomerados entenderam que «rentabilidade», que costumava significar «retorno do capital», passou a significar «múltiplo dos resultados líquidos» (PER) para os novos investidores, pelo menos por enquanto.

Ao mesmo tempo, as fusões de aquisição também apontaram para o mercado de carreiras, embora de forma alguma à mesma escala. Oferecia a um pequeno número de pessoas oportunidades de grandes ganhos a alto risco, através de opções de compra de ações, por exemplo. Apelava a um bom número de jovens que, nas suas atuais posições em empresas estabelecidas, antigas e sólidas, tinham um «emprego» em vez de uma «carreira», com poucas probabilidades de se tornarem eles próprios empreendedores.

Igualmente — na verdade, mais do que igualmente — os novos empresários com as suas novas empresas em crescimento representavam também uma resposta às exigências e valores destes dois novos mercados de massas. Apelavam a dois «consumidores» bastante diferentes no novo mercado de capitais, com preferências e valores diferentes. Primeiro, venderam aos investidores sofisticados, ou seja, aos gestores dos fundos dos novos consumidores financeiros, a promessa de crescimento rápido, e com ela a de grande apreciação de valores. Mas muitos deles também se aperceberam de que as grandes empresas antigas, com oportunidades de crescimento limitadas no seu âmbito, podem dar-se ao luxo de pagar preços muito elevados por «*glamour*», ou seja, por agregarem empresas mais pequenas com elevado potencial de crescimento: isso dá-lhes viabilidade comercial nos novos mercados de massas. Os novos empresários, portanto, em muitos casos, basearam toda a sua estratégia na venda a um «gigante» assim que o seu empreendimento se tornou rentável.

Acima de tudo, os novos empresários representam uma resposta ao novo mercado de massas para as carreiras. Não foram, por norma, atrás de recém-licenciados; deixaram que terceiros os treinassem e os eliminassem. Contrataram para os seus cargos mais importantes — proprietários de concessões, executivos, editores, gestores de investigação, especialistas em investimento, etc. — maioritariamente pessoas que não tinham encontrado nos primeiros empregos, seja na indústria, no governo, ou nas universidades, as oportunidades de carreira que procuravam. De facto, estas novas empresas não teriam sido possíveis se não houvesse um grande e crescente número de pessoas cuja busca por oportunidades de carreira não podia ser satisfeita pelos empregos seguros e até bem remunerados existentes nos antigos empregadores.

As empresas multinacionais e os fundos de investimento *offshore* são a prova de que estes dois novos mercados de massas não estão confinados aos Estados Unidos, mas são comuns, em diferentes graus, a todos os países desenvolvidos. Uma empresa multinacional com sede nos EUA, que utiliza capital europeu para comprar empresas europeias, proporciona investimento para o novo investidor estrangeiro, tal como as fusões de diversificação ou as fusões de aquisição o fazem para o novo investidor americano. Confere ao investidor europeu uma oportunidade de ganho de capital. Dá-lhe a possibilidade de comercialização do seu investimento, num contexto em que os mercados de capitais para a maioria dos títulos europeus nos países europeus são restringidos a ponto de serem ilíquidos; e, talvez o mais importante, proporciona-lhe a divulgação pública de desempenho e resultados, impostos pela primeira vez às empresas americanas pela legislação de valores mobiliários dos anos 30 — e, portanto, a informação para análise financeira e económica, à qual os investidores sofisticados, e especialmente os fiduciários do dinheiro de terceiros, devem (e insistem em) ter acesso. Não é por acaso que as empresas europeias, e mesmo as japonesas que têm vindo a tornar-se multinacionais, tiveram de adotar imediatamente normas de divulgação que, embora ainda insuficientes pelos critérios americanos, representam uma «exposição indecente» num ambiente empresarial europeu, já para não falar num japonês.

Mas, acima de tudo, as multinacionais exploraram os novos mercados de carreira a nível mundial. Numa altura em que, especialmente na Europa, as empresas ainda consideravam os empregos como favores a serem distribuídos, ou seja, ainda agiam no pressuposto de que até os diretores-gerais são «mão-de-obra contratada» e que estão disponíveis de forma ilimitada, as multinacionais tiveram de começar a recrutar com o pressuposto de que tinham de criar carreiras atraentes para jovens com elevado nível de instrução e que tinham muitas opções de carreira. É sobre isto que reside, em grande medida, o seu sucesso. Em muitos casos, as multinacionais tornaram-se, no espaço de uma década, nos líderes dos respetivos sectores em muitos países, não por aquisição, mas pelo desenvolvimento de novos negócios a partir do zero. Atualmente já é aceite de forma generalizada que este é mais um êxito de gestão do que tecnológico ou financeiro; mas isto traduz-se, especificamente, na capacidade de atrair jovens de qualidade, de os manter e de lhes permitir que trabalhem de forma produtiva.

III

As aquisições, a criação de conglomerados e mesmo os novos empreendimentos de crescimento perderam o seu encanto e apelo. Tornaram-se a primeira vítima do colapso do mercado bolsista de 1969–1970. Na verdade, foi o desencanto dos investidores com estes prediletos do *boom* que desencadeou a queda da Bolsa de Valores.

O desencanto estava destinado a acontecer, e isto não é uma visão *a posteriori*. Era bastante claro desde o início que os investidores que apoiaram as ofertas públicas de aquisição e entraram para os novos e inexplorados empreendimentos de crescimento eram ingénuos ao ponto de serem crédulos (assim como gananciosos), em vez de «sofisticados». É uma tolice acreditar, como eles fizeram, que tudo, e particularmente um negócio, pode crescer para sempre a uma taxa de crescimento elevada. Se uma coisa é certa, é que qualquer curva de crescimento se achatará, e que isso acontecerá mais rapidamente quanto mais acentuada for a sua subida inicial. Se há uma coisa que é previsível no caso de um empreendimento jovem e em rápido crescimento, é uma crise grave causada pelo próprio crescimento do negócio e pela consequente pressão sobre os conhecimentos da administração e a sua capacidade de controlo. Quanto mais depressa um novo negócio crescer, mais grave será a sua «crise de identidade de adolescente». Até esta crise ter sido ultrapassada — e isso frequentemente requer mudanças ao mais alto nível de gestão — ninguém sabe realmente se o negócio é viável, quanto mais se pode retomar o seu crescimento.

Alguns dos conglomerados, embora de forma alguma todos eles, têm-se saído bastante bem; alguns dos «gestores de ativos» geriram realmente os ativos e conseguiram trazer de novo à tona negócios em dificuldades, fazendo com que empresas antigas e desgastadas voltassem a ser capazes de se aventurar, de inovar e de ter bons desempenhos. Um grande número — talvez a maior parte — dos novos empreendimentos de crescimento enfrentou e superou com sucesso a sua crise de crescimento. Mas uma crença em magia não pode ser mantida através de médias estatísticas. E a crença nos conglomerados, na criação de riqueza produtiva através de manipulação financeira e aquisição, e em empreendimentos de crescimento que têm o seu sucesso garantido pelo simples facto de estarem na indústria atualmente em moda, era mais mágica do que sofisticada. Não podia sobreviver nem à mais pequena sombra de dúvida, quanto mais a verdadeiros reveses.

Como resultado desta perda de fé, muitos dos conglomerados — todos aqueles que dependiam principalmente da «alavancagem financeira» de um aumento contínuo do preço das suas ações — estão em grandes dificuldades. A personagem mais espetacular de há uns anos, Ling-Temco-Vought, teve, na realidade, de vender algumas das suas primeiras aquisições, e outros terão certamente de fazer o mesmo. «Desconglomeração» pode ser a palavra da moda nos próximos anos. A mais espetacular das empresas multinacionais de gestão de ativos, a Investors Overseas Service de Bernard Cornfeld, apesar dos seus quase 2,5 mil milhões de dólares em ativos, deparou-se com um clima muito difícil no início de 1970, quando os investidores, nas suas numerosas filiais e subsidiárias, começaram a perder a fé e o próprio Cornfeld teve de se demitir.

Mesmo as empresas multinacionais de produção, embora na sua maioria empresas poderosas e solidamente construídas com uma base forte no seu mercado doméstico, enfrentam tempos difíceis. A resistência contra elas por parte dos mais variados governos está a crescer rapidamente, com o governo dos Estados Unidos — o *Antitrust*, o Congresso, as receitas internas, restrições monetárias e de investimento, etc. — a ser talvez até mais restrito do que os países abertamente nacionalistas.

A crise de inventário no mercado de carreiras

O mercado de massas para carreiras passará, ao mesmo tempo, por um período de reajustamento — irá, mais precisamente, enfrentar o seu primeiro «reajustamento cíclico» — não por causa das condições económicas, não devido a qualquer corte nos fundos governamentais, mas por causa da demografia. A *oferta* de licenciados em determinada altura é, obviamente, fortemente dependente do número de bebés nascidos 22 anos antes. A *procura* num importante segmento de mercado, o ensino, depende, no entanto, grandemente do número de bebés nascidos 6 a 17 anos antes. Ou, dito de outra forma, os jovens têm primeiro de ser estudantes e têm de ter professores *antes* de poderem, eles próprios, estar disponíveis como professores. Portanto, se houver um aumento súbito e acentuado de nascimentos de bebés, haverá, uma década mais tarde, um aumento acentuado da procura em relação à oferta, com uma consequente «pressão inflacionista» no mercado de carreiras. E se houver uma queda brusca no nascimento de bebés, haverá, uma década mais tarde, «pressões deflacionárias». Na verdade, a demografia (à qual os economistas normalmente não prestam atenção) é a verdadeira dinâmica do «mercado de carreiras».

As pressões demográficas sobre o mercado de carreiras americano estão prestes a inverter-se. Há dez anos, os recém-licenciados disponíveis ainda eram os «bebés» dos finais dos anos 30, altura com um número muito baixo de nascimentos. Mas desde o «*baby boom*» do pós-Segunda Guerra Mundial, que explodiu em 1946 e continuou a crescer por mais dez anos, a procura de professores atingiu um pico recorde em 1960, com um consequente excesso de procura sobre a oferta, especialmente para as mulheres licenciadas, o que criou fortes pressões inflacionistas. Todavia, agora e durante os próximos dez anos, a situação será a inversa: a oferta será proveniente dos anos com elevadíssimas taxas de nascimento de 1946–1957 — com os bebés de 1957, o ano de pico, fornecendo as turmas de licenciados de 1980. A procura virá dos anos posteriores a 1957, sendo que o número de nascimentos no início se manteve estável durante alguns anos, e em seguida, depois de 1960, começou a diminuir bastante acentuadamente. As matrículas no ensino primário, por outras palavras, já estão a diminuir a olhos vistos. As matrículas nos liceus começarão a diminuir em 1972 ou 1973; as matrículas nas faculdades podem muito bem diminuir a partir de 1977 ou 1978; mesmo para manter as matrículas nos níveis atuais, seria necessário um aumento significativo da percentagem de jovens que vão para a faculdade. O mercado de carreiras dos últimos dez anos foi fortemente influenciado por um dos saltos mais acentuados no número de nascimentos jamais registados: mais de 50% dos 2,8 milhões de bebés nascidos em 1948 para os 4,3 milhões nascidos em 1957. O mercado de carreiras dos anos 70 será fortemente influenciado por uma queda (muito menos acentuada, mas ainda quase sem precedentes) no número de bebés nascidos entre 1957 e 1967 — uma queda de um quinto de 4,3 milhões para 3,5 milhões.

De certa forma, esta é uma boa notícia, pois significa que outros segmentos da economia não serão tão escassamente abastecidos com pessoas instruídas como têm sido nos últimos dez anos; a saúde é o exemplo mais importante. Mas, em primeiro lugar, a pressão total sobre o mercado de carreiras irá diminuir. Enquanto havia vários empregadores à caça de um licenciado nestes últimos dez anos — quando o número de licenciados ainda estava limitado pelos baixos números de bebés dos anos 30 e início dos 40 —, os licenciados e os empregos estarão mais próximos do equilíbrio nos próximos dez anos, mesmo que haja um *boom* na economia. Os diplomados terão de aprender novamente a caçar empregos. Acima de tudo, há aquilo a que na economia dos bens e serviços se chama um «desequilíbrio de inventário». O ensino, após ter tido a sua maior e mais clamorosa era de escassez, tem sido densamente provido de jovens. Isto é válido não só nas escolas primárias e secundárias, mas também no ensino universitário (embora as faculdades, ao contrário das escolas primárias e secundárias, possam «esticar» a oferta de ensino, complementando turmas grandes com «assistentes de ensino», enquanto as escolas públicas têm limites às dimensões das turmas impostos por lei). William Baumol, de Princeton, o principal economista do ensino superior americano, refere que nos anos 60 as faculdades americanas contratavam cinco novos professores jovens por cada professor antigo que se reformasse ou falecesse. Em consequência, haverá uma queda acentuada na proporção de professores que nos próximos 10 e 20 anos atinjam a idade da reforma ou faleçam, enquanto o número total de estudantes já não aumentará, pelo menos não acentuadamente. Baumol prevê que as faculdades terão de contratar apenas três novos professores para cada um que se aposente ou venha a falecer nos anos 70, e apenas um para cada vaga nos anos 80. Nas escolas secundárias, o desequilíbrio será ainda maior. Geoffrey H. Moore, comissário de Estatísticas do Trabalho, e Conrad Taeuber, diretor associado do Recenseamento, calculam que haverá 4,2 milhões de mulheres licenciadas até 1980 que, com base na experiência do passado, procurarão um emprego docente — e apenas 2,4 milhões de vagas para professores nas escolas primárias e secundárias.

Os atuais estudantes universitários, de licenciatura e pós-graduação, estão fortemente, ou mesmo preponderantemente, orientados para o ensino, que é, evidentemente, aquilo para o qual o diploma em artes liberais os prepara especificamente. Não é a formação adequada para os postos de trabalho que estão de momento disponíveis: tecnologia da saúde; empregos profissionais e de gestão nas administrações locais (onde a maioria do pessoal instruído entrou durante a Depressão ou no início dos anos 40 e está a aproximar-se, senão a atingir, da idade da reforma); e empregos no mundo empresarial, especialmente os empregos de «sistemas» altamente técnicos necessários para o trabalho sobre ambiente e ecologia. Os estudantes de hoje queixam-se de que a faculdade tenta moldá-los para empregos no «complexo militar-industrial». Teriam um argumento muito mais forte se se queixassem de estarem a ser completamente mal encaminhados — especialmente pelas faculdades mais recentes que, compreensivelmente, partem do princípio de que os últimos dez anos foram «normais» (quando foram incrivelmente «anormais») — para se prepararem para empregos que não estarão disponíveis.

Assim, a surpresa com que as turmas que se formaram na primavera de 1970 descobriram subitamente que tinham de ir à procura de emprego pode ter sido o primeiro sinal de uma típica «crise de inventário», que apanha sempre toda a gente de surpresa. Qualquer que seja o clima económico, os próximos anos serão de forte reajustamento no mercado de carreiras. O *boom* das carreiras nos anos 60 é tanto uma coisa do passado como o é o *boom* da Bolsa de Valores em aquisições, conglomerados e empreendimentos de crescimento.

Os novos gestores de ativos

Mas os novos mercados de massas continuarão a ser a realidade da economia, tanto nos Estados Unidos como em todos os outros países desenvolvidos. De facto, tempos mais difíceis — tempos em que truques de ilusionismo e manipulações não serão facilmente confundidos com desempenho — irão impor exigências ainda maiores ao desenvolvimento e gestão de instituições para servir estes novos mercados, os seus clientes e os seus produtores.

Os «fiduciários» — fundos de investimento, fundos geridos por bancos e fundos de pensões — continuarão a crescer enquanto forças dominantes nos mercados de capital e investimento. A sua importância vai aumentar e não diminuir, caso a economia já não possa contar com a inflação automática. Porque a diferença entre um investimento «sólido» e outro «não sólido», entre uma empresa em crescimento e outra estagnada ou em decadência, entre um negócio bem gerido e outro gerido pelo chefe dos funcionários, é realmente importante. Também o investidor que está empregado e que precisa do seu trabalho para viver não tem tempo nem conhecimentos para escolher investimentos para si próprio, pelo que precisa agora muito mais de um «comprador informado» do que precisava em tempos de *boom*. Assim, terá de insistir em obter como seu gestor de investimentos o investidor sofisticado que, até agora, em muitos casos, apenas lhe havia sido prometido.

É certamente sintomático que, quando os Investors Overseas Services tiveram problemas em maio de 1970, os Rothschild se tenham oferecido para se apropriarem do gigante dos investimentos em dificuldades. Afinal, os

Rothschild têm um historial único de transformar numa grande instituição permanente uma inovação financeira quando, como os Rothschild tinham previsto desde o início, o fundador extravasa os próprios meios. Esta capacidade, demonstrada uma vez após outra nos 170 anos da sua história, é provavelmente uma explicação do recorde de longevidade que os Rothschild detêm enquanto grande potência financeira, que ultrapassou por largos anos dinastias monetárias anteriores como os Médicis e os Fugger, para não mencionar as de uma só geração do mundo financeiro — os Morgan, por exemplo — geradas até agora pela América.

A «gestão de ativos» pode ser mais necessária do que nunca e tornar-se muito mais produtiva em períodos económicos estáveis e ainda mais em período de declínio. Daí que seja particularmente importante, tanto para a saúde da economia como para o bem-estar dos empregados, comunidades e acionistas, que os ativos de uma empresa sejam empregados de forma mais produtiva. É importante, acima de tudo, que as gerências que, devido à preguiça, falta de imaginação ou falta de competência, não gerem ou gerem mal os bens à sua guarda, sejam substituídas por gerências que possam restaurar a capacidade de desempenho de uma empresa.

Contudo, esta nova gestão de ativos não seria orientada para a criação de conglomerados, ou seja, impérios empresariais heterogéneos. Pelo contrário, é possível prever que irá redistribuir recursos — abandonar atividades improdutivas, por exemplo; implicará uma gestão competente e devolverá então uma empresa sólida para a propriedade pública. De facto, alguns destes novos gestores de ativos já começaram a aparecer: alguns compraram empresas em dificuldades e mal geridas com a intenção de as revender eventualmente já transformadas em negócios sólidos e lucrativos, alguns trabalham para os atuais proprietários com base em honorários ou bónus.

No seu todo, as tendências que caracterizaram os mercados financeiros dos anos 60 são suscetíveis de se tornarem mais em vez de menos dominantes, embora as formas que assumam possam muito bem mudar. É provável que o mercado seja cada vez mais de investidores e não de capitalistas, o que significa que as pessoas estão principalmente interessadas no crescimento dos ativos e não nos rendimentos. Também se tornará, previsivelmente, um mercado cada vez mais competitivo, quanto mais informados os compradores se tornarem. Já é, com toda a probabilidade, mais competitivo — e certamente muito menos concentrado — do que o mercado de uma boa parte dos bens e serviços. As empresas que necessitarem de dinheiro (o que eventualmente inclui todas as empresas) terão de se esforçar por se tornarem «comercializáveis» para este novo mercado de massas. É muito pouco provável que a preocupação com o desempenho financeiro e com a viabilidade financeira do mercado venha a diminuir nos próximos 10 ou 15 anos. Independentemente daquilo que a Nova Esquerda possa dizer (na verdade, independentemente da doutrina económica que o país aceite), a preocupação com o lucro não diminuirá previsivelmente durante a próxima década, nem se preocupará com ganhos de capital. O máximo que podemos esperar é que um dólar estável e o controlo da inflação possam diminuir a necessidade dos fiduciários, e especialmente dos fundos de pensões, de um crescimento contínuo do valor teórico dos seus ativos.

Fazer funcionar o mercado de carreiras

No que diz respeito ao segundo dos novos mercados de massas, o das carreiras, um período de «ajuste de inventário» criará uma necessidade de instituições adequadas para o servir. O mercado precisa de instituições que desempenhem um papel análogo ao dos «fiduciários» no mercado de massas de capital e investimento, ou seja, intermediários que sejam compradores informados para o consumidor de massas, as pessoas instruídas que procuram oportunidades de carreira, mas também o comprador informado para os produtores das oportunidades de emprego de massas, as organizações empregadoras.

Estas terão de ser instituições de mercado. A dimensão do mercado que respeita às carreiras e ao trabalho, especialmente no que diz respeito às pessoas instruídas que procuram carreiras na área do trabalho do conhecimento, não é passível de ser «planeada». De facto, a tentativa soviética de planear carreiras individuais e de orientar os jovens em conformidade foi o fracasso mais desastroso do planeamento russo — ainda maior do que o fracasso na agricultura. Em primeiro lugar, o tempo necessário para «desenvolver o recurso», ou seja, para formar e educar para carreiras específicas, é muito maior do que o tempo para o qual podemos projetar necessidades futuras, que, em geral, não vai além de seis a dez anos. Além disso, o planeamento aqui vai contra uma simples lei da matemática: a impossibilidade de prever um acontecimento único (por exemplo, o lançamento de uma moeda ao ar) a partir de uma probabilidade numérica (por exemplo, a distribuição de mil lançamentos de uma moeda). Ainda para mais, as carreiras individuais são ainda mais «eventos únicos» do que o atirar de uma moeda ao ar. Finalmente, claro, planear carreiras significa coerção e regimentação do indivíduo, e, felizmente, há poucas razões para acreditar que os nossos jovens instruídos desfrutariam disto para o resto das suas vidas, tal como não desfrutaram tradicionalmente desse «planeamento» para o período de serviço militar, que é, afinal de contas, limitado.

No entanto, precisamos de ser capazes de fornecer informação, orientação e colocação. Isto é particularmente importante, uma vez que, daqui a 8 a 12 anos, podemos muito bem ter de enfrentar outra mudança demográfica: anos com um maior número de nascimentos são quase inevitáveis, à medida que os bebés do *baby boom* que agora enchem os nossos *campus* universitários casam e têm, eles próprios, filhos. A partir do final dos anos 70, o número de crianças na escola deverá, assim, começar de novo a aumentar. Mas, a julgar pela experiência passada, este será precisamente o momento em que os atuais guias dos jovens, especialmente as faculdades, terão ajustado o seu pensamento às mudanças na direção oposta que estão a ocorrer agora.

Já existem os primórdios dessas instituições. Os últimos 15 ou 20 anos assistiram ao aparecimento dos «caçadores de cabeças», ou «recrutadores de executivos» (chamando-os pelo seu nome oficial), as firmas que procuram executivos a meio de carreira e os fazem corresponder a novas ofertas de emprego. Estas empresas dedicam a grande parte da sua atividade ao mundo dos negócios, é claro. Mas também há alguns que procuram administradores académicos, outros que se especializam em clérigos para preencher púlpitos vagos, e outros ainda que trabalham exclusivamente como caça-talentos para administradores hospitalares. Existem também, naturalmente, os recrutadores de universitários nas principais empresas: algo que era literalmente inédito há 30 anos, mas hoje é considerado tão necessário numa grande empresa como um laboratório de investigação ou um departamento de vendas. Existem também algumas empresas que realmente prestam aconselhamento de carreira aos indivíduos e especialmente aos indivíduos maduros que se interrogam se estão no caminho certo para a sua carreira ou se devem mudar. No entanto, estes são apenas os primeiros começos, comparáveis aos primeiros *trusts* de investimento, tal como se desenvolveram há 40 anos. Eles indicam aquilo de que precisamos, em vez de satisfazerem, eles próprios, essa necessidade. Se as instituições de amanhã neste novo mercado serão «lucrativas» ou «sem fins lucrativos», ninguém pode prever; também pode não ser muito importante. Mas os novos «fiduciários», que são os compradores informados no mercado de carreiras, serão provavelmente uma indústria em grande crescimento nos anos 70.

No conjunto, o mercado de carreiras, a longo prazo, tornar-se-á cada vez mais competitivo. Será cada vez mais importante para o «consumidor» — o trabalhador intelectual qualificado — ser capaz de fazer escolhas informadas. Será cada vez mais importante para qualquer instituição ser capaz de atrair o tipo de pessoas que quer e precisa e de lhes oferecer aquilo de que precisam e que procuram. Será cada vez mais importante para qualquer instituição, empresa ou não, ser capaz de «promover» as suas oportunidades de emprego. Por conseguinte, será cada vez mais necessário que as organizações possam adequar as oportunidades de emprego e carreira disponíveis às necessidades, exigências e desejos dos clientes. Talvez se possa resumir isto dizendo que, durante os últimos 15 anos, tem havido grande ênfase no «desenvolvimento de gestores» com o objetivo de os tornar mais capazes de servir as suas organizações, sejam elas empresariais, governamentais ou hospitalares. No futuro, é provável que se equilibre isto com uma ênfase crescente no «desenvolvimento de organizações», com o objetivo de as tornar capazes de satisfazer as aspirações dos seus clientes de carreira, os trabalhadores intelectuais.

IV

Os novos mercados de massas irão previsivelmente gerar novos problemas de ordem pública. Três, em particular, são já claramente visíveis, e para nenhum deles temos uma resposta; ainda nem sequer fizemos qualquer tipo de reflexão sobre qualquer deles.

O mais *inédito* destes problemas será o papel e a responsabilidade dos novos poderes financeiros, os «fiduciários» dos consumidores financeiros em massa, que são os verdadeiros «proprietários» dos dias de hoje.

A propriedade maioritária dos negócios da América (e da Europa) estará cada vez mais nas mãos de pessoas que não são nem donos nem gestores, mas sim administradores fiduciários. Qual deverá ser o seu papel? Pode argumentar-se — de facto, tem sido argumentado por alguns dos gestores de fundos mais ponderados — que, sendo fiduciários, eles não podem nem devem interferir na gestão. Se não gostarem de uma gestão, deverão vender as suas ações na empresa; mas ninguém lhes deverá dar autoridade para exercer controlo. Mas se estas instituições não exercerem controlo, quem o faz — ou poderá fazê-lo? Ou a gestão é descontrolada e incontrolável, ou a função de policiamento recai sobre o empresário que faz a aquisição. Claramente, nenhuma das soluções é aceitável. No entanto, não está à vista nenhuma nova solução.

Mas o problema também já não pode ser contornado. Na verdade, até já foi levantado — embora, como é costume com problemas novos, da forma menos esperada. Os Nader's Raiders — os jovens advogados que trabalham sob a alçada de Ralph Nader, famoso especialista de segurança automóvel — levantaram-no quando, na primavera de 1970, pediram que fundações, fundos de doação e outros fideicomissários, retirassem os seus procuradores da direção da General Motors e votassem, em vez disso, as suas ações para uma série de mudanças na direção da empresa, nas suas políticas e na sua gestão, que os Nader's Raiders consideravam ser de interesse público. Quase ao mesmo tempo, embora, obviamente, num acontecimento totalmente alheio a este, a Divisão Antitrust do Departamento de Justiça abriu um processo contra um grande gestor fiduciário, o Continental Illinois Bank, em Chicago. O que a Divisão Antitrust imputou foi que a prática do banco — e todos os grandes bancos se envolvem nela — de ter diferentes funcionários seus nos conselhos de administração de empresas concorrentes estava a violar a legislação *antitrust*, mesmo que estes diretores não representassem «propriedade», mas sim as ações detidas pelo banco em fideicomisso para um número muito grande de beneficiários individuais. O facto de, com efeito, o Antitrust atacar como ilegal precisamente o mesmo exercício de controlo e a mesma interferência, cuja ausência os Nader's Raiders castigam, não afeta a importância e gravidade da questão, nem o facto de nada na nossa experiência económica ser de grande ajuda na sua decisão. Mas é uma questão que terá de ser resolvida, e em breve. Vai — melhor, deve — tornar-se uma questão importante de política pública durante muitos anos.

As empresas multinacionais *versus* os Estados nacionais

O problema mais importante no seu impacto será o das empresas multinacionais.

A previsão do Professor Perlmutter de que, dentro de mais 15 ou 20 anos, a produção industrial mundial estará nas mãos de 300 gigantescas empresas multinacionais, embora geralmente muito citada, representa uma tendência extrema e não a mais provável. Mas não é precipitado prever que dentro de cada país desenvolvido não comunista um quinto ou um quarto da produção industrial total será produzida por empresas que operam enquanto multinacionais. De facto, isto já é uma realidade e não uma previsão em dez destes países (Estados Unidos, Grã-Bretanha, Canadá, Alemanha, Itália, Holanda, Bélgica, Suíça, Noruega e Suécia), está rapidamente a tornar-se realidade num 11.º (Japão) e é quase um facto consumado em outros dois (França e Brasil).* Isto significa que, nos países desenvolvidos, uma grande parte da economia está sujeita a decisões tomadas fora do alcance do governo nacional. Mas significa também, inversamente, que as decisões governamentais na maioria dos países desenvolvidos — sendo a França e o Canadá as únicas exceções importantes — têm impacto muito para além das fronteiras do próprio país através do efeito que têm sobre as multinacionais nele sediadas. Nos Estados-Unidos, as leis *anti-trust*, as leis fiscais, as restrições ao comércio com as potências comunistas, são mantidas pelas autoridades governamentais dos Estados-Unidos para vincular as subsidiárias e filiais de empresas sediadas nos Estados-Unidos em todo o lado. Nenhum outro país é tão abertamente nacionalista. Mas também outros governos, especialmente os dos grandes países como a França, Alemanha e Japão, gostam de olhar para as «suas» multinacionais como instrumentos das suas próprias políticas económicas no mundo, ao mesmo tempo que se ressentem amargamente de que as filiais de multinacionais «estrangeiras» no seu território estejam, em certa medida, para além do seu controlo total.

Isto não é um problema de «capitalismo». De facto, a mesma ambivalência caracteriza as relações económicas no seio do Bloco Soviético. Muito claramente, as multinacionais que os russos têm tentado construir em toda a Europa de Leste encontram resistência principalmente por razões políticas. Elas retiram uma parte da economia polaca, checa ou da Alemanha Oriental da decisão e controlo dos seus respetivos governos. As multinacionais, sejam «capitalistas» ou «comunistas», colocam a racionalidade económica à frente da soberania política.

* Destes, por sinal, os Estados Unidos, a Holanda, a Suíça e a Suécia são «países sede». Na Alemanha, a propriedade de uma indústria por empresas sediadas no estrangeiro — principalmente Estados Unidos, Holanda e Suíça — e a propriedade de empresas no estrangeiro por empresas alemãs equilibram-se sensivelmente. No Japão, onde predominam as *joint-ventures* (ou seja, uma empresa parcialmente estrangeira que faz negócios no Japão em parceria com uma empresa japonesa), a propriedade ou copropriedade de negócios no estrangeiro por empresas japonesas está a crescer tão rapidamente que o Japão poderá em breve estar também em «equilíbrio de propriedade». A Grã-Bretanha, Canadá, Itália, Bélgica, França e Brasil são muito mais «pertença de terceiros» do que «proprietários».

A oposição de De Gaulle às multinacionais não era, portanto, «antiamericana». Ele opôs-se às tentativas das multinacionais de outras nacionalidades, por exemplo, a da empresa italiana Fiat de se fundir com a Citroën, o debilitado fabricante de automóveis francês, tão vigorosamente como se opôs à entrada dos americanos. Proibiu igualmente as empresas francesas de se tornarem multinacionais e de se expandirem para além da França. De facto, a insistência de De Gaulle na congruência da soberania política e económica é completamente consistente e foi a única política racional para o problema que foi elaborada até à data.

Porém, foi um fracasso total e retumbante. Mais do que em qualquer um dos grandes países desenvolvidos, com exceção do Canadá, uma grande parte dos sectores avançados da indústria francesa — computadores ou produtos farmacêuticos, por exemplo — é controlada por multinacionais estrangeiras. Em simultâneo, o capital da França é, paradoxalmente, mais investido em multinacionais do que o capital de qualquer outro dos países «mais importantes», mas não em multinacionais francesas que tomam as suas decisões em Paris — pois estas não existem, graças a De Gaulle —, mas nas ações de multinacionais estrangeiras, ou seja, americanas, suíças, holandesas e suecas. Ao mesmo tempo, não há nenhum país onde tantos dos mais jovens executivos, investigadores e gestores de topo trabalhem para empresas sediadas no estrangeiro. O que derrotou De Gaulle, por outras palavras, foram as pressões e preferências dos dois novos mercados de massas, especialmente talvez dos novos consumidores do mercado de carreiras: os jovens com formação académica.

No entanto, De Gaulle, com a sua habitual clarividência, pelo menos foi capaz de identificar o problema. A empresa multinacional é, de longe, o nosso instrumento económico mais eficaz nos dias de hoje e provavelmente o único órgão de desenvolvimento económico que de facto cria desenvolvimento. É a instituição não nacionalista por excelência num mundo abalado por delírios nacionalistas. Mas não é uma instituição política em si e não deve ser autorizada a tornar-se em tal. Todavia, coloca as decisões económicas fora do alcance efetivo do processo político e dos seus decisores, os governos nacionais. Isto pode muito bem ser exatamente aquilo de que necessitamos para neutralizar as garras dos monstros nacionalistas. Mas é pouco provável que os governos nacionais e os seus órgãos, sejam legislativos ou executivos, vejam as coisas desta forma. E a forma como acomodarmos esta tensão entre racionalidade económica e soberania política nos próximos anos terá um impacto tremendo tanto na economia como no funcionamento dos governos em todo o mundo.

Quando a concentração é concorrência

Mas os problemas mais *difíceis* colocados pela emergência dos novos mercados e dos novos empresários são os da concentração e da concorrência. Nas outras duas áreas, temos de encontrar novas respostas. Em relação à concentração e à concorrência, temos de desaprender as antigas. E isso é muito mais difícil, especialmente porque as velhas respostas são sustentadas com um fervor quase religioso e tornaram-se cânticos sagrados para grandes grupos de economistas, políticos, advogados e homens de negócios.

Há muitos anos que dois conceitos têm guiado as nossas abordagens aos problemas de concentração e concorrência: «concentração dos ativos de produção» e «concentração do poder de mercado». As medidas desenvolvidas para estes dois aspectos da concentração económica são amplamente aceites, no seu conjunto, como fornecedores de um raio X da estrutura óssea da nossa economia e como guias fiáveis para o diagnóstico e tratamento. Mas a primeira das medidas está a tornar-se pouco fiável, e a segunda, enganosa.

Durante muito tempo, entre 1910 e 1960, a «concentração de bens de produção» permaneceu bastante constante. Mas, segundo os *antitrusters*, deu um tremendo salto nos últimos 20 anos. Em 1950, as 200 maiores empresas transformadoras controlavam 40% dos ativos fabris do país. Em 1970, dizem-nos, controlam agora 60% — o maior aumento na concentração económica jamais registado neste ou em qualquer outro país. O engraçado, porém, é que esta tremenda concentração não foi acompanhada por qualquer aumento da concentração do poder económico em qualquer mercado de bens, ou seja, em nenhum dos mercados em que as empresas transformadoras operam. Na maioria destes mercados, a concentração provavelmente diminuiu durante os últimos 20 anos. Em mercado após mercado, novas empresas desafiaram as antigas grandes empresas e retiraram-lhes um pedaço aqui ou ali dos seus negócios tradicionais. Isto é válido quer nos refiramos a edição de livros ou a produtos farmacêuticos, a materiais de construção ou a vendas a retalho.

Os «bens de produção» já não definem a concentração na economia produtora americana. O que é contabilizado nesta rubrica inclui os ativos apresentados nos balanços das empresas americanas, onde quer que estes efetivamente se encontrem, seja dentro ou fora dos Estados Unidos. Em 1950, estes ativos encontravam-se quase exclusivamente dentro dos Estados Unidos. Hoje, porém, a maioria das grandes empresas americanas são multinacionais, com pelo menos 20% a 30% da sua produção e ativos fora dos Estados Unidos. Um quarto destes 60%, ou seja, 15 pontos percentuais, deveria ser subtraído imediatamente ao valor oficial, o que reduziria a taxa de concentração da produção nos Estados Unidos para 45%.

Ao mesmo tempo, porém, as empresas que em 1950 contavam como «empresas transformadoras» eram, na maior parte, empresas que estavam de facto a fabricar. É certo que a General Motors já na altura possuía uma das maiores empresas financeiras, a General Motors Acceptance Corporation; mas os seus ativos eram uma fração muito pequena do total da GM. Hoje em dia, como resultado da diversificação das fusões e aquisições de empresas, uma grande parte dos ativos (por vezes, a maioria deles) de um número muito substancial de empresas que ainda contam como «transformadoras» não decorre da produção, mas de serviços e, acima de tudo, atividades financeiras. E na área financeira, «ativos» não são realmente ativos, mas essencialmente «passivos», ou seja, dinheiro que é pedido emprestado para ser de imediato emprestado a terceiros. Sempre que uma empresa transformadora se fundiu com uma empresa financeira, adicionou ao seu balanço ativos financeiros muito maiores do que os próprios «ativos de produção», ainda que em termos de rentabilidade, e ainda mais de poder económico, a empresa transformadora fosse a maior das duas. Todavia, a partir desse momento, esses ativos financeiros passam a ser considerados «ativos de produção» nas cifras. Quando a Control Data adquiriu a Commercial Credit em 31 de dezembro de 1967, tinha ativos de produção no valor de 470 milhões de dólares. A Commercial Credit tinha ativos de 3 mil milhões de dólares. O total de ambas, contudo, é agora considerado «ativos de produção», uma vez que a Control Data era legalmente a empresa adquirente. Se a maior de todas as tentativas de aquisição tivesse ido em frente — ou seja, se a Leasco, uma empresa de serviços informáticos, tivesse conseguido adquirir o Chemical Bank — New York Trust Company —, os ativos da Leasco inferiores a 800 milhões de dólares teriam sido aumentados pelos ativos da Chemical Bank de 9 mil milhões de dólares, com o total combinado de quase 10 mil milhões de dólares contabilizados no seu conjunto, no entanto, como ativos de produção. Temos, portanto, de deflacionar o valor oficial de «ativos de produção» em pelo menos mais 10 pontos percentuais para retirar ativos que não deveriam ter sido contabilizados como sendo de produção. Por outras palavras, em termos de verdadeiros ativos de produção nos Estados Unidos, as 200 maiores empresas têm hoje, quase de certeza, uma quota menor da indústria transformadora do que há 20 anos.

Desta forma, os dois conjuntos de valores — os ativos de produção e a concentração do poder de mercado — voltariam a estar alinhados. No entanto, claramente, não é plausível que não tenha havido «concentração». Embora não tenha havido nem uma maior concentração dos ativos industriais dos Estados Unidos nem uma maior concentração do mercado, as fusões de diversificação e aquisição — e a expansão multinacional —, produziram claramente uma concentração considerável no poder de decisão. Conduziram ao aparecimento de empresas muito grandes, atuando em muitas áreas e países, mas, ainda assim, incorporadas como uma entidade jurídica e administradas por uma gestão de topo.

O resultado, no entanto, é frequentemente o aumento da concorrência, mesmo na economia de bens e serviços. E ocorre quase sempre um aumento da concorrência — uma desconcentração, mesmo — na economia de capital e de investimento e na economia do trabalho e das carreiras.

A fusão Control Data — Commercial Credit não aumentou a concentração nem no mercado de computadores nem no mercado de títulos a prestações. Pelo contrário, tornou estes mercados mais competitivos ao reforçar o que tinha sido a parte mais fraca de cada um. Um exemplo ainda mais revelador de há alguns anos é a aquisição da Folger, um misturador de café regional bastante pequeno, por parte da Procter & Gamble. Esta aquisição aumentou claramente o alcance da Procter & Gamble. Uma vez que a P&G é também líder em alimentos processados através das suas várias marcas de gorduras alimentares, a nova aquisição também acrescentou, embora não muito, à sua quota de mercado nessa indústria e, consequentemente, à concentração industrial. Mas com os recursos da Procter & Gamble por detrás, a Folger podia agora alargar a sua distribuição à escala nacional. Dado que o mercado nacional do café tinha sido dominado durante anos por um número muito reduzido de marcas num padrão típico de «oligopólio», a aquisição da Folger pela Procter & Gamble significou, portanto, também uma desconcentração significativa num mercado importante. Quais eram então as consequências «reais»: concentração ou desconcentração?

Podemos muito bem-estar a caminhar para uma situação em que a liderança e concentração num mercado — o de bens, de capital ou de carreiras — é a «força contrária» da concorrência e da desconcentração num ou em ambos os outros mercados. Não é, decerto, irrelevante que a crítica mais comum às multinacionais, sejam elas americanas na Europa ou europeias e japonesas nos Estados Unidos, tenha vindo a ser a de que a sua dimensão lhes permite dar-se ao luxo de «concorrência excessiva».

As pressões para a ocorrência deste tipo de concentração, que é tão diferente do que o termo tem tradicionalmente querido dizer, irão aumentar em vez de diminuir. A tecnologia está a avançar nessa direção, especialmente nas indústrias de materiais e produtos químicos. A tecnologia está a forçar a Du Pont, tradicionalmente um produtor de produtos químicos para a indústria têxtil, por exemplo, as fibras sintéticas, a entrar no sector farmacêutico, por um lado, e no dos materiais compostos, incluindo novas ligas metálicas, por outro. A tecnologia já obrigou as duas grandes empresas produtoras de latas de bebidas, há 20 anos produtores de um único produto, a lata, a tornarem-se fabricantes de «embalagens» que incluem plásticos, vidro, produtos de papel, etc. E isto, por sua vez, forçou o maior fabricante de embalagens de papel, a Container Corporation of America, como referido anteriormente, a fundir-se com uma cadeia de venda a retalho e de venda por correspondência, a Montgomery Ward, para obter força financeira e administrativa suficiente para fazer frente aos novos gigantes das embalagens. Outra força poderosa que moverá os negócios em direção à concentração será a preocupação com o ambiente. A pureza de intenções por si só não limpará o ambiente, quer falemos de ar, água, espaços abertos ou da cidade. Exigirá um enorme esforço de sistemas em todas as áreas, ou seja, empresas que possam mobilizar grandes recursos tecnológicos e económicos através de uma variedade de competências, disciplinas, tecnologias e mercados.

Mas, acima de tudo, as pressões dos novos mercados de massas — o mercado de massas para capital e investimento e o mercado de massas para empregos e carreiras — deverão impulsionar a diversificação contínua em termos industriais e geográficos.

Teremos, portanto, de pensar que tipo de diversificação é desejável, produtiva e racional e o que é simplesmente manipulação financeira e construção de impérios. Que tipo de diversificação torna a economia mais aberta, mais flexível, mais competitiva e que tipo promove a concentração e o monopólio? Qual cria empresas mais fáceis de gerir e com melhor desempenho, e qual cria monstruosidades administrativas?

Aquilo a que devemos almejar é razoavelmente claro. Queremos a diversificação, em vez da difusão. Queremos federalismo, em vez de tirania centralizada ou dispersão. Queremos gestão de ativos, em vez de manipulação financeira. Mas em qual destas categorias cai uma dada estrutura não é, de forma alguma, inequívoco. Na verdade, nem sequer é evidente para os *antitrusters*, que estão fortemente divididos entre aqueles que aceitam e, de facto, acolhem os conglomerados como algo que conduz a um aumento da concorrência, e aqueles que amargamente se lhes opõem como algo conducente a um aumento da concentração. Esta questão será previsivelmente uma das principais preocupações dos próximos dez anos, tanto nos Estados Unidos como no estrangeiro. Não é o facto de não existir uma decisão «certa» que é o mais importante, pois raramente existe para problemas deste tipo. Mas o facto de os velhos conceitos e medidas genericamente aceites já não serem apropriados vai tornar o processo mais difícil. Teremos de aprender a «negociar», ou seja, equilibrar a concentração numa dimensão económica com a concorrência noutra não vai apenas contra a essência dos decisores, sejam eles economistas ou políticos, empresários ou burocratas; todos eles, compreensivelmente, também se ressentem e resistem a tal complexidade.

Os acontecimentos económicos dos últimos dez anos implicam mais do que uma mudança na estrutura económica. Mudaram a estrutura da sociedade. Mudaram a realidade económica. Isso exigirá um novo raciocínio e o desbaste de muitos conceitos, ideias e políticas tradicionais em relação ao monopólio, concentração e concorrência, por exemplo, e no respeitante à relação entre a economia mundial e o Estado-nação. Isto exigirá o desenvolvimento tanto de novos conhecimentos teóricos como de novos conceitos de políticas, pois até agora não temos nenhuma teoria económica que abrace ou mesmo relacione as três dimensões da economia e assim integre os novos mercados de massas de capital e investimento e de empregos e carreiras com o antigo mercado de massas de bens e serviços, preços e produtividade. Os acontecimentos específicos que caracterizaram os anos 60 podem muito bem ter sido fenómenos temporários, que nunca mais se repetirão. Porém, os acontecimentos de que foram a primeira expressão e o sintoma visível apenas acabaram de começar.

CAPÍTULO DOIS

Um Kierkegaard Diferente Daquele que está na Moda

I

O BOOM DE referências a Kierkegaard dos últimos anos está a mostrar os primeiros sinais de fadiga. Para bem de Kierkegaard, espero que o fim desta moda esteja para breve. O Kierkegaard deste «*boom*» literário é admirado pela nata dos intelectuais da atualidade por possuir a mesma inteligência e modernidade que eles, apenas se distinguido destes por ter vivido 100 anos antes. Mas este Kierkegaard dos psicólogos, existencialistas e ex-marxistas vários não tem praticamente nenhuma semelhança com o verdadeiro Kierkegaard, que não se preocupava nada com psicologia ou dialética (exceto para mostrar que eram inadequadas e irrelevantes), dedicando-se unicamente à experiência religiosa. E é este verdadeiro Kierkegaard que é significativo para o mundo moderno, na sua agonia. Não temos nem santo nem poeta que faça um todo a partir dos cacos da nossa experiência; em Kierkegaard, temos pelo menos um profeta.

À semelhança de todos os pensadores religiosos, Kierkegaard centra-se na questão: o que torna possível a existência humana?

Durante todo o século XIX, esta questão — até então o cerne do pensamento ocidental — não só era tida como altamente antiquada, como parecia irrelevante e desprovida de sentido. A época era dominada por uma pergunta radicalmente diferente: o que torna possível a sociedade?, perguntaram Rousseau, Hegel e os economistas clássicos. Marx respondeu de uma forma e o protestantismo liberal de outra. Mas, independentemente da forma como a questão é colocada, deverá conduzir sempre a uma resposta que nega a possibilidade da existência humana fora do contexto de uma sociedade.

Rousseau formulou esta resposta para toda a era do progresso: seja qual for a existência humana; sejam quais forem os direitos e os deveres, a liberdade dos indivíduos; seja qual for o significado da vida individual — tudo é determinado

---

Publicado pela primeira vez em *Sewanee Review*, no outono de 1949.

pela sociedade de acordo com a sua necessidade objetiva de sobrevivência. O indivíduo, por outras palavras, não é autónomo. É a sociedade que o determina. A sua liberdade está confinada apenas aos assuntos que menos interessam. Só tem direitos porque a sociedade lhos concede. Só tem vontade própria se aquilo que quiser for aquilo de que a sociedade necessita. A sua vida só tem sentido na medida em que se relaciona com o sentido da sociedade e na medida em que se a sua autorrealização coincide com a realização dos objetivos da sociedade. Em suma, não há existência humana; apenas existência social. Não há indivíduo; apenas o cidadão.

Não são grandes as diferenças entre a «vontade geral» de Rousseau, o conceito de história de Hegel enquanto desenrolar de ideias, e a teoria marxista da determinação do indivíduo através da sua situação objetivamente determinada pela classe. Mas todos eles deram a mesma resposta à questão da existência humana: não existe tal coisa nem tal questão se põe! Existem ideias e cidadãos, mas não existem seres humanos. Tudo o que é possível é meramente a realização de ideias no contexto de uma sociedade.

Assim, se começarmos pela pergunta «o que torna possível a sociedade?», sem perguntar, simultaneamente, o que torna possível a existência humana, chega-se inevitavelmente a um conceito negativo de existência individual e de liberdade: a liberdade individual é, pois, aquilo que não perturbar a sociedade. Assim, a liberdade torna-se algo que não tem função e não tem existência autónoma própria. Torna-se uma conveniência, uma questão de estratégia política ou um lema de um demagogo. Não é nada de vital.

Porém, definir liberdade como algo que não tem função é negar a própria existência da liberdade, pois nada sobrevive na sociedade, a não ser que tenha uma função. Mas no século XIX estava-se demasiado seguro da posse da liberdade para que se pudesse disso ter consciência. A opinião prevalecente foi incapaz de ver que, ao negar a relevância da pergunta «o que torna possível a existência humana?», estava a negar a relevância da liberdade humana. Via, aliás, na pergunta «o que torna possível a sociedade?» uma chave para uma doutrina da liberdade — em grande parte porque almejava a igualdade social. E a quebra dos velhos grilhões da desigualdade aparentava ser equivalente à instauração da liberdade.

Sabemos agora que esta perceção do século XIX estava errada. O nazismo e o comunismo são uma educação dispendiosa — uma educação talvez mais dispendiosa do que a que nos podemos dar ao luxo de pagar; mas pelo menos estamos a aprender que não podemos obter liberdade se nos limitarmos à pergunta: o que torna possível a sociedade? Pode ser verdade que a existência humana em liberdade não seja possível; o que é, de facto, afirmado por Hitler e pelos comunistas, bem como, de forma menos aberta, por todos aqueles «engenheiros sociais» bem-intencionados que acreditam na psicologia social, propaganda, reeducação, ou governo como meio de moldar e formar o indivíduo. Mas pelo menos a questão «o que torna possível a existência humana?» já não pode ser considerada irrelevante. Para aqueles que professam acreditar na liberdade, não há indagação mais relevante.

Não estou a tentar dizer que Kierkegaard foi o único pensador durante o século XIX que viu a direção em que Rousseau estava a conduzir o mundo ocidental. Havia os românticos, alguns dos quais, especialmente em França, pressentiram o que estava para vir. Houve a revolta fútil e suicida de Nietzsche — um Sansão cujo gigantesco poder não fez mais do que derrubar-se a si próprio. Houve, acima de tudo, Balzac, que analisou uma sociedade em que a existência humana já não era possível e traçou um Inferno mais terrível do que o de Dante, na medida em que não havia sequer um Purgatório acima dele. Mas embora todos tenham feito a pergunta «o que torna possível a existência humana?», ninguém, exceto Kierkegaard, lhe deu uma resposta.

II

A resposta de Kierkegaard é simples: a existência humana só é possível em tensão — entre a vida do Homem simultaneamente enquanto indivíduo no espírito e enquanto cidadão na sociedade. Kierkegaard expressou esta tensão fundamental de muitas maneiras ao longo dos seus escritos — de forma mais clara e central quando a descreveu como sendo a consequência da existência simultânea do Homem na eternidade e no tempo. Baseou a sua formulação em Santo Agostinho; este é o clímax intelectual das *Confissões*. Mas Kierkegaard deu à antítese um significado que vai muito além da especulação de Santo Agostinho em lógica dialética.

Existência no tempo é a existência enquanto cidadão neste mundo. É inserido no tempo que comemos, bebemos e dormimos, lutamos por conquistas ou pelas nossas vidas, criamos filhos e sociedades, somos bem-sucedidos ou falhamos. Mas, inseridos no tempo, também morremos. E no tempo nada de nós resta após a nossa morte. No decorrer do tempo não existimos, portanto, enquanto indivíduos. Somos apenas membros de uma espécie, elos numa cadeia de gerações. A espécie tem uma vida autónoma no tempo, características específicas, um objetivo autónomo; mas cada membro não tem vida, característica ou objetivo fora da espécie. Existe apenas no contexto da espécie. A cadeia tem um princípio e um fim, mas cada elo serve apenas para ligar os elos do passado aos elos do futuro; fora da cadeia é mero ferro-velho. A roda do tempo continua a girar, mas as engrenagens são substituíveis e intercambiáveis. A morte do indivíduo não põe fim à espécie ou à sociedade, mas termina a sua vida no tempo. A existência humana não é possível no tempo; apenas a sociedade é possível no tempo.

Na eternidade, porém, no reino do espírito, «aos olhos de Deus», para usar um dos termos favoritos de Kierkegaard, é a sociedade que não existe, que não é possível. Na eternidade, apenas o indivíduo pode existir. Na eternidade, cada indivíduo é único; apenas ele, sozinho, sem vizinhos nem amigos, sem mulher e sem filhos, enfrenta o espírito em si mesmo. No tempo, na esfera da sociedade, ninguém começa no princípio e termina no fim; cada um de nós recebe dos que nos precederam a herança dos tempos, carrega-a por um ínfimo instante, para a transmitir aos que lhe sucedem. No espírito, contudo, cada pessoa começa e acaba. Nada do que os seus pais experienciaram pode ser, de alguma forma, útil para ele. Na tremenda solidão, na completa e única singeleza, ele enfrenta-se a si próprio como se não houvesse nada em todo o universo a não ser ele e o espírito em si. A existência humana é assim uma existência em dois níveis — uma existência em tensão.

É, inclusivamente, impossível aproximarmo-nos da eternidade acumulando tempo; o simples tempo, ainda que seja infinitamente mais tempo, continuará a ser apenas tempo. E também é impossível aproximarmo-nos do tempo subdividindo a eternidade; a eternidade é inseparável e imensurável. Contudo, é unicamente enquanto existência simultânea em ambos os planos, no espírito e na sociedade, que a existência humana é possível. Santo Agostinho tinha dito que o tempo está contido na eternidade, é criado pela eternidade, está nela suspenso. Mas Kierkegaard sabia que os dois estão em planos diferentes, antitéticos e incompatíveis entre si. E ele sabia-o não só pela lógica e pela introspeção, mas pela observação das realidades da vida do século XIX.

É esta resposta que constitui o paradoxo essencial da experiência religiosa. Dizer que a existência humana só é possível na tensão entre a existência na eternidade e a existência no tempo é dizer que a existência humana só é possível se for impossível: o que a existência requer num nível é proibido pela existência no outro. Por exemplo, a existência na sociedade exige que a necessidade objetiva que a sociedade tem de sobreviver determine as funções e as ações do cidadão. Mas a existência no espírito só é possível se não houver leis nem regras, exceto as da própria pessoa, sozinha consigo mesma e com o seu Deus. Dado que o Homem tem de existir na sociedade, não pode haver liberdade exceto em assuntos pouco importantes; mas dado que o Homem tem de existir no espírito, não pode haver regras nem restrições sociais em assuntos importantes. Na sociedade, o Homem só pode existir enquanto ser social — como cônjuge, pai, filho, vizinho, concidadão. No espírito, o Homem só pode existir pessoalmente — sozinho, isolado, completamente murado pela própria consciência.

A existência na sociedade exige que o Homem aceite como reais as esferas sociais dos valores e crenças, recompensas e punições. Mas a existência no espírito, «aos olhos de Deus», exige que o Homem encare todos os valores e crenças sociais como puro engano, vaidade, como algo falso, inválido e irreal. Kierkegaard cita o texto de Lucas 14:26: «Se alguém vier até mim, e não odiar o seu pai, e a sua mãe, e a sua esposa, e os seus filhos, e os seus irmãos, e as suas irmãs, sim, e a sua própria vida também, não poderá ser meu discípulo». O Evangelho do Amor não diz: *ama* estes *menos* do que me amas a mim; diz *odiar.*

Dizer que a existência humana só é possível enquanto existência simultânea no tempo e na eternidade é, portanto, dizer que só é possível enquanto existência esmagada entre dois absolutos éticos irreconciliáveis. Isto significa (se for algo mais do que zombaria de deuses cruéis) que a existência humana só é possível enquanto existência em tragédia. É uma existência em medo e estremecimento; em pavor e ansiedade; e, acima de tudo, em desespero.

III

Esta parece ser uma visão muito sombria e pessimista da existência humana e que dificilmente vale a pena sustentar. Para o século XIX, era uma aberração patológica. Mas vejamos aonde o otimismo do século XIX conduz, pois foi a análise deste otimismo e a previsão do seu resultado que deu ao trabalho de Kierkegaard a sua visão.

Era a própria essência de todos os credos do século XIX que a eternidade pode ser e será alcançada no tempo; que a verdade pode ser estabelecida na sociedade e através da decisão maioritária; que a permanência pode ser obtida através da mudança. Esta é a crença no progresso inevitável, representativa do século XIX e da sua própria contribuição para o pensamento humano. Pode-se tomar o credo do progresso na sua forma mais ingénua e, portanto, mais envolvente — a confiança de que o homem automaticamente e através da sua própria permanência no tempo se torna melhor, mais próximo da perfeição, mais próximo do divino. Podemos adotar o credo na sua forma mais sofisticada — os esquemas dialéticos de Hegel e Marx em que a verdade se desdobra na síntese entre tese e antítese, tornando-se cada síntese, por sua vez, a tese de uma nova integração dialética a um nível mais elevado e mais próximo da perfeição. Ou podemos aceitar o credo da teoria da evolução através da seleção natural, no seu traje pseudocientífico. Em qualquer destas formas a substância é a mesma: uma crença fervorosa de que, ao acumularmos tempo, alcançaremos a eternidade; ao acumularmos matéria, tornar-nos-emos espírito; ao acumularmos mudança, tornar-nos-emos permanentes; ao acumularmos iterações de tentativa e erro, encontraremos a verdade. Para Kierkegaard, o problema do valor final era um conflito intransigente entre qualidades contraditórias. Para o pensamento dominante do século XIX, o problema era de quantidade.

Enquanto Kierkegaard concebia a situação humana como essencialmente trágica, o pensamento dominante do século XIX transbordava de otimismo. Desde o ano 1000, quando toda a Europa esperava a Segunda Vinda, que não havia uma geração que se visse tão próxima da consumação do tempo como os homens do século XIX. É certo que havia impurezas no tecido da sociedade. Mas os liberais esperavam com confiança que fossem queimadas ao fim de uma geração ou, no máximo, ao fim de um século, pela luz diariamente fortalecedora da razão. O progresso era automático. E embora as forças da escuridão e da superstição pudessem, por vezes, parecer ganhar, não passava de uma ilusão momentânea. «É sempre mais escuro pouco antes do amanhecer» é uma máxima verdadeiramente liberal (aliás, tão falsa no seu sentido literal como no seu sentido metafórico). O apogeu deste otimismo ingénuo foi o livro que o famoso biólogo alemão Ernst Haeckel escreveu pouco antes da viragem do século — aquele que previa que todas as questões restantes seriam finalmente e decisivamente respondidas dentro de uma geração pela biologia darwiniana e pela física newtoniana.

Talvez o melhor comentário sobre o destino do credo do século XIX seja o facto de o *Weltraetsel* de Haeckel se ter vendido aos milhões na geração dos nossos avós (e ainda anda por aí escondido nas velhas prateleiras) no preciso momento em que o universo da biologia darwiniana e da física newtoniana se estava a desintegrar por completo.

Àqueles a quem o otimismo do liberalismo ou do darwinismo não conseguiu satisfazer, Marx ofereceu uma visão mais complicada, mas também infinitamente mais profunda de um milénio que teria de vir em seguida, precisamente porque o mundo era tão corrupto e tão imperfeito. A sua era uma mensagem verdadeiramente apocalíptica, na qual o impossível, a obtenção da perfeição permanente da sociedade sem classes, é prometido precisamente por ser impossível. Em Marx, o otimismo do século XIX admite a derrota, apenas para usar a derrota como prova de uma vitória garantida.

Neste credo da perfeição iminente, em que cada progresso no tempo significava um progresso no sentido da eternidade, da permanência e da verdade, não havia lugar para a tragédia (o conflito entre duas forças absolutas, entre duas leis absolutas). Não havia sequer espaço para a catástrofe. Por toda a parte na tradição do século XIX, a tragédia é exorcizada, a catástrofe é suprimida. Um bom exemplo é a tentativa — bastante popular nestes últimos anos — de explicar um fenómeno tão cataclísmico como o hitlerismo em termos de «adaptação psicológica defeituosa», ou seja, como algo que nada tem que ver com o espírito, mas que é exclusivamente uma questão de técnicas. Ou, numa esfera totalmente diferente, comparar *António e Cleópatra*, de Shakespeare, com a *Madame Bovary*, de Flaubert, e ver como o «*eros*» essencialmente trágico se transforma em puro «sexo» — psicologia, fisiologia, até mesmo paixão, mas já não um conflito trágico, ou seja, insolúvel. Ou poderíamos olhar para um dos triunfos da tentativa de suprimir a catástrofe, a explicação inicial que o comunismo fez do nazismo enquanto «apenas uma etapa necessária na inevitável vitória do proletariado». Aqui temos, na sua forma mais pura, o credo oficial de que tudo o que acontece no tempo tem de ser bom, por muito mau que seja. Nem a catástrofe nem a tragédia podem existir.

Nunca houve um século na História ocidental tão distante de uma consciência do trágico como aquela que nos legou duas guerras mundiais. Há pouco mais de 200 anos — em 1755, para ser preciso —, a morte de 15 mil pessoas no terramoto de Lisboa foi o suficiente para derrubar a estrutura cambaleante da crença cristã tradicional na Europa. Os contemporâneos não conseguiam dar um sentido ao acontecimento; não conseguiam conciliar este horror com o conceito de um Deus todo-misericordioso; não conseguiam encontrar qualquer resposta para um paradoxo de catástrofe de tal magnitude. Há anos que ouvimos falar diariamente de destruições muito maiores, de povos inteiros a morrerem à fome ou a serem exterminados. E é muito mais difícil entender estas catástrofes provocadas pelo Homem à luz da nossa racionalidade moderna do que era no século XVIII entender o terramoto de Lisboa à luz do cristianismo tradicional. No entanto, as nossas próprias catástrofes não causam qualquer impacto no otimismo dos milhares de comités que se dedicam à crença de que a paz e a prosperidade permanentes irão «inevitavelmente» emergir dos horrores de hoje. Estão, com toda a certeza, cientes dos factos e devidamente indignados por eles, mas recusam-se a vê-los como catástrofes. Foram treinados para negar a existência da tragédia.

IV

No entanto, por mais bem-sucedido que o século XIX tenha sido em suprimir o trágico, há um facto que não pôde ser suprimido, algo que permanece para além do tempo: a morte. É o único facto que não pode ser generalizado; em vez disso, permanece único; o único facto que não pode ser socializado, pelo contrário, permanece pessoal. O século XIX fez todos os esforços para despojar a morte do seu aspecto individual, único e qualitativo. Tornou a morte num incidente em estatísticas vitais, mensuráveis quantitativamente, previsíveis de acordo com as leis atuariais da probabilidade. Tentou contornar a morte, organizando as suas consequências. O seguro de vida é talvez a instituição mais significativa da metafísica do século XIX; a sua proposição «de distribuição dos riscos» mostra muito claramente a natureza da tentativa de considerar a morte como um incidente na vida humana, em vez da sua terminação. E o século XIX inventou o espiritualismo — uma tentativa de controlar a vida após a morte por meios mecânicos.

No entanto, a morte persiste. A sociedade pode fazer da morte um tema tabu, pode estabelecer a regra de que é má educação falar da morte e pode substituir aqueles funerais horrivelmente públicos pela «higiénica» cremação. O erudito Professor Haeckel poderia sugerir, de uma forma geral, que a biologia darwiniana está prestes a fazer-nos viver permanentemente; mas ele não cumpriu a sua promessa. E enquanto a morte persistir, o indivíduo permanece com um polo da sua existência fora da sociedade e fora do tempo.

Enquanto a morte persistir, o conceito otimista da vida, a crença de que a eternidade pode ser alcançada através do tempo e que o indivíduo se pode realizar a si próprio na sociedade, terá apenas um resultado — o desespero. De um momento para o outro, toda e qualquer pessoa se vê confrontada com a morte;

e, neste ponto, está completamente só, apenas indivíduo. Se a sua existência for puramente em sociedade, está perdido — pois agora esta existência torna-se sem sentido. Kierkegaard diagnosticou este fenómeno e chamou-lhe o «desespero por não estar disposto a ser um indivíduo». Superficialmente, o indivíduo pode recuperar deste encontro com o problema da existência na eternidade; pode até esquecê-lo durante algum tempo, mas nunca conseguirá recuperar a sua confiança na sua existência na sociedade. Basicamente, permanece em desespero.

A sociedade deve permitir que o Homem morra sem desespero, se quiser que ele possa viver exclusivamente em sociedade. E só o pode fazer de uma forma: tirando o sentido à vida enquanto indivíduo. Se não passamos de uma folha na árvore da raça, uma célula no corpo da sociedade, então a nossa morte não é realmente morte; é melhor chamar-lhe um processo de regeneração coletiva. Nesse caso, é claro, a sua vida também não é uma vida real; é apenas um processo funcional dentro da vida do todo, desprovido de qualquer significado, exceto no que diz respeito ao todo. Assim, como Kierkegaard previu há cem anos, um otimismo que proclama a existência humana enquanto existência na sociedade leva diretamente ao desespero. E este desespero só pode levar ao totalitarismo, pois o totalitarismo — e esse é o traço que o distingue tão nitidamente das tiranias do passado — baseia-se na afirmação da falta de significado da vida e da inexistência da pessoa. Daí que a ênfase no credo totalitário não esteja em como viver, mas sim em como morrer; para tornar a morte suportável, a vida individual tinha de ser tornada inútil e sem sentido. O credo otimista, que começou por dar a maior importância à vida neste mundo, conduziu diretamente à glorificação nazi da autoimolação como o único ato em que o Homem pode existir de forma significativa. O desespero torna-se a essência da própria vida.

V

O século XIX chegou ao ponto a que o mundo pagão tinha chegado no final do Império Romano. E, tal como na Antiguidade, tentou encontrar uma saída, fugindo para o plano puramente ético — baseando a virtude na razão do Homem. Os grandes sistemas filosóficos do idealismo alemão — acima de todos o de Kant, mas também o de Hegel — dominaram a sua era porque identificavam a razão com a virtude e a vida digna. A cultura ética e aquele tipo de protestantismo liberal que vê em Jesus o «melhor homem que já viveu», com os seus *slogans* da Regra de Ouro, do «imperativo categórico» e da satisfação de uma vida de serviço — estas e outras fórmulas éticas com elas relacionadas tornaram-se tão familiares no século XIX como a maioria delas tinha sido na Antiguidade. No entanto, não conseguiram fornecer uma base para a existência humana na era moderna, tal como não tinham conseguido 2000 anos antes.

Nos seus melhores exemplares, o conceito ético conduz, de facto, à integridade e à grandeza morais. O humanismo do século XIX, baseado metade em Plutarco, metade em Newton, poderia ser algo de nobre. (Basta recordar os grandes homens da última geração do século XIX, como Woodrow Wilson, Masaryk, Jaurès ou Mommsen.) O próprio Kierkegaard teve com ele mais afinidade do que alguma vez se apercebeu. Embora lutando a cada momento contra a influência de Hegel, nunca conseguiu libertar-se dela por completo; e Sócrates, símbolo da vida ética, permaneceu para ele o apogeu da história natural do Homem.

Mas Kierkegaard também viu que o conceito ético, embora possa proporcionar integridade, coragem e firmeza, não pode dar sentido — nem à vida nem à morte. Tudo o que pode proporcionar é uma resignação estoica. Kierkegaard considerou esta posição como sendo de um desespero ainda maior do que o otimista; chama-lhe «o desespero por estar disposto a ser um indivíduo». Além disso, muitas vezes a posição ética não conduz a algo tão nobre e consistente como a filosofia estoica, transformando-se, antes, num revestimento dourado para a pílula do totalitarismo. Esta é, penso eu, a posição de muitos apologistas da Rússia soviética; esperam que o Homem encontre realização individual na tentativa ética de fazer o seu vizinho feliz e que isto seja suficiente para compensar a realidade do totalitarismo. Ou então a posição ética passa a ser puro sentimentalismo — a posição daqueles que acreditam que o mal pode ser abolido e a harmonia estabelecida por meio de boas intenções.

Mais a mais, em todo o caso, a posição ética degenera necessariamente em relativismo, pois, se o Homem é virtuoso, tudo o que é aceite pelo Homem deve ser virtude. Assim, uma posição que começa — como fizeram Rousseau e Kant há cerca de 200 anos — a estabelecer absolutos éticos determinados pelo Homem tem de acabar na negação total dos absolutos e, com ela, na negação total da possibilidade de uma posição verdadeiramente ética. Desta forma, não há como escapar ao desespero. Será, então, que a única conclusão possível é a de que a existência humana só pode ser uma existência em tragédia e desespero? Estarão certos os sábios do Oriente, que veem como a única resposta a destruição do eu, a submersão do Homem no nirvana, no nada?

Kierkegaard tem outra resposta: a existência humana é possível como existência não em desespero, não em tragédia, mas como existência em fé. O oposto de Pecado (para usar o termo tradicional para uma existência puramente na sociedade) não é Virtude; é Fé.

Fé é a crença de que em Deus o impossível é possível, que Nele o tempo e a eternidade são um só, que tanto a vida como a morte são significativas. A fé é o conhecimento de que o Homem é criatura — não autónomo, não o mestre, não o fim, não o centro — e, ainda assim, é responsável e livre. É a aceitação da solidão essencial do Homem, a ser superada pela certeza de que Deus está sempre com o Homem, mesmo «na hora da nossa morte».

No meu livro favorito de Kierkegaard, um pequeno volume chamado *Temor e Tremor*, o autor levanta a questão: o que distingue a disposição de Abraão para sacrificar o seu filho, Isaac, do homicídio comum? Se Abraão nunca tivesse tido a intenção de levar avante o sacrifício, pretendendo apenas fazer uma demonstração da sua obediência a Deus, então Abraão, de facto, não teria sido um assassino, mas teria sido algo mais desprezível: uma fraude e um trapaceiro. Se não amasse Isaac e lhe fosse indiferente, teria estado disposto a ser um assassino. No entanto, Abraão era um homem santo; a ordem de Deus era para si uma ordem absoluta a ser executada sem reservas; e é-nos dito que amava Isaac mais do que a si próprio. A resposta é que Abraão tinha fé. Acreditava que em Deus o impossível se tornaria possível — que podia cumprir a ordem de Deus e, ainda assim, conservar Isaac.

Abraão era um símbolo do próprio Kierkegaard, e o sacrifício de Isaac um símbolo para o seu próprio segredo mais íntimo, o seu grande e trágico amor — um amor que ele tinha sacrificado, embora tivesse por ele mais amor do que por si próprio. Mas a alusão autobiográfica é apenas episódica. A história de Abraão é um símbolo universal da existência humana que só é possível na fé. Na fé, o indivíduo torna-se universal, deixa de ser isolado, torna-se significativo e absoluto; daí que na fé haja uma verdadeira ética. E, na fé, a existência na sociedade também se torna significativa, enquanto existência na verdadeira caridade.

A fé não é aquilo a que hoje se chama tão frequente e superficialmente «experiência mística» — algo que aparentemente pode ser induzido por exercícios respiratórios adequados ou pela exposição prolongada a Bach. Só pode ser alcançada através do desespero, do sofrimento, de uma luta dolorosa e incessante. Não é irracional, sentimental, emocional ou espontânea. É o resultado de pensamento sério e aprendizagem, de disciplina rígida, de completa sobriedade, de humildade e da subordinação do eu a uma vontade superior, absoluta. O conhecimento interior da unificação do próprio ser em Deus — aquilo a que São Paulo chamou esperança e nós chamamos santidade — poucos são capazes de alcançar. Mas todo e qualquer homem é capaz de alcançar a fé, pois todo o homem conhece o desespero.

Kierkegaard situa-se na grande tradição ocidental da experiência religiosa, a tradição de Santo Agostinho e São Boaventura, de Lutero, São João da Cruz e Pascal. O que o distingue e lhe confere na atualidade esta urgência especial é a sua ênfase no sentido da vida no tempo e na sociedade para o homem de fé, o cristão. Kierkegaard é «moderno», não porque emprega o vocabulário moderno da psicologia, da estética e da dialética — os traços efémeros que a atual moda de Kierkegaard alardeia —, mas porque se preocupa com a enfermidade específica do Ocidente moderno: o desmoronamento da existência humana, a negação da simultaneidade da vida no espírito e da vida na carne, a negação do significado de uma para a outra.

Em vez disso, temos hoje um total desacordo, uma justaposição de «*Yogi*» e «*Commissar*» — os termos são, evidentemente, de Arthur Koestler — enquanto possibilidades mutuamente exclusivas: tempo ou eternidade, caridade ou fé, em que um dos polos da existência dual do Homem se torna o absoluto. Isto representa uma completa abdicação da fé: o «*Commissar*» abdica de todo o reino do espírito em nome do poder e da eficácia; o «*Yogi*» atribui a existência humana no tempo (ou seja, a vida social) ao Diabo e está disposto a assistir à perda de milhões de vidas e de almas desde que o seu próprio «Eu» seja salvo. Ambas são posições impossíveis para qualquer pessoa religiosa, mas especialmente para um cristão que deve viver no espírito e, ainda assim, sustentar que a verdadeira fé é eficaz no contexto da caridade (isto é, no contexto da responsabilidade social).

Pelo menos ambas são posições honestas que admitem honestamente a sua insolvência — em contraste com a tentativa de escapar ao problema através dos vários partidos políticos «cristãos» na Europa, protestantes e católicos, ou do movimento pelo «Cristianismo Social» ainda poderoso neste país. Isto porque estas tentativas substituem a fé e a experiência religiosa pela moralidade e as boas intenções, enquanto princípios básicos de ação. Embora sinceros e honestos, embora sustentados e por vezes conduzidos pelo bem, até mesmo por homens santos, deverão não só ser tão ineficazes na política como os «*Yogis*», mas também falhar como o «*Commissar*» na provisão de vida espiritual, pois comprometem tanto a vida no tempo como a vida na eternidade. O clérigo austríaco e líder do partido católico que, nos anos 30, saiu em defesa de Hitler com o argumento «Pelo menos ele é contra os banhos mistos» é uma caricatura abominável do moralista cristão na política; porém, representa uma caricatura de algo que está sempre presente de cada vez que se confunde moralidade com fé.

Kierkegaard não oferece uma saída fácil. De facto, dele poder-se-ia dizer, como de todos os pensadores religiosos que se concentram na experiência e não na razão e no dogma, que sobrestima em demasia a vida no espírito, não conseguindo assim integrar os dois polos da existência humana num todo. Mas foi capaz não só de ver a tarefa, como também de demonstrar na sua própria vida e nas suas obras que não há fuga à realidade da existência humana, a qual é uma realidade em tensão. Não é por acaso que a única parte da tremenda produção literária de Kierkegaard que não apareceu originalmente sob um pseudónimo, mas sim com o seu próprio nome, foram os *Discursos Edificantes*. Não que ele quisesse esconder a autoria das outras obras — os pseudónimos não teriam conseguido enganar ninguém —, mas os livros «edificantes» só por si traduzem a fé em eficácia social e são, por isso, verdadeiramente religiosos e não apenas «*Yogis*». Também não é por acaso que toda a obra de Kierkegaard, os seus 20 anos de reclusão, de escrita, reflexão, oração e sofrimento, foram apenas a preparação para a violenta ação política a que dedicou os últimos meses da sua vida — uma furiosa guerra de um só homem contra a instituição da Igreja da Dinamarca e o seu alto clero por confundir moralidade e tradição com caridade e fé.

Embora a fé de Kierkegaard não possa superar a terrível solidão, o isolamento e a dissonância da existência humana, pode torná-la suportável ao conferir-lhe significado. A filosofia dos credos totalitários capacita o Homem a morrer. É perigoso subestimar a força de tal filosofia, pois, numa época de tristeza e sofrimento, de catástrofe e horror (ou seja, no nosso tempo), é um grande feito poder morrer. No entanto, não é suficiente. A fé de Kierkegaard permite ao Homem morrer, mas também lhe permite que viva.

CAPÍTULO TRÊS

Notas sobre a Nova Política

AS REALIDADES OBJETIVAS sobre as quais a política americana tem de se debruçar têm vindo a mudar drasticamente nos últimos cerca de 15 anos:

- na estrutura da população;
- na estrutura social e política;
- no que diz respeito aos centros de poder na sociedade americana;
- e no ambiente internacional.

Consequentemente, os pressupostos fundamentais aceites como praticamente axiomas tanto na nossa política interna como na nossa política externa estão a tornar-se cada vez mais insustentáveis. As questões em torno das quais a política americana tende a organizar-se serão cada vez mais novas e díspares relativamente às do último meio século. As questões há muito aceites, ou pelo menos as suas formulações tradicionais, irão parecer cada vez mais irreais, ou até desprovidas de sentido.

Acima de tudo, as novas realidades estão rapidamente a tornar obsoletos os alinhamentos políticos tradicionais.

Os alinhamentos que moldaram o processo político americano durante a maior parte dos últimos 100 anos — o papel de «ponte» do «sólido Sul» e o seu poder político, o papel estratégico dos blocos económicos, e assim por diante — correm o risco de perder relevância. Este processo está apenas a começar a tornar-se visível, sobretudo no tumulto e na agonia do partido republicano. Contudo, é provável que mude ambos os partidos, ou até que reformule a polarização genericamente aceite da política americana em torno de interesses «não ideológicos» e de assuntos internos. É também bastante improvável que as

Publicado pela primeira vez em *The Public Interest*, no verão de 1966.

políticas externas possam continuar a ser «bipartidárias»; é mais provável que se tornem o centro de uma grande controvérsia política.

A «Grande Sociedade» do Presidente Johnson representa uma primeira resposta a algumas das novas questões, tanto a nível interno como externo. Mas aborda estas novas questões em grande parte enquadradas no antigo contexto. Apela principalmente aos valores antigos e emprega sobretudo a retórica tradicional. É, portanto, essencialmente uma fase de transição; e é de supor que o Presidente está altamente consciente deste facto. A ênfase no «consenso» é, acima de tudo, uma tentativa, tanto altamente construtiva como politicamente muito perigosa, de realizar algumas das mais importantes das novas tarefas *antes* de se terem tornado questões políticas. Mesmo no pico do seu sucesso, a era do «consenso», como qualquer anterior «Era do Bem-Estar», só pode, portanto, ser um prelúdio para um período (provavelmente prolongado) de dissidência vocal, fermento político violento e súbitas derrocadas políticas.

Novas realidades domésticas

O passado recente — as duas décadas desde o fim da Segunda Guerra Mundial ou os 15 anos desde a Guerra da Coreia — produziu mudanças claramente visíveis nas realidades políticas, sociais e económicas a nível interno e externo.

Em resumo, as mudanças que me parecem mais significativas são:

(1) Nos últimos 15 a 20 anos, os Estados Unidos tornaram-se uma *sociedade metropolitana* na qual a grande maioria da população vive num número bastante reduzido de grandes áreas metropolitanas densamente povoadas, dependentes de serviços comuns, cada uma delas um sistema intrincado de grande complexidade técnica e política.

(2) O centro de gravidade da força de trabalho americana tem vindo a mudar dos trabalhadores manuais — qualificados ou não, em fazendas, oficinas ou fábricas — para os *trabalhadores intelectuais* com um grau muito elevado de escolaridade formal. Para os trabalhadores intelectuais e para uma economia baseada no trabalho do conhecimento, a pobreza deixa de ser a condição geral da humanidade. Não que o trabalhador do conhecimento seja «rico», mas o seu rendimento tende a ser suficientemente elevado a ponto de eliminar a constante ansiedade sobre o que comer na próxima refeição em que a humanidade como um todo sempre viveu. Acima de tudo, o trabalhador intelectual goza de uma segurança de emprego que a História desconhecia.

Como resultado adicional desta mudança para o trabalho do conhecimento, está em processo uma mudança radical na posição do trabalhador manual. Nem a sua segurança de emprego nem o seu rendimento se deterioraram. Porém, tende a ser visto como economicamente «não produtivo» e como socialmente «marginal». Já não é visto como essencial. A ocupar o seu lugar está a classe média assalariada e educada, que se torna cada vez mais a *nova maioria*.

(3) Nestes últimos 15 anos, os Estados Unidos tornaram-se uma sociedade de instituições grandes, semiautónomas e fortemente organizadas. Não existe apenas um «grande governo» — federal bem como estadual e municipal (dentro do qual os serviços civis e as forças armadas representam grandes centros de poder, semiautónomos e com as suas próprias regras e os seus próprios líderes); existem também as grandes universidades, os grandes hospitais, os grandes sindicatos de trabalhadores, e muitos outros.

O mundo empresarial foi apenas a primeira esfera na sociedade americana em que apareceram as grandes organizações. A sociedade americana, como, aliás, qualquer sociedade industrial moderna, tornou-se uma *sociedade pluralista* de grandes organizações, cada uma servindo um, mas apenas um, dos propósitos e necessidades da sociedade.

As interações decisivas na sociedade americana de hoje, e cada vez mais na política americana, são, portanto, interações entre instituições altamente organizadas, grandes, poderosas e profissionalizadas, cada uma preocupada com a sua própria tarefa específica.

(4) O federalismo tradicional encara as relações entre o Governo Federal e os vários estados como relações de coexistência e competição. Mas, no *Novo Federalismo*, outras unidades políticas para além dos estados (especialmente as áreas metropolitanas) estão diretamente relacionadas com o Governo Federal e trabalham diretamente com ele. Talvez ainda mais relevante, as instituições que não são «governamentais», mas «privadas» tornam-se cada vez mais os agentes do governo no cumprimento de funções públicas e mesmo na formulação de políticas públicas: as universidades, as empresas de grande dimensão, os grandes hospitais-escola.

(5) Há uma emergência de novos centros de poder na nossa sociedade, rivalizando, senão já ofuscando, os centros de poder tradicionais da política americana, tais como os interesses económicos tradicionais. Estes novos centros de poder são: os *Militares*, a *Educação* e a *Grande Ciência*. É verdade que a educação, embora se esteja a tornar rapidamente o maior empregador e investidor de capital neste país, ainda não está organizada como um centro de poder. No entanto, a ênfase no diploma como condição de emprego representa uma tremenda vitória social para o educador e coloca-o numa posição de controlo social como este país nunca havia concedido a qualquer outro grupo.

Solidez militar e solidez educacional são agora vistos como os pilares gémeos da força nacional no mundo moderno e como os dois atributos de estatuto de grande poder.

Estes dois centros de poder, os militares e a educação, unem-se no compromisso do governo para com a promoção do *Impulso Científico e Tecnológico* como uma nova e importante responsabilidade nacional e um novo e importante objetivo nacional.

Novos problemas domésticos

(1) Na política interna, *já passámos de questões economicamente centradas para questões que são basicamente políticas: constitucionais, morais e estéticas.* O exemplo notável é, evidentemente, o dos direitos civis. Na verdade, os direitos civis são uma questão importante apenas porque se tornou evidente que a economia por si só não pode proporcionar uma cidadania plena aos negros americanos.

A «Guerra contra a Pobreza», embora utilize terminologia económica, também é uma mudança do plano económico para o político. Foi imposta por uma sociedade próspera a si própria devido à sua própria consciência pesada — e, em grande medida, por uma preocupação estética com a miséria e fealdade em que tantos vivem numa economia que, afinal, é de abundância.

Por outro lado, o profissional instruído é, no seu conjunto:

- propenso à alienação em vez de à pobreza;
- assolado pelo medo da futilidade, em vez de pela falta de rendimentos.

O que lhe falta não é um emprego, mas a satisfação da realização e um sentido de função. A criação dessa satisfação vai ser um objetivo básico da política americana.

(2) O *Congresso* e a sua função podem muito bem tornar-se um assunto por si só. Os acontecimentos das últimas duas décadas fizeram com que o Congresso deixasse, em grande parte, de ser um parceiro nas decisões políticas. Em vez disso, está a ser reduzido, em muitas áreas, ao papel de crítico e comentador. Os arranjos complexos do Novo Federalismo estão, em grande parte, fora do alcance do poder do Congresso, ou até completamente fora do alcance das suas competências.

Problemas na política internacional

A realidade central que é suscetível de gerar, ou pelo menos de moldar, os problemas da política internacional americana é o desaparecimento dos dois axiomas em que a política externa americana se tem baseado desde a Segunda Guerra Mundial: o axioma de que a economia internacional dependia da economia dos Estados Unidos, em vez de existir uma interdependência; e o axioma muito mais importante de que «comunismo» e «Rússia» eram sinónimos, ambos os vocábulos representando «o inimigo».

Como resultado da erosão destes axiomas, já não é possível assumir que qualquer ação tomada pelos Estados Unidos no seu papel de líder da comunidade do Mundo Livre seja automaticamente no interesse dos Estados Unidos como nação, e vice-versa. A abordagem de interesse nacional poderia, por exemplo, resultar numa política «suave» em relação à China, onde a abordagem de liderança mundial poderia conduzir a uma abordagem muito «dura», ou seja, contendo a agressão chinesa onde quer que esta ocorra.

O bipartidarismo nos negócios estrangeiros não pode durar. O «Pragmatismo» já teve a sua época; agora precisamos novamente de uma política.

I. Alinhamentos políticos

As decisões mais importantes dos últimos 15 anos na política americana foram tomadas essencialmente fora do processo político propriamente dito. Dificilmente poderiam ter sido tomadas dentro dele, pois diziam respeito a questões sobre as quais nenhuma decisão é possível dentro dos alinhamentos tradicionais.

As duas decisões cruciais na política interna durante a última década foram provavelmente a Segregação Escolar e a Redistribuição. Ambas foram tomadas, sem qualquer discussão política, pelo Supremo Tribunal, isto é, por um órgão exterior à política partidária.

Do mesmo modo, em matéria de negócios estrangeiros, a decisão mais importante foi certamente a que nos levou a uma grande guerra no Vietname. Esta decisão foi tomada sem qualquer «decisão» e certamente sem qualquer debate público. O que é espantoso não é que tenha havido críticas ao nosso envolvimento no Vietname, mas sim que tenha havido tão pouca discussão e tão pouca contestação até ao momento em que já estávamos irrevogavelmente comprometidos.

De facto, os mais importantes dos alinhamentos tradicionais da política americana estão em vias de desaparecer por completo.

O Sul perde o voto de qualidade

Durante os últimos anos, uma das duas bases principais dos alinhamentos tradicionais, o «Compromisso de 1876», foi efetivamente revogada.

Os livros de História pouco nos falam deste Compromisso, a não ser o facto de ter conduzido à presidência um candidato republicano (Rutherford Hayes) que, na verdade, tinha sido ultrapassado pelo seu adversário democrata, em troca do qual o Governo Federal retirou as tropas que tinham mantido no poder as administrações de «forasteiros oportunistas» nos estados da antiga Confederação. Mas implícito neste acordo, como foi claramente entendido por todos os intervenientes, estava um pacto de grande alcance entre o Norte e o Sul. Garantia ao Sul que não haveria interferências na sua «instituição doméstica», ou seja, a preservação incontestada da supremacia branca. Em troca, o Sul prometeu tacitamente aceitar e não desafiar a liderança do Norte em todas as áreas, exceto apenas no que respeita às relações raciais. Isto traduziu-se no ditado comum de que nenhum sulista poderia tornar-se Presidente.

O Compromisso conferiu ao Sul um poder na política americana, e especialmente no Congresso, muito além da sua força populacional, muito além até da qualidade da liderança do Sul. Um motivo para tal foi o controlo por parte dos sulistas da presidência de importantes comissões do Congresso como resultado combinado do sistema de antiguidade do Congresso e da incontestada estrutura unipartidária do Sul.

Mais importante, talvez, embora muito menos visível, foi a função do Sul enquanto *ponte* entre os principais partidos e as grandes fações; isto garantiu a quase todos os Presidentes uma maioria funcional no Congresso, mas também tornou o Sul indispensável. Era obviamente do interesse do Sul não ter nenhum partido predominante no Congresso: os sulistas no Congresso, portanto, tinham sempre tendência a estabelecer uma causa comum com a minoria — exceto em tempos de grandes emergências, como a eclosão da guerra ou os primeiros 100 dias do New Deal de Roosevelt.

Durante 90 anos, praticamente todas as administrações enfrentaram uma coligação no Congresso em que o Sul, embora fosse o parceiro menor, era essencialmente quem ditava os termos.

A causa imediata para a «revogação» do Compromisso de 1876 foi a migração dos negros para o Norte, que começou depois da Primeira Guerra Mundial. Com os negros do Norte a gozarem de igualdade política formal, a privação dos mesmos direitos no Sul já não podia ser considerada um «assunto doméstico». Assim que — na sequência da decisão do Supremo Tribunal de 1954 — o Governo Federal atacou a supremacia branca no Sul, os sulistas deixaram, portanto, de honrar a sua parte do acordo. Isto explica, em grande parte, a frustração das políticas internas do Presidente Kennedy.

Mas a causa final da forte mudança na posição do Sul na política americana é a mudança na população branca e na sua distribuição. Em virtude da tendência do Velho Sul para se manter uma região de pequenas cidades fortemente rural, já não tem os números necessários para apoiar um papel de ponte e para emitir o voto decisivo. Ou melhor, um Sul que permanece rural e de cidades pequenas não pode ter população suficiente para ser relevante, enquanto um Sul que se torna metropolitano deixa de ser o «sólido Sul», como Atlanta e Miami demonstraram.

O facto de tanto o Sr. Truman como o Sr. Johnson não terem sido apoiados pelo Sul representou uma renúncia à aliança tradicional. Mas o facto de ambos poderem ser eleitos sem os votos do Sul era muito mais relevante: provou que o Sul já não detinha o equilíbrio do poder. Mesmo o Sr. Kennedy ainda teria sido eleito, apesar da margem de manobra do seu voto popular, se a maioria dos estados da Antiga Confederação tivesse dado os seus votos eleitorais a um sulista dos direitos dos estados. O facto de, como consequência, um sulista ter demonstrado ser capaz de ganhar tanto a nomeação como a eleição para a Presidência é uma consolação bastante diminuta.

O preço em matéria de direitos civis que a nação pagou pelo papel de ponte do Sul foi, evidentemente, exorbitante. Mas em termos da política americana contemporânea, durante estes 90 anos, o papel peculiar do Sul tem sido, no seu conjunto, saudável e produtivo.

Há uma crença difundida de que os sulistas no Congresso tendiam a ser «reacionários». Mas isto só se aplica à sua posição em matéria de relações raciais, que só se tornou um assunto em discussão na política americana após a Depressão e talvez até na altura da Segunda Guerra Mundial. Caso contrário, os sulistas no Congresso eram, na maior parte das vezes, radicais populistas. Acima de tudo, para preservar a posição de poder do Sul, os sulistas no Congresso não tinham outra escolha senão procurar um consenso. A política nacional não mudou para a esquerda nem para a direita por o Sul ter mudado: o Sul é que mudou em consequência de o centro nacional ter mudado primeiro. Com efeito, os sulistas tiveram sempre de tornar possível que os «liberais» e os «conservadores» chegassem a acordo pelo menos o suficiente para permitir que os trabalhos do governo prosseguissem.

Os presidentes das comissões há muito tempo em funções, embora muitas vezes autocráticos e imutáveis, também faziam normalmente os seus trabalhos de casa e conheciam bem a sua área. Dotaram o Congresso de uma sólida espinha dorsal de conhecimentos especializados, como nenhum outro órgão parlamentar no mundo possui. Seria difícil encontrar homens que trabalhassem mais arduamente ou que conhecessem melhor a sua área do que os dois homens da Geórgia, o senador Russell e o congressista Vinson, que durante tantos anos dirigiram os Comités das Forças Armadas nos seus ramos do Congresso. É este conhecimento especializado que torna o Congresso ainda capaz de lidar com a burocracia federal e nos dá um grau de controlo político sobre a função pública de que não há notícia em nenhuma outra nação moderna.

Nos assuntos externos, a ausência de grandes interesses industriais e sindicais no Sul permitiu aos sulistas, muitas vezes, considerar o interesse nacional e ter uma visão muito mais ampla do que os do Midwest ou os de New England, influenciados como tantas vezes têm sido pelos interesses imediatos e míopes desta ou daquela empresa ou indústria.

Finalmente, o facto de «que nenhum sulista poderia tornar-se Presidente» significava que os seniores sulistas no Congresso não tinham mais nenhuma ambição e sabiam que tinham de deixar a sua marca na História através do seu desempenho enquanto legisladores.

Para o bem ou para o mal, esta posição do Sul deixou de existir.

Não é por acaso que, pela primeira vez na história do Senado, uma obstrução dos direitos civis pôde ser quebrada de forma tão decisiva (na luta pelo projeto de lei dos direitos civis do Presidente Kennedy) que, dois anos mais tarde, o Sul nem sequer tentou fazer uma obstrução contra o projeto de lei muito mais abrangente do Sr. Johnson de 1965. Também não é por acaso que, pela primeira vez desde que o atual sistema de presidentes de comissões foi introduzido por volta da viragem do século, os membros das comissões se revoltaram com sucesso contra os seus presidentes (contra o Representante Smith, da Virgínia, o Presidente do House Rules Committee e o Representante Patman, do Texas do House Banking Committee).

Não estou, de modo algum, convencido de que o Sul vá abandonar o sistema de partido único. É concebível que, durante muitos anos, as pressões no sentido da conformidade e da resistência a um mundo exterior estranho e crítico possam impor uma disciplina de voto rigorosa, a ponto de os candidatos da oposição não terem qualquer hipótese em grandes áreas.

Mas mesmo que nada mude no Sul, não teria grande importância de uma forma ou de outra. Durante quase um século, a chegada de um sistema bipartidário ao Sul tem sido aguardada com expectativa pelos «liberais», dentro e fora do Sul, como a hora da libertação, senão como a panaceia para todos os males do Sul. É irónico que, precisamente quando o sistema bipartidário tem uma oportunidade genuína de se estabelecer no Sul, também seja a altura em que tal se tornou bastante irrelevante. Nos assuntos nacionais, o Sul tem cada vez mais de deixar de ser algo separado, na verdade, algo único. O que resta do «Velho Sul» está rapidamente a tornar-se apenas mais uma secção do país esparsamente acomodada e relativamente pobre — e, como tal, uma secção bastante insignificante.

A erosão dos Blocos Económicos

A segunda grande mudança na estrutura dos alinhamentos na política americana é a constante erosão dos blocos económicos tradicionais. Estes blocos, quer sejam «mão-de-obra», «agricultores» ou «empresas», *já não podem ser porta-vozes de políticas*. Só podem, cada vez mais, tornar-se *obstáculos* a qualquer política, seja ela qual for, pois qualquer mudança é, de facto, uma ameaça para eles.

As três agências do Governo Federal que alcançaram o estatuto de Gabinete entre a Guerra Civil e a Segunda Guerra Mundial foram a Agricultura, o Comércio e o Trabalho. Cada uma foi criada para representar um importante património económico do domínio e para garantir que os seus interesses fossem protegidos. O grupo de interesse particular que qualquer uma destas burocracias representava tinha um poder de veto virtual sobre a nomeação do secretário. De facto, os secretários comportavam-se frequentemente como embaixadores de um poderoso soberano estrangeiro e não como membros do Gabinete do Presidente.

Em grande contraste, os dois novos postos do Gabinete criados depois da Segunda Guerra Mundial (deixando de parte a Defesa por ser um caso especial em que se consolidaram agências do Gabinete anteriormente separadas) foram Saúde, Educação, Proteção Social, e Habitação e Assuntos Urbanos —, estabelecidos não para representar interesses económicos, mas *para remover as principais áreas da política do controlo e domínio dos interesses económicos.* Do mesmo modo, a proposta de fazer dos Transportes um departamento do Gabinete serve o mesmo objetivo.

De todos os grupos tradicionais, apenas um tem a oportunidade de permanecer influente e porta-voz de políticas: os «gestores». Pois a gestão é uma função essencial em todas as novas grandes organizações; de facto, a gestão é a função específica das grandes organizações complexas — quer sejam empresas ou forças armadas, universidades ou agências governamentais, ou hospitais. Mas, claro, a única razão pela qual este grupo poderia sobreviver como um centro de poder distinto e organizado é o facto de o «capitalista» de ontem ter sido substituído pelo «gestor profissional» de hoje, que não está confinado a um interesse económico, mas que permeia toda a sociedade e que não é exclusivamente motivado pela economia. O grau de sucesso dos gestores na tão publicitada tentativa de se tornarem «fiduciários» de todos os interesses da organização — empregados, investidores, clientes, etc. — é um ponto discutível. Que eles estejam a tentar é o que mais importa. Isto explica porque é que o Presidente Johnson tem estado a cortejá-los: são uma ponte entre os alinhamentos de ontem e os alinhamentos de amanhã e, como tal, essenciais para o «consenso» almejado pelo Sr. Johnson.

O Trabalho, em contrapartida, nem sequer começou essa transformação. Exceto no caso de uma grande crise económica, parece bastante improvável que uma parte suficientemente grande da «classe média de profissionais empregados» se sindicalize, não só para restaurar a vitalidade e o potencial de crescimento do trabalho, mas também para mudar as características do trabalho ainda mais drasticamente do que a mudança de capitalista para gestor transformou as características do interesse empresarial. Os objetivos de uma classe média de profissionais sindicalizados são, em qualquer caso, mais suscetíveis de serem sociais do que económicos. E naquilo que possam ter de económicos, são suscetíveis de estar em conflito direto com os objetivos económicos dos trabalhadores fabris dos sindicatos tradicionais.

Os blocos económicos tradicionais já não representam a dinâmica da sociedade americana, quanto mais não seja porque as grandes tarefas e os grandes problemas não são económicos, mas sim políticos, sociais, morais ou estéticos. Isto não significa que os blocos económicos deixem de ter importância ou poder. Os agricultores, por exemplo, há muito que deixaram de ter a posição fundamental que tinham até à Primeira Guerra Mundial, mas o *lobby* agrícola está lentamente a perder importância.

O que acontece, contudo, é que esses grupos se tornam puramente negativos. Qualquer mudança é para eles uma ameaça. Os objetivos das políticas não coincidem com os seus. Por conseguinte, tornam-se cada vez mais «interesses instituídos», preocupados com a manutenção de um estatuto privilegiado. A sua ação visa mais a extorsão do que as políticas.

A mudança do papel dos blocos étnicos

A área mais confusa é a dos blocos étnicos e religiosos, tais como os católicos irlandeses, os judeus, os italianos, e assim por diante. Em diferentes partes das metrópoles, a sua importância muda em diferentes direções. No centro da cidade, a antiga «baixa» — os cinco bairros de Nova Iorque, por exemplo — esses blocos deveriam tornar-se muito mais importantes. Os negros estão claramente a emergir enquanto bloco étnico organizado e poderoso no centro da cidade. A sua tendência para agir como um bloco na política da cidade deve aumentar, pois cada negro só poderá alcançar individualmente algum progresso e acesso a oportunidades através do uso organizado do seu poder político, ou seja, como um bloco e através do «mecenato». O mesmo se aplica ao porto-riquenho e ao mexicano-americano.

Isto, por sua vez, é capaz de forçar outros grupos no centro da cidade a organizarem-se e a agirem como blocos. A forma como os católicos irlandeses em Boston, por exemplo, se uniram de novo como um bloco em resposta a um ataque negro à «escola do bairro» é apenas um exemplo. O mesmo se aplica a outros grupos étnicos compostos, em grande parte, por trabalhadores industriais ou empregados de serviços de nível inferior, como os checos em Chicago, os polacos em Cleveland e os húngaros em Pittsburgh.

Fora do centro da cidade, no entanto, nas áreas suburbanas da metrópole, é provável que os blocos étnicos se tornem muito menos importantes. Independentemente da sua origem (a menos que seja um negro), o suburbano caracteriza-se pela formação — que tende a ser avançada — e pelo nível cultural, e não pela sua origem. É provável que se ressinta face a um apelo demasiado gritante à sua origem como algo que questiona o seu estatuto na comunidade americana. Os blocos étnicos ou religiosos são, portanto, suscetíveis de se tornarem complicados, sendo o seu apelo tão imprevisível como a falta dele. Dentro do centro da cidade, pode esperar-se que os blocos se tornem muito mais importantes e com este advento surgiria um «chefe» forte e o apelo à «solidariedade», em vez de a problemas, ideias ou homens. Fora do centro da cidade, é provável que a origem étnica tenha cada vez menos significado, embora a filiação religiosa ainda possa desempenhar um papel importante em várias áreas.

Centro da cidade e subúrbios

O apelo diferente dos blocos étnicos e religiosos no centro e nos subúrbios, respetivamente, é apenas uma das diferenças que provavelmente irão caracterizar estes dois elementos da metrópole e que eventualmente os poderão dividir fortemente na política nacional.

No seu conjunto, *é cada vez mais provável que o centro da cidade proponha as políticas, as questões e os alinhamentos do passado.* O próprio facto de ser provável que a votação em bloco seja um fator desses fará com que o centro da cidade olhe para o passado e não para o futuro — acrescido do facto, é claro, de que o centro da cidade será provavelmente a parte menos abastada da «sociedade afluente». Os subúrbios, representando os jovens e, portanto, os cidadãos mais instruídos e mais prósperos, estão provavelmente a debruçar-se, cada vez mais, sobre os problemas de amanhã, especialmente sobre os problemas da área metropolitana.

Além disso, o centro da cidade terá cada vez mais de suportar o fardo dos serviços metropolitanos, ao mesmo tempo que terá cada vez menos recursos fiscais. Estes últimos estarão nos subúrbios; de facto, é concebível que a deterioração do centro da cidade traga um êxodo em massa das sedes das empresas para os subúrbios. Algumas das maiores empresas já se mudaram. Isto irá criar exigências crescentes por parte do centro da cidade para que os subúrbios se tornem parte do seu domínio fiscal — e uma crescente resistência ao centro da cidade por parte dos subúrbios.

Mas mais importantes do que estes fatores tangíveis são provavelmente os intangíveis. Cada vez mais, estas duas partes da metrópole irão representar duas facetas da cultura metropolitana. Não é apenas a pessoa de Iowa que diz: «Nova Iorque é um bom lugar para visitar, mas eu não gostaria de lá viver.» Os habitantes do Westchester County sentem isto ainda com mais veemência.

É, portanto, concebível que os alinhamentos geográficos neste país — entre norte e sul; entre país e cidade; entre sociedade agrária e industrial — venham a ser gradualmente substituídos por *uma divisão entre o centro da cidade e os subúrbios em todas as regiões e em todas as áreas do país*. É concebível que, no futuro, o trabalho de construir um partido nacional signifique, de facto, reunir grupos suficientes dessas duas partes constituintes da metrópole em torno de um programa e de um candidato.

Também é concebível que os partidos políticos do futuro se caracterizem principalmente por terem um temperamento de «centro da cidade» ou «suburbano».

O impacto sobre os partidos

É provável que a mudança de alinhamentos, que já está em pleno andamento, apresente sérios problemas a ambos os partidos.

(1) A luta por um futuro republicano

Em termos da sua base de voto tradicional, o partido republicano tornou-se *o partido minoritário permanente* — e tornar-se a maioria no Velho Sul não iria, de modo algum, alterar este facto; iria antes acentuar o isolamento do partido republicano. A razão para tal é que o partido republicano atual tem um temperamento de «brancos protestantes», independentemente do número de judeus, católicos ou negros que nele votem. E os protestantes brancos já não são a maioria política.

Estatisticamente, é claro, os protestantes brancos constituem dois terços da população. Culturalmente, este é, e continuará a ser, um país de protestantes brancos (apesar da prevalência das piadas sobre judeus e das *pizzas* italianas). Mas, politicamente, um partido de protestantes brancos já não é capaz de organizar um apoio maioritário. Quase metade dos protestantes brancos do país são rurais e de cidades pequenas e, como tal, já não são uma base adequada para o poder nacional. Nas metrópoles, o grupo de protestantes brancos é apenas metade ou menos, mas não se vê a si próprio como um grupo coerente e não vota como tal — precisamente porque não se vê a si próprio como sendo a minoria. E as minorias, isto é, os grupos que de outra forma teriam pouca influência e pouca voz, são os que têm a necessidade de se organizarem para a luta pelo poder.

Sabemos quais são as estratégias que estão disponíveis para o partido minoritário permanente, pois esta foi a posição dos democratas durante 60 longos anos, desde a Guerra Civil até à eleição de Franklin D. Roosevelt, em 1932. Na verdade, existem apenas duas estratégias disponíveis; e é provável que a luta entre os adeptos de qualquer uma delas leve a que o partido seja dilacerado internamente.

Há, em primeiro lugar, a estratégia «*moderada*» — a estratégia daqueles que essencialmente dizem «eu também». Eles esperam chegar ao poder precisamente porque não é fácil distingui-los do partido maioritário, exceto que estão «de fora» e, portanto, não são responsáveis por uma catástrofe, um escândalo, ou qualquer acidente que ocorra ao partido maioritário no poder. Numa situação dessas, os «moderados» esperam conseguir atrair votos de protesto suficientes do partido maioritário para chegar ao poder e começar a trabalhar para se tornarem, por sua vez, a maioria permanente.

A segunda estratégia é a *radical* que visa recriar um novo partido «dedicado aos princípios». Em sintonia com o culto dos antepassados que caracteriza a retórica da política americana, esta estratégia é suscetível de se apresentar como visando a restauração dos ideais do passado. William Jennings Bryan era um «fundamentalista» e Goldwater um «conservador». Na verdade, a estratégia visa criar uma grande crise da qual se pretende extrair dividendos.

Ambas as estratégias têm pré-requisitos bastante rigorosos, nenhum dos quais tem grande probabilidade de ser cumprido pelos republicanos na situação atual. Os moderados só podem atuar se controlarem alguns centros de poder importantes, como sucedeu com o controlo que os democratas exerceram sobre o Sólido Sul e as grandes cidades do Norte nos longos anos do seu exílio após a Guerra Civil. Especificamente, os moderados republicanos teriam de ganhar o controlo das grandes áreas metropolitanas. Isto exigiria provavelmente a consolidação do centro da cidade e dos subúrbios numa única unidade política. A força do voto dos republicanos nos subúrbios, no entanto, repousa diretamente na sua promessa de não deixar o centro da cidade «engolir» os subúrbios.

Para que a estratégia radical funcione — a menos que este país venha a sofrer uma catástrofe como nenhuma outra até à data —, é necessário um candidato que tenha demonstrado capacidade de liderança política e maturidade suficiente para não assustar potenciais recrutas das fileiras moderadas do seu próprio partido, bem como da oposição. Se tudo o que fizer for atrair os radicais do outro partido (como Bryan e Goldwater), quase assegura a derrota através da desconfiança da grande maioria que teme (e com razão) os aventureiros políticos.

Isto, contudo, significa apenas que *é pouco provável que o partido republicano se decida por qualquer das estratégias* — tal como os democratas não foram capazes de decidir, antes do New Deal. Isto garantiria longos anos de turbulência interna para o partido republicano, no decurso dos quais o objetivo primeiro de cada político republicano seria provavelmente impedir a vitória de outro republicano em vez de derrotar um democrata. Como demonstrou a campanha de John Lindsay em Nova Iorque, a única forma de um republicano ganhar numa situação destas é ser o menos republicano possível e tentar ser aceite como um verdadeiro «independente».

Os republicanos serão, portanto, forçados a procurar questões que os possam unir e a evitar as questões que garantidamente os dividirão. Devido à mudança de alinhamentos no país, é quase certo que as questões internas dividirão os republicanos — salvo apenas em caso de catástrofe internacional, depressão grave ou escândalo verdadeiramente sensacional. Os republicanos podem, portanto, tentar fazer da política externa a plataforma que os une; e é possível que, pela primeira vez desde os primórdios da República, um partido importante se organize numa plataforma de negócios estrangeiros, em vez de numa plataforma doméstica.

(2) O dilema dos democratas

O Partido Democrata também será seriamente afetado pelas mudanças nos alinhamentos. Tem de ganhar a lealdade da «nova maioria», a classe média de trabalhadores instruídos. Mas tem, ao mesmo tempo, de manter a lealdade dos antigos grupos de poder, dos blocos económicos e dos blocos étnicos. A tentativa de ganhar uma tem grande probabilidade de alienar a outra. Pode muito bem alienar ambas, como o fez a estratégia democrática nas eleições de 1965 em Nova Iorque, em que a tentativa patente de fazer a escolha conveniente à moda antiga — um judeu, um católico irlandês, um italiano, etc. — apenas fez com que os membros mais jovens e mais instruídos destes grupos passassem para o outro lado e se tornassem republicanos em grande número.

Neste dilema, o Partido Democrata tentará concentrar-se nas questões capazes de unificar estes dois grupos — e estas são as *questões urbanas*: a metrópole, os cuidados de saúde e, acima de tudo, a educação. Do mesmo modo, é provável que se reduza o que irá dividir estes dois grupos: as questões económicas ao estilo antigo e os assuntos externos.

(3) A criação de uma nova maioria

A vitória, a longo prazo, não irá para o partido que melhor colar os cacos do passado. A vitória irá para quem criar um novo alinhamento nacional e uma nova base de poder, apoiando-se não em interesses económicos, mas na «nova maioria», a classe média de profissionais qualificados, e seja capaz de cristalizar as questões que são significativas para este grupo. (A última vez que algo de semelhante foi feito na política americana foi após a eleição de 1896, quando Mark Hanna utilizou os blocos económicos para erguer a estrutura que ainda alberga a política americana, apesar de os inquilinos terem mudado.) Atualmente, mal se consegue sequer especular sobre o que poderiam ser estes alinhamentos e em que se poderiam basear.

Assim, existe uma grande oportunidade para uma política partidária criativa — e uma grande necessidade para tal. São necessários políticos capazes de estabelecer os novos alinhamentos — políticos que possam dramatizar as novas questões e mobilizar os novos centros de poder.

II. Política para uma Nova Geração

Até agora, fiz um inventário, em vez de uma análise. Nem que esteja correto em todos os pormenores, não nos permitiria antecipar a política americana nos próximos anos. O que importa na política não é tanto os problemas específicos e as respostas para eles encontradas, mas sim o padrão, a configuração. Não é tanto que questões são debatidas, mas sim que ênfase é dada às questões em relação umas com as outras e numa escala de valores políticos. Não é tanto que leis estão a ser escritas, mas que tipo de personalidade pode exercer a liderança. As medidas e as políticas são menos importantes do que o estado de espírito e os pressupostos básicos.

O facto mais importante relativamente a esta configuração do amanhã pode muito bem ser que os Estados Unidos — na verdade, o mundo inteiro — estão a meio de uma grande mudança geracional.

O sinal exterior disto é, evidentemente, que muitos dos líderes políticos mundiais, desde o Presidente Johnson ao Presidente Mao, são muito claramente os últimos da sua linha, apenas pela idade. Os seus anos formativos foram os anos 20 e 30, mas mesmo a era do pós-Guerra dos anos 40 e 50 está rapidamente a passar à história.

Em termos de estrutura etária da população, os Estados Unidos não são hoje um país particularmente jovem, em comparação com as regiões subdesenvolvidas da América Latina, Índia ou China, por exemplo, onde a «explosão demográfica», impulsionada por cortes drásticos na mortalidade infantil, está a fazer descer a idade média da população para cerca dos 15 anos. Mas em comparação com a sua própria história e experiência recente, *os Estados Unidos estão a tornar-se um país muito jovem*, com metade da população já com menos de 26 anos de idade, e a maioria deles altamente qualificados e com experiências e expectativas que diferem marcadamente das que ainda estão na base das nossas políticas sociais e económicas. A geração intermédia (com 30 a 50 anos), pelo contrário, é muito reduzida neste país nos dias de hoje e está destinada a tornar-se ainda mais reduzida durante a próxima década — resultado, naturalmente, dos anos de baixa natalidade dos anos 30. Em 1972, mais de metade de todos os americanos com idade suficiente para votar terão menos de 32 anos (um facto que, contudo, nenhum político, exceto o senador Robert Kennedy, parece ter descoberto).

É provável que o poder e a posição passem rapidamente das pessoas cuja vida profissional começou antes ou durante a Grande Depressão para as pessoas para quem a Depressão é, no melhor dos casos, uma memória ténue da infância — senão para as pessoas para quem até a Segunda Guerra Mundial é algo de que ouviram falar no liceu. Os jovens adultos do Presidente Johnson — os seus assistentes na casa dos 30 anos — são apenas a guarda avançada da geração que deve chegar ao topo em todas as áreas importantes da vida americana muito em breve — nos negócios e no governo, nas universidades e nas forças armadas, e talvez mesmo nos sindicatos de trabalhadores.

Mas isto, mais ainda do que uma mudança na idade cronológica, é uma mudança na perspetiva, perceção e experiência formativa. O mundo que esta nova geração de americanos considera «normal» é um mundo de longos anos de educação avançada, de segurança no emprego muito elevada, de afluência — um mundo dominado pela ciência e tecnologia. É também um mundo de turbulência internacional e de perigos que teriam sido inimagináveis para os seus pais quando tinham a mesma idade.

Ainda maior, talvez, é o salto na perceção. Aquilo que para a nova geração é um dado adquirido a geração mais velha ainda não aprendeu realmente a ver. Para a nova geração, são dados adquiridos:

- a «aldeia global»: ou seja, a integração de todo o planeta através das comunicações num único local de experiência imediata;
- o «Homem no espaço»: isto é, o estender-se para além do que eram considerados os limites humanos da existência;

- a tecnologia, tanto no que diz respeito à realização de tarefas físicas, como no que diz respeito a tornar os problemas económicos passíveis de soluções sistemáticas, organizadas e essencialmente técnicas.

Esta nova perceção pode não ter, de todo, os resultados que a maioria das pessoas prevê, mas terá resultados muito significativos.

A perceção da aldeia global pode não nos tornar mais «internacionalistas». De facto, pode desencorajar consideravelmente o velho impulso missionário americano de agir *pelos* outros sem necessariamente aumentar o desejo (também uma velha tradição americana) de agir *com* os outros. A perceção da aldeia global é, contudo, propícia a que deixemos de ver o mundo exterior através de uma perspetiva europeia (seja a do sábio alemão ou a da Sociedade Fabiana britânica), que é a forma como os «liberais» americanos sempre viram o mundo.

Há mesmo fortes indicações de que a nova geração se afastará do «secularismo» dos seus pais — não para uma religião organizada, mas para uma nova «orientação interior», com ênfase nos valores e empenho pessoais. A maioria dos «miúdos malucos e confusos» que estudam atualmente irá, naturalmente, crescer e tornar-se em adultos depressivamente sãos e conformistas, e em todo o caso serão uma ínfima minoria. Mas podem assinalar uma mudança de valores e preocupações — uma mudança para valores morais e estéticos e para uma preocupação com o indivíduo.

Isto é, contudo, mera especulação. O que se pode dizer com grande segurança é que a mudança de geração que se avizinha é também provavelmente uma mudança política — uma mudança no clima, no humor, nos valores, nos alinhamentos e nas questões da política americana.

É bem provável que uma mudança deste tipo seja desordenada. Implica um *tempo de transição* que é propício a ser caracterizado pela dissidência vocal, por desabamentos de terrenos súbitos e abruptos que enterram marcos familiares, pelo partidarismo e pela paixão política. Não é provável que seja uma época de «consenso»; é extremamente improvável que seja uma época de apatia política; e os negócios estrangeiros são provavelmente um dos centros da tempestade política.

A eleição de 1964 marcou claramente um ponto de viragem na política americana. Enfrentamos agora um período bastante semelhante ao pós-1896, ou até ao pós-1822 — períodos que terminaram uma «Era do Bem-Estar» e trouxeram realinhamentos duradouros à política americana.

A Grande Sociedade — substância e retórica

Nas suas preocupações, a Grande Sociedade do Presidente Johnson dirige-se claramente para as novas realidades e para as questões do futuro. Os seus principais temas domésticos são a metrópole, a educação, os cuidados de saúde e a estética de uma sociedade industrial, já para não mencionar a sua moralidade básica. No seu discurso mais significativo até à data, o discurso sobre os negros na América proferido na Universidade Howard em 1965, o Presidente colocou claramente a ética no centro da sua política.

A administração de Johnson também começou a dedicar-se a alguns dos problemas *constitucionais*. (Esta, por sinal, é uma área em que continua o que o Presidente Kennedy tinha começado.) As «Conferências da Casa Branca» — sobre educação, por exemplo, ou sobre o ambiente natural — pelo menos retiram o planeamento do «Novo Federalismo» do gabinete interno e sujeitam-no à exposição pública. E a nova subordinação dos militares ao controlo civil, por muito que isso se deva à personalidade e contundência de um secretário da Defesa em particular, foi claramente, desde o início, também política presidencial.

Mesmo nos assuntos internacionais, nos quais tanto a administração de Kennedy como a de Johnson não foram nem «ousadas» nem «inovadoras», pode ter começado um novo modo de pensar, quanto mais não seja por causa das realidades do Sudeste Asiático.

Na sua retórica, a Grande Sociedade está envelhecida e debruça-se sobre o passado.

«Consenso», na forma como o Presidente Johnson usa esse termo, significa, na realidade, juntar *todos* os grupos de poder do passado (e especialmente todos os interesses económicos) sob uma mesma política para os problemas atuais. Significa, em particular, claro, reunir o único interesse económico que até agora não se uniu aos restantes numa política económica comum: o interesse empresarial.

Na política prática, o «consenso» une todos os que aceitam os factos consumados do passado e exclui apenas os irreconciliáveis que ainda querem repudiar a História.

A eficácia desta abordagem, pelo menos até agora, não pode ser negada. Permitiu que a administração de Johnson fizesse mais do que qualquer outra das que ainda estão presentes nas memórias das gerações atuais. Acima de tudo, permitiu que a administração de Johnson concretizasse mais das *novas* tarefas. Duvido que este país, ou qualquer outro, tenha alguma vez visto mais habilidade ou mais propósito do que o Presidente demonstra quando usa a quase unanimidade do país sobre os problemas do passado para avançar com novas soluções para os problemas do presente. Talvez a única coisa errada com o uso eficaz do «consenso» do Presidente para resolver problemas e responder a desafios, *antes* destes se tornem problemas, é que é feito de forma tão hábil que muitos não apreciam plenamente o seu desempenho extraordinário.

Provavelmente não há outra forma de fazer acontecer as coisas que o Sr. Johnson faz acontecer; a experiência do seu antecessor indicá-lo-ia. O Sr. Kennedy, também ele, foi um homem do período de transição. Porém, inverteu o equilíbrio entre a substância e a retórica. Nas suas ações, preocupava-se principalmente em resolver e terminar as tarefas do passado e a sua política baseava-se claramente nos antigos alinhamentos do New Deal. Mas a sua retórica — o seu «estilo», digamos — era a de uma nova geração. No entanto, tinha de lutar por cada centímetro que avançava e conseguiu concretizar, essencialmente, muito pouco. Isto não pode ser imputado ao Congresso: o Presidente Johnson teve o mesmo congresso durante o seu primeiro ano e conseguiu que todas as ações que tinham sido recusadas ao Presidente Kennedy fossem aceites. O Presidente Johnson, por outras palavras, pode ter tido de sufocar alguma dissidência para conseguir chegar a qualquer tipo de ação.

No entanto, existem grandes perigos na política do «consenso» e é provável que eles cresçam com o tempo.

O primeiro perigo é claramente o de *perder os jovens* — a «nova maioria» da classe média de profissionais qualificados.

Há poucas dúvidas, creio eu, de que o Presidente não é um herói para este grupo. De facto, há poucas dúvidas de que este é o único grupo em que o Sr. Goldwater em 1964 encontrou uma resposta muito significativa. Este é, em termos das questões *antigas*, um grupo muito conservador; a retórica «liberal» do passado só os pode entediar. Que eles tenham elevado interesse no programa da extrema-direita é altamente duvidoso. Mas pelo menos os apoiantes de Goldwater falavam de «princípios».

Para lá da personalidade — e, ao contrário do seu antecessor, o Sr. Johnson é alguém tão claramente não pertencente à «nova geração» e não particularmente «sofisticado» — o Sr. Johnson corre o risco de ser totalmente incompreendido pela «nova maioria». Provavelmente, nem sequer se apercebem das políticas implicadas nas suas ações, que podem confundir com truques publicitários engenhosos. No seu conjunto, é provável que percecionem esperteza, quando o que esperam é convicções.

Por conseguinte, durante quanto tempo será prudente correr o risco de perder os jovens por não se falar de políticas (ainda que fazê-lo implique alienar certamente os antigos grupos de poder) é uma questão fundamental para o Sr. Johnson. Será ele ainda capaz de se aproximar dos jovens se continuar a esperar? Será que, de facto, compreende mesmo, depois de todos estes anos no Congresso, que é o conflito que cria excitação política, gera apoios e mobiliza energias políticas até então não comprometidas?

Outro perigo real é que o «consenso» que sufoca a dissidência *também sufoca a discussão e o entendimento*. Isto é particularmente perigoso na política externa de hoje, precisamente porque podemos ter de executar mudanças bastante chocantes de forma rápida. O público está totalmente mal preparado. E o público tem sido mantido intencionalmente às escuras — quer o motivo para tal seja a aversão do Sr. Johnson às críticas, quer o seu receio de que a discussão das suas políticas possa restringir a sua liberdade de movimentos. Muito poucas pessoas neste país compreendem sequer que nos comprometemos com uma nova tarefa importante: a da contenção da China. Menos ainda se apercebem dos grandes desafios que a Europa representa às nossas tradicionais políticas militares, diplomáticas e económicas. A razão pela qual isto é tão perigoso é, naturalmente, o facto de existir um grave risco de uma reação violenta e irracional caso algo corra mal — o que inevitavelmente acontecerá, num mundo tão complexo e precário.

Mas as maiores fraquezas da política de «consenso» estão nas suas *restrições à liderança presidencial*, tanto no que diz respeito à formulação de políticas como à criação de novos alinhamentos políticos.

O novo pensamento não está a acontecer. O Sr. Johnson pode ter a expectativa de que novas políticas surjam a partir das suas ações. Pode ser que tenha razão. *Mas, na política, os atos não falam necessariamente mais alto do que as palavras.* E as palavras não estão a ser ditas. O Sr. Johnson é capaz de as dizer — de forma contundente, ou mesmo comovente —, como nos mostrou no seu discurso na Universidade de Howard. Mas apesar (por causa, talvez...) da sua constante exposição pública, o Sr. Johnson abstém-se claramente de formular um novo ponto de vista, uma nova ideia ou uma nova direção política, podendo, assim, estar a julgar erroneamente o país e os tempos. Parece-me que há uma certa expectativa no país, um sentimento de presságio subjacente a toda a prosperidade, uma recetividade à seriedade que não está a ser satisfeita.

A política de consenso também torna difícil, senão impossível, que o Presidente seja o *mestre-de-obras político*, o desenhador dos novos alinhamentos e o modelador da nova — ou pelo menos da alterada — configuração de forças, perceções e ideias que as novas realidades no país e no estrangeiro exigem. Está, por força, tão ocupado a fazer com que a antiga configuração se mantenha por um pouco mais que parece não lhe sobrar tempo para trabalhar na criação de uma nova.

Isto não é dito em forma de crítica. Na verdade, seria difícil imaginar o que mais poderia ter feito o Presidente Johnson — e não há dúvida de que o que está a fazer está a fazê-lo com uma habilidade consumada. Parece, contudo, provável que a questão de sabermos se a Grande Sociedade é, de facto, um destino para o povo americano, ou uma mera paragem num percurso que as gerações posteriores irão percorrer em frente, será decidida pela capacidade do Sr. Johnson de se tornar no mestre-de-obras do futuro — apesar da necessidade de preservar, ou mesmo perpetuar, o passado.

Que a administração de Johnson é uma administração de transição é evidente. Mas será que o futuro a vai encarar como uma transição *do* Antigo ou como uma transição *para* o Novo?

CAPÍTULO QUATRO

Esta Geração Romântica

«SOU A MADRE O'Rourke», disse a voz ao telefone. «Sou reitora de um grande colégio católico feminino. A madre presidente e todos os nossos professores esperam muito sinceramente que aceite o nosso convite para falar com as nossas raparigas sobre questões sociais e a sua importância. Há dez anos, as nossas estudantes estavam profundamente interessadas nas relações laborais, nas relações internacionais e noutros grandes problemas sociais e políticos. Agora preocupam-se apenas com questões de consciência e comportamento pessoal, como direitos civis, uma "filosofia pessoal de vida" ou o tamanho da sua própria família futura e como a criar. Isso é maravilhoso, é claro, e todas nós somos a favor disso. Mas as questões económicas e políticas ainda existem e estão longe de estar resolvidas. As raparigas certamente deveriam saber algo sobre elas e não se preocupar sempre apenas com o seu pequeno eu e a sua própria consciência.»

Um reitor a tentar persuadir um potencial orador (especialmente se não houver honorários) tem tanta credibilidade como um garimpeiro duvidoso a angariar dinheiro de um palerma. No entanto, o telefonema da madre O'Rourke reuniu uma série de observações que me fizeram questionar a imagem consensual de um importante grupo de jovens adultos da atualidade — os homens e mulheres entre os 20 e os 25 que estão a fazer licenciaturas ou pós-graduações. Este retrato, a meu ver, não define de forma alguma o grupo influente, embora não muito grande, que estabelece a moda intelectual nas universidades desde o estado de San Diego até ao Harvard Yard.

«Toda a gente sabe», por exemplo, que estes jovens adultos instruídos descartaram a Ética Protestante dos seus antepassados. E desde o brilhante livro de David Riesman *The Lonely Crowd*, de 1950, tem sido quase um axioma que os jovens americanos são cada vez mais orientados para o exterior. Mas quando desliguei o telefone, após ter declinado o convite da madre O'Rourke,

Publicado pela primeira vez em *Harper's Magazine*, em maio de 1966.

apercebi-me subitamente de que muitos destes jovens americanos estão à procura de uma ética baseada em valores pessoais (senão espirituais), em vez de em utilidades sociais ou costumes comunitários — o que se poderia chamar uma Ética Ecuménica. As velhas ideologias e *slogans* não aquecem os corações destes jovens adultos — e o mesmo se pode dizer da Grande Sociedade do Presidente Johnson, mas há uma procura apaixonada por um compromisso pessoal com uma filosofia de vida. Acima de tudo, este grupo é movido por uma nova orientação interior.

O sintoma mais claro disto talvez sejam os livros que estão na moda nas universidades. Os estudantes universitários leem muito daquilo que um deles — um professor assistente de história — apropriadamente denomina «*Zen* instantâneo». Eles leem Erich Fromm. Devoram dois panfletários aparentemente incompatíveis, mas na realidade complementares: (1) Paul Goodman (*Growing Up Absurd*, *Utopian Essays*), um Thoreau dos tempos modernos que se opõe à sociedade e a todo o seu trabalho, cujo Walden Pond é o departamento de psicologia da universidade; e (2) Ayn Rand (*Fountainhead*, *Atlas Shrugged* e o novo livro *The Virtue of Selfishness*), uma espécie de Nietzsche do MNA, pregando o super-homem da organização. E leem Sartre. (Apesar do seu professo interesse no Existencialismo, tendem a consignar Camus ao limbo da «leitura necessária»; a sua compaixão, generosidade e preocupação pelo seu semelhante fazem deste autor um suspeito enquanto «clássico».)

Desde que a adolescência foi inventada há 200 anos, com o *Jovem Werther*, de Goethe (por sinal, o primeiro *best-seller* internacional), sempre reivindicou uma certa literatura para si própria. *Catcher in the Rye*, de Salinger — outro *Jovem Werther*, embora vivendo numa sociedade próspera com meios para pagar a salvação através da psicanálise, em vez do suicídio, como no livro de Goethe — era o livro da moda dos jovens adultos há dez anos. As nossas avós escondiam nos seus regaços livros manchados de lágrimas da sensualidade ligeiramente rançosa de Swinburne. Gerações de raparigas da Nova Inglaterra, sensatas e resolutas, embriagaram-se com o xarope gaseificado com poucas calorias de *O Profeta*, de Khalil Gibran. Gerações de rapazes europeus igualmente sensatos, preparando-se diligentemente para serem engenheiros alemães ou inspetores aduaneiros franceses, desmaiaram diante das versões masculinas de Lolitas apaixonadamente desapaixonadas de Stendhal. Para os jovens adultos da minha própria geração, por volta de 1930, *The Waste Land*, de T. S. Eliot, e as obras da juventude de Donne eram as nossas bíblias; as modas de H. L. Mencken e Nietzsche chegaram apenas alguns anos mais tarde.

Os autores e livros específicos que estão na moda nas universidades variam, portanto, muito de uma geração para a outra — e não apenas nos seus méritos literários. Mas o género tem características comuns. É ingenuamente sentimental, por exemplo, ou saturado com a tristeza agridoce a que os alemães chamam *Weltschmerz* (e que só os muito saudáveis, vigorosos e esperançosos — isto é, os jovens — conseguem suportar). Tende a afundar-se em autocomiseração (nesse departamento, *The Sorrows of Young Werther* ainda detém o recorde mundial incontestado). Os ídolos de cada geração universitária sempre foram contra tudo e a favor de nada. Os jovens de 20 anos, apesar de maduros de corpo e mente, estão ainda livres de responsabilidades — estão, de facto, a ser encorajados a viver na agradável ilusão de que o papá tudo resolverá, quer destruam um para-lamas de automóvel ou uma instituição.

Este tipo de literatura reflete sempre o estado de espírito da sua geração. O jovem adulto apropria-se dela, precisamente porque diz o que sente, mas que é incapaz de se expressar. Estes livros não falam *com* o seu leitor; falam *por* ele. Ainda que efémeros — e, muitas vezes, sem qualidade —, os livros espelham fielmente como a geração universitária do momento se vê a si própria, ou pelo menos como se quer ver a si própria.

Os livros deste tipo que estão hoje na moda desprezam, quando não hostilizam, a sociedade e as suas exigências, valores e recompensas. Proclamam que a verdade só pode ser encontrada na experiência interior individual e que as exigências da própria consciência pessoal são um guia de confiança para o comportamento e a ação. Sartre está na moda — tal como Camus não está — porque apenas para ele só existe o casulo das suas próprias palavras e pensamentos.

O «moderado» entre estes autores é claramente Erich Fromm, o psicanalista neofreudiano. Este desempenha, na cultura atual dos estudantes universitários, o papel que Reinhold Niebuhr desempenhou há 30 anos. Niebuhr já então advertia contra o esquecimento da pessoa e das suas necessidades espirituais. Mas ele era o ídolo dos jovens porque naqueles tempos pregava o «evangelho social» da responsabilidade pública e da reforma liberal. Fromm hoje, pelo contrário, adverte contra o esquecimento da comunidade e da sociedade, mas é aceite porque a sua principal ênfase está na pessoa e na sua relação consigo próprio. Niebuhr perguntou: que sociedade é que pretende, enquanto homem moral? Fromm pergunta: que tipo de pessoa quer ser? Tal como os outros escritores que falam pelos jovens adultos — do «*Zen* instantâneo» a Paul Goodman e Ayn Rand —, Fromm é egocêntrico.

Há muitos outros sintomas da nova «orientação interior». A popularidade da palavra «sinceridade» é uma delas. Para a geração mais velha, esta é uma palavra embaraçosa; lembramo-nos dos apaziguadores e dos colaboradores de há 30 anos que diziam: «Pelo menos Hitler é sincero.» Mas para o jovem adulto de hoje a «sinceridade» é novamente um teste válido, senão o derradeiro, de comportamento correto, especialmente na vida pública. Há um ano, ouvi alguns estudantes graduados, brilhantes e bem informados, a discutir durante um evento na Universidade de Columbia. Não estavam nem um pouco interessados na lógica ou nos argumentos, quanto mais nas afirmações factuais dos vários oradores. Tudo o que queriam saber era: «Acham que ele foi sincero?»

Um fenómeno relacionado é o interesse atual nas «drogas para a mente» como o LSD. Independentemente do que possam fazer, as alucinações que produzem são experiências interiores inteiramente egocêntricas da própria consciência, sem mundo exterior, sem outras pessoas, sem qualquer tipo de relacionamento.

Numa caminhada pela montanha no verão passado, algumas semanas após o telefonema da madre O'Rourke, um amigo meu que é psicólogo começou a falar sobre os «problemas de gestão» de um centro de saúde mental do Midwest que forma estudantes pós-graduados em números consideráveis para se tornarem psiquiatras, psicólogos e assistentes sociais.

«A que atribui estes problemas de gestão», interrompi, «ao vosso crescimento?»

«É certo que crescemos muito rapidamente — quadruplicámos desde 1950», respondeu ele. «Mas esse é um fator menor.» O nosso grande problema é a mudança radical na atitude dos estudantes. Os homens que chegavam até nós há 10 ou 15 anos queriam ser cientistas. Estavam orientados para a investigação. Ficavam perturbados quando descobriam que em psicologia ou psiquiatria não são suficientes os dados empíricos e a teoria científica. Tínhamos de relembrar, dia após dia, que o profissional lida sempre com um ser humano único, com as suas emoções, aspirações, experiências, valores — e que o próprio profissional é, também ele, um ser humano.

«Os homens que hoje recebemos são, regra geral, cientificamente muito mais bem treinados. Mas tendem a ser clérigos frustrados que só vêm até nós porque não existe um seminário ecuménico e não denominacional por perto. Temos de lhes dizer todos os dias que a sua autorrealização, a compaixão e o amor pelo próximo não são suficientes — de facto, causarão danos, a menos que sejam apoiados por factos empíricos e fortalecidos por uma teoria sólida. Os homens que apanhávamos há 10 ou 15 anos andavam à procura dos factos; os homens que apanhamos hoje andam à procura de si próprios.»

O que explica uma mudança dessas do estudante orientado para o exterior dos anos 50 para o estudante orientado para o interior de hoje?

Uma das causas é certamente o desencanto deste grupo particular de jovens com as questões sociais tradicionais. Por muito importantes que sejam, essas questões não suscitam grande entusiasmo na década de 1960. É difícil para qualquer pessoa emocionar-se muito com as exigências dos sindicatos dos jornalistas em matéria de pensões. E quem é o «imperialista perverso» no conflito entre a Índia e o Paquistão? De facto, a maioria dos problemas sociais deixaram de ser «questões» e tornaram-se «áreas de estudo». Enquanto, antigamente, apelavam à paixão que conduzia ao empenho e à ação, agora apelam a um trabalho árduo e penoso que conduz a uma tese de doutoramento. E muito poucas teses de doutoramento alguma vez fizeram disparar a imaginação e estimularam as emoções até de quem as escreveu, quanto mais de uma geração de jovens.

Um segundo fator é que há muitos mais estudantes de pós-graduação em busca de um grau académico mais elevado. O surgimento e rápido crescimento de uma comunidade distinta de estudantes de pós-graduação fomenta a ênfase na «experiência interior», na «sinceridade» e na busca de uma «filosofia pessoal». Muitos estudantes de pós-graduação têm um sentimento de culpa exagerado e, portanto, precisam de uma ética orientada para o interior para se justificarem perante si próprios.

Em parte, necessitam de uma racionalização para o seu estatuto económico. A maioria dos estudantes de pós-graduação, embora longe de serem ricos, vivem bem acima do limiar da pobreza. Os seus rendimentos, contudo, provêm de bolsas de estudo ou subsídios, em vez de salários. Se houver um assalariado na família, é a esposa e não o marido. Enquanto consumidores, fazem parte da sociedade próspera. Mas, enquanto produtores, estão fora dela. Alguns sentem-se tão constrangidos com isto que defendem seriamente o pagamento de salários regulares para quem frequenta o ensino de pós-graduação. Mas muitos mais procuram uma ética que baseie a recompensa económica no que o trabalho significa para o seu autor e no que contribui para o seu autodesenvolvimento, em vez de na sua utilidade social e no seu valor para os demais.

Porém, acima de tudo, o estudante de pós-graduação precisa dessa ética orientada para o seu interior para racionalizar os seus próprios motivos. Sem dúvida, o amor à bolsa de estudos é a principal motivação para alguns; outros são atraídos pelas recompensas que a nossa economia oferece aos homens com formação especializada avançada. Mas muitos estudantes licenciados têm perfeita consciência de que decidiram permanecer na universidade, em grande parte, porque os subsídios e as bolsas de estudo facilitam as suas vidas. Muitas vezes suspeitam, em segredo, que usam a pós-graduação como uma forma agradável de adiar o crescimento, com os muitos compromissos e decisões que acarreta. Outros estão na escola de pós-graduação por causa da isenção do serviço militar — e esses conhecem bem a sua motivação. Quando falam sobre os seus motivos para continuar a estudar — e falam sobre eles vezes sem conta —, tendem, portanto, a enfatizar «autorrealização», «sinceridade», «valores básicos» e «filosofia pessoal de vida».

Muito embora prosseguir os estudos pós-graduados esteja rapidamente a tornar-se a coisa certa a fazer nas melhores faculdades, a comunidade dos estudantes pós-graduados é bastante pequena — talvez meio milhão de pessoas em cada dado momento, contando os estudantes, as suas esposas e os seus filhos. Este grupo, no entanto, tem uma influência desproporcionada em relação à sua dimensão. Está altamente concentrado num número muito reduzido de grandes universidades, tais como a Universidade da Califórnia em Berkeley, Harvard, MIT, Cal Tech, Universidade de Nova Iorque, Chicago e Stanford. Por conseguinte, tende a dominar as escolas de prestígio, que são, naturalmente, as impulsionadoras e criadoras das modas para todo o mundo académico, tanto docentes como estudantes. De facto, pela primeira vez — nos motins de Berkeley e numa boa parte dos seminários —, foram os estudantes de pós-graduação e não os de licenciatura que assumiram a liderança.

O grande catalisador do novo estado de espírito tem sido, naturalmente, a campanha dos direitos civis. Deu à geração do *campus* a Causa pela qual esperava: uma causa de consciência. Estes jovens estão muito mais próximos nas suas opiniões sobre os direitos civis dos abolicionistas de há um século do que dos liberais de ontem. A opressão dos negros é para eles um pecado e não um erro. «We Shall Overcome» soa a um hino de *gospel* e não a um editorial do *New Republic*. Isto explica, em grande parte, o tremendo impacto que o movimento dos direitos civis teve no humor, visão e mundividência da geração universitária. Além disso, os direitos civis ofereceram margem para a iniciativa individual e para a eficácia, algo que a nossa sociedade de outra forma não concede prontamente a homens ou mulheres na casa dos 20 e poucos anos. Há estudantes, brancos e de cor, que foram para o Sul para ensinar nas «Escolas da Liberdade». Há jovens universitárias brancas do Norte que, em número considerável, se aventuram nos guetos negros mais perigosos das grandes cidades para ensinar ou orientar, muitas vezes inteiramente por conta própria.

No entanto, os acontecimentos deste país, só por si, não podem explicar a mudança de ânimo. Não é, de forma alguma, um fenómeno americano. Na verdade, está a acontecer em todos os países industrialmente desenvolvidos, independentemente da raça ou dos sistemas políticos e económicos. Tanto na Europa Ocidental como na Europa Oriental, os apóstolos da orientação interior, os poetas da geração *Beat* americana, como Allen Ginsberg, são extraordinariamente populares. O ídolo dos estudantes universitários da Rússia é Yevgeni Yevtushenko — um poeta da consciência individual, perante a qual a sociedade é quase irrelevante. E o único movimento de massas em qualquer país industrial da atualidade que atraiu em grandes números a geração universitária é o japonês Soka Gakkai — meio fundamentalismo religioso que prega o primado absoluto das experiências interiores, meio fanatismo político com «sinceridade» como o seu único *slogan*.

As modas — especialmente as modas adolescentes — não duram, regra geral, mais do que a sua geração. Há uma pequena hipótese, no entanto, de que o estado de espírito desta geração universitária venha a ser uma das raras exceções: uma primeira premonição de uma mudança na consciência e na visão do homem moderno.

É possível — apenas vagamente possível — que a atual falta de interesse entre os universitários pelos problemas sociais seja um primeiro indício de que as questões sociais convencionais se estão a tornar cada vez mais em manobras de diversão. Termos como «administração e trabalhadores», «concentração do poder económico» ou «grande governo» pressupõem que existem algumas grandes organizações numa sociedade que, de outro modo, é relativamente isenta de poder. Mas na realidade, na nossa sociedade, todas as tarefas sociais tendem a transformar-se em grandes e complexas organizações de enorme poder.

A instituição que mais cresceu neste século não se encontra, de todo, na esfera económica ou política. É a universidade. Na verdade, há mais concentração de poder cerebral nas 20 maiores universidades do que alguma vez houve uma concentração de poder económico no auge dos Morgan e dos Rockefeller, antes da aprovação das leis *antitrust*. Os hospitais também se tornaram grandes e complexos — assim como as dioceses católicas nas metrópoles modernas, a Associação Médica Americana, as forças armadas, o funcionalismo público, e assim por diante. A existência de grandes e complexas organizações, em vez desta ou daquela personificação daquilo que representam, é agora uma questão de importância central. Destacar qualquer instituição como sendo a mais importante é tornar impossível uma compreensão da questão, quanto mais uma solução.

Isto, penso eu, está a começar a fazer-se sentir. Ou será pura coincidência que recentemente tenhamos tido duas revoltas totalmente não relacionadas entre si contra estruturas de poder organizacional que nunca tinham sido vistas como áreas problemáticas: o motim estudantil de Berkeley e o ataque à burocracia romana da Igreja Católica no Concílio do Vaticano, especialmente nas suas duas primeiras sessões antes da morte do Papa João?

As grandes e complexas organizações modernas apresentam, de facto, uma série de problemas estranhos. Em primeiro lugar, há muitas provas de que ainda não sabemos realmente como fazê-las funcionar ou como controlá-las. Tendem a ser administradas em excesso, mas insuficientemente geridas, tendem a confundir procedimentos e «canais adequados» com direção e energia. Os tumultos estudantis em Berkeley foram grandemente agravados por uma gestão deficiente e por uma falta de comunicação ridícula dentro de um grupo muito pequeno de gestores de topo que se sentavam em escritórios contíguos. No entanto, Clark Kerr, o presidente da universidade, é um dos gestores profissionais mais bem-sucedidos do país. Da mesma forma, o mau funcionamento da gestão e a falta de comunicação parecem ter agravado muito as queixas dos bispos católicos contra a Cúria Romana.

Ainda mais importante, é claro, é o novo conjunto de problemas que enfrenta uma sociedade de grandes organizações: as relações entre elas e com o bem comum; o seu governo de controlo efetivo; o controlo efetivo do governo pelo público e seus representantes; e o poder, autoridade e responsabilidade destes monstros institucionais.

Apesar de tudo o que Paul Goodman — um dos heróis do *campus* universitário — tem vindo a dizer nos seus ataques vigorosos à própria ideia de organização, não vamos acabar com ela. Pelo contrário, precisamos claramente de mais grandes organizações — para a tarefa de gerir a metrópole moderna, por exemplo, e para um bom número de novos empregos na comunidade internacional, como o policiamento e o controlo de tráfego do espaço sideral. Mas apesar de tudo o que a Miss Ayn Rand — outra heroína do *campus* — tem vindo a dizer, os problemas das grandes organizações não desaparecerão se simplesmente dermos rédea solta ao super-homem executivo. Há muito pouca oferta de McNamara e Hammarskjold (para não mencionar os Gengis Khan de escritório do *Atlas Shrugged* da Miss Rand).

Os problemas das grandes organizações exigem uma nova teoria política e uma nova política social. Neste momento, de facto, tanto a política como a sociedade exigem maior habilidade e maior responsabilidade, precisamente porque estadistas e políticos não dispõem de uma teoria geralmente aceite e compreendida. O exemplo de Sartre e de alguns dos grupos mais extremos de dissidentes de estudantes de esquerda mostra claramente, a meu ver, quão rapidamente, numa situação dessas, a orientação interior degenera em irresponsabilidade. No entanto, também se pode compreender porque é que os jovens podem concluir que as principais tarefas na sociedade são trabalhos para os profissionais, os filósofos políticos e os inovadores sociais, às quais os amadores, tais como eles próprios, não precisam de se aplicar.

Mas uma sociedade de grandes organizações também levanta de forma nova e aguda a questão do indivíduo. Qual é a sua relação com estes novos leviatãs que são, ao mesmo tempo, seus servos e seu amo, a sua oportunidade e a sua restrição, o seu instrumento e o seu ambiente? Como pode o indivíduo manter a integridade e privacidade numa sociedade dessas? Estará a liberdade individual necessariamente limitada ao pequeno espaço aéreo que restará entre os arranha-céus das organizações? Numa sociedade assim de grandes organizações, torna-se mais urgente a necessidade de novas respostas para as velhas perguntas: quem sou eu? O que sou eu? O que é que eu deveria ser? Estas são questões que, nos últimos 100 anos, o Ocidente teve tendência a considerar ou como resolvidas ou como sem importância enquanto colocou a sua principal ênfase na natureza da matéria e não na natureza do Homem. Mas agora estas questões — podem, com razão, os jovens sentir — não podem ser ignoradas. São as suas próprias preocupações diretas e pessoais.

O estado de espírito corrente da atual geração universitária não está isento de perigos graves. Está a ser explorado por algumas pessoas duvidosas — à direita e à esquerda — para fins políticos próprios; mas isto, embora sem dúvida uma ameaça, pode não ser o maior perigo. O estado de espírito atual encoraja a irresponsabilidade. E a ênfase na «sinceridade» pode muito facilmente degenerar em adulação do especialista profissional em sinceridade, o demagogo, ou da personalidade sintética da televisão. Será pura coincidência que a Califórnia, o estado mais fortemente influenciado pelos jovens adultos e as suas modas, seja também o único estado onde o sucesso televisivo ou cinematográfico parece ser cada vez mais aceite como preparação adequada para o cargo de governador ou senador dos Estados Unidos?

O atual estado de espírito do *campus* é, acima de tudo, assustadoramente fútil. A maioria dos rebeldes contra as grandes organizações acabará — e muito em breve — no papel de membros bem remunerados e bastante bem-sucedidos dessas mesmas grandes organizações, sejam elas grandes universidades, grandes governos ou grandes empresas. Eles irão então, previsivelmente, impor a sua própria necessidade emocional de segurança e conformidade à sua organização, apesar de todo o seu fino desprezo pelo Homem da Organização. As probabilidades são astronómicas contra a possibilidade de o *Zen* Instantâneo apadrinhar algo mais que uma mera discussão informal.

No entanto, no seu regresso à «orientação interior», a multidão universitária de hoje pode, quem sabe, ensaiar, nos anos académicos, os seus trabalhos de casa para o papel de adultos de amanhã. A discussão informal pode, desta vez, ser consciência e não eco. Desta vez, a moda dos jovens adultos de hoje pode prever as preocupações, e prefigurar a paisagem intelectual, do futuro.

CAPÍTULO CINCO

O Pluralismo de Calhoun

O SISTEMA DE partidos dos Estados Unidos tem estado sob ataque em modo quase contínuo desde que tomou forma definitiva no tempo de Andrew Jackson. As críticas têm sido sempre dirigidas ao mesmo assunto: o pluralismo político americano, a organização do governo distintamente americana por compromisso de interesses, grupos de pressão e secções. E o objetivo dos críticos, desde Thaddeus Stevens a Henry Wallace, foi sempre o de substituir este pluralismo «sem princípios» por um governo baseado em «ideologias» e «princípios», como na Europa. Mas nunca — pelo menos desde os anos da Guerra Civil — a crise foi tão aguda como nesta última década, pois os problemas políticos que hoje dominam a nossa vida nacional — política externa e política industrial — são precisamente os problemas que os grupos de interesse e de pressão estão menos preparados para resolver. Ainda que os sintomas da crise — um terceiro partido de esquerda e a ameaça de divisão da ala sul — sejam mais alarmantes no Partido Democrata, os republicanos não estão muito melhor. O *boom* de 1940 para a «idealista» Willkie e a contínua incapacidade de atrair uma parte substancial dos votos dos trabalhadores são sinais claros de que também o partido republicano está sob forte pressão *ideológica*.

No entanto, quase não há um entendimento do problema — precisamente porque há tão pouca compreensão dos princípios básicos do pluralismo americano. É claro que todos os políticos deste país têm de ser capazes de trabalhar instintivamente em termos de compromisso seccional e de interesses; e o eleitor toma isso como um dado adquirido. Mas praticamente não há consciência de que a organização com base no compromisso seccional e de interesses é tanto a forma distintamente americana de organização política como a pedra angular de praticamente todas as principais instituições políticas dos Estados Unidos da atualidade. Um observador tão perspicaz como Winston Churchill aparentemente não compreendeu que o Congresso funciona numa

Publicado pela primeira vez em *The Review of Politics*, em outubro de 1948.

base totalmente diferente da do Parlamento britânico; o mesmo acontece com nove em cada dez americanos e 999 em cada 1000 professores da disciplina de «Cidadania». Há ainda menos compreensão de que o pluralismo seccional e de grupos de interesse não é apenas o expediente venal de um certo vilão do folclore americano, o «político», mas que é em si mesmo uma ideologia básica, um princípio básico — e aquele que é o próprio fundamento da nossa sociedade e governo livres.

I

Para encontrar uma análise adequada do princípio de governo por compromisso seccional e de interesses, temos de recuar mais de 100 anos até John C. Calhoun e aos seus dois tratados políticos* publicados após a sua morte, em 1852. Absurdo, dirá o leitor, pois é praticamente um axioma da história americana que as teorias políticas de Calhoun, ainda que subtis e profundas, foram reduzidas ao absurdo e à irrelevância pela Guerra Civil. No entanto, este «axioma» não é senão um voto partidário do Período de Reconstrução. Claro que a ocasião específica para a qual Calhoun formulou as suas teorias, a questão da escravatura, foi decidida; e para o poder de veto constitucional dos Estados sobre a legislação nacional, através do qual Calhoun propôs formalizar o princípio do compromisso seccional e de interesses, foi substituído na prática real pelo muito mais poderoso e muito mais elástico, mas extra constitucional e extra legal poder de veto das secções, interesses e grupos de pressão no Congresso e no seio dos partidos.** Mas *o seu próprio princípio básico: que todos os grandes interesses no país, sejam eles regionais, económicos ou religiosos, devem possuir um poder de veto nas decisões políticas que o afetam diretamente,* o princípio a que Calhoun chamou, de forma bastante obscura, «*a regra da maioria concorrente*», tornou-se o princípio organizador da política americana. E é precisamente este princípio que está hoje a ser atacado.

O que torna Calhoun tão importante como a chave principal para a compreensão da política americana não é apenas o facto de ter visto a importância na vida política americana do pluralismo seccional e de interesses; outros grandes analistas do nosso governo, de Tocqueville, por exemplo, ou Bryce ou Wilson, também viram isso. Mas talvez apenas Calhoun tenha visto nele mais do que uma regra de conveniência, imposta pela dimensão do país e justificável pelos

* *A Disquisition on Government* e *A Discourse on the Constitution and Government of the United States.*

** O legalismo extremo de Calhoun, a sua crença de que tudo tinha de ser explicitado por escrito na Constituição — crença que partilhava com a sua geração — é um dos principais motivos pelos quais a importância da sua tese não foi geralmente reconhecida. De facto, é da própria essência do conceito de «maioria concorrente» o facto de esta não poder ser tornada oficial e legal num governo eficaz — o veto expresso, como a Carta das Nações Unidas dá às Grandes Potências, torna impossível o governo.

resultados, se é que os resultados o justificam. Ele viu nela um princípio básico de governo livre.

Sem isto (*a regra da maioria concorrente baseada em interesses e não em princípios*) não pode haver... qualquer tipo de constituição. A afirmação aplica-se em referência a todos os governos constitucionais, sejam quais forem as suas formas: é, de facto, o poder negativo que faz a constituição — e é o positivo que faz o governo. Um é o poder de agir — e o outro é o poder de prevenir ou deter a ação. Os dois, combinados, fazem o governo constitucional.

Segue-se, necessariamente, que quando uma maioria numérica tem o controlo exclusivo do governo, não pode haver constituição... e, portanto, a maioria numérica, não misturada com a maioria concorrente, forma necessariamente, em todos os casos, um governo absoluto...

O princípio pelo qual eles (governos) são defendidos e preservados... nos governos constitucionais é o *compromisso*; — e nos governos absolutos é a *força*...*

Por muito que o povo americano verbalize queixas sobre a natureza «sem princípios» do seu sistema político, pelas suas ações sempre demonstrou que também acredita que, sem compromissos seccionais e de interesse, não pode haver governo constitucional. Se isto não for compreendido, o governo e a política americanos devem parecer não só baratos ao ponto da venalidade, como também totalmente irracionais e imprevisíveis.

II

O pluralismo seccional e de interesses moldou todas as instituições políticas americanas. É o método — inteiramente não oficial e extra constitucional — através do qual os órgãos de governo são postos a funcionar, através do qual os líderes são selecionados, as políticas são desenvolvidas, homens e grupos são organizados para a conquista e gestão do poder político. Em particular, é a explicação para as características mais distintivas do sistema político americano: a forma como o Congresso funciona, a forma como os principais departamentos governamentais são criados e dirigidos, as qualificações para «elegibilidade» como candidato a um cargo eleitoral, e a estrutura partidária americana.

Para todos os observadores estrangeiros do Congresso, duas coisas permaneceram sempre misteriosas: a distinção entre o rótulo oficial do partido e os «blocos» que atravessam as fronteiras dos partidos; e o poder e a função dos comités do Congresso. A maioria dos americanos, embora menos espantada com os fenómenos, está igualmente confusa.

Os «blocos» — o «Bloco Agrícola», os «Amigos do Trabalhadores no Senado», os «Grupos Empresariais», etc. — são simplesmente a expressão do princípio básico do pluralismo seccional e de interesses que os grandes interesses têm

* Citações de *A Disquisition on Government* (Columbia, S.C., 1852), pp. 35–37.

um poder de veto sobre a legislação que os afeta diretamente. Por este motivo, têm necessariamente de ultrapassar as linhas partidárias — ou seja, linhas que exprimem a maioria numérica e não a «concorrente». E porque estes blocos têm (*a*) apenas um veto negativo e (*b*) cingido às medidas que os afetam diretamente, não podem, por si só, ser agrupamentos permanentes em substituição das partes. Devem ser vagamente organizados; e um mesmo membro do Congresso deve votar em momentos diferentes com blocos diferentes. A força dos blocos não reside nos seus números, mas nos costumes básicos da política americana que concedem a cada grupo de interesse principal uma autodeterminação limitada — tal como expresso graficamente na quase santidade de uma oposição senatorial. O poder do Bloco Agrícola, por exemplo, não assenta na força numérica do voto rural — um voto minoritário mesmo no Senado com a sua representação desproporcionada dos pouco povoados estados agrícolas —, mas na sua força «estratégica», ou seja, no facto de ser o porta-voz de um reconhecido interesse maior.

A subordinação de um interesse maior é possível, mas apenas numa «emergência temporária». Quase todas as medidas do New Deal não eram, manifestamente, nem temporárias, nem de emergência; no entanto, os seus patrocinadores tiveram de as apresentar, e de forma convincente, como «medidas de emergência temporárias», porque só podiam ser decretadas sobrepondo-se ao veto extra constitucional dos interesses empresariais.

Se a desculpa da «emergência temporária» perdesse completamente a sua plausibilidade, esse interesse principal já não podia ser rejeitado; e a política entrava em colapso. Em 1946, por exemplo, os problemas laborais só poderiam ser resolvidos numa base aceitável, tanto para os trabalhadores como para os empregadores: salários mais altos *e* preços mais altos. (Mesmo que uma maioria numérica tivesse estado disponível para legislar contra qualquer uma das partes — e, provavelmente, o grupo empresarial ainda poderia ter sido rejeitado no final dos anos 40 —, a solução tinha de ser aceitável para ambas as partes.)

O princípio do compromisso seccional e de interesses leva diretamente ao sistema de comités do congresso — um sistema que não tem paralelo em qualquer parte do mundo. O Congresso, especialmente a Câmara (*House*), entregou-se, em grande parte, aos seus comités porque só no silêncio e sigilo de uma sala de comités é que se pode chegar a um compromisso seccional. A discussão no plenário, bem como a votação registada, é demasiado pública e, por conseguinte, em grande parte dedicada às pessoas lá em casa. Mas a tarefa de um comité é chegar a um acordo entre todos os principais interesses sectoriais afetados; o que explica a importância de apresentar um projeto de lei perante o comité «certo». Em qualquer legislatura que não seja a americana, a posição de cada membro, uma vez introduzido um projeto de lei, é fixada pela posição do seu partido, que, por sua vez, é decidida com base em motivos que pouco têm que ver com a própria medida, mas que são ditados pelo equilíbrio de poder no governo e pelos programas do partido. Por conseguinte, não faz geralmente grande diferença qual o comité que discute um projeto de lei ou se este chega sequer a ser apresentado a um comité. Nos Estados Unidos, contudo, a atribuição de um projeto de lei a um comité específico decide que grupos de interesses devem ser reconhecidos como afetados pela medida e, portanto, têm direito a participar na sua redação («quem deve estar perante o comité»), pois cada comité representa uma constelação específica de interesses. Em muitos casos, esta primeira decisão decide, portanto, o destino de uma medida proposta, especialmente porque o compromisso elaborado pelo comité é geralmente aceite assim que chega ao plenário, especialmente na Câmara.

Não é apenas o Congresso, mas cada um dos seus membros individualmente que deve funcionar de acordo com a «regra da maioria concorrente». Estes são considerados tanto como representantes do povo americano e responsáveis pelos interesses nacionais como delegados dos seus eleitores e responsáveis pelos seus interesses particulares. Sempre que os interesses imediatos dos seus eleitores não estejam em questão, deve ser um estadista; sempre que a consciência ou as carteiras dos seus eleitores sejam afetadas, deve ser um agente comercial. Isto contrasta fortemente com a teoria em que se baseia qualquer governo parlamentar — uma teoria desenvolvida há 200 anos no famoso discurso de Edmund Burke aos eleitores em Bristol —, segundo a qual um membro do Parlamento representa o bem comum e não os seus eleitores. Assim, em todos os países parlamentares, o representante pode ser um estranho ao seu círculo eleitoral — em extremo, como foi praticado em Weimar, na Alemanha, existe uma longa lista nacional de candidatos que concorrem em todos os círculos eleitorais — enquanto, neste país, o congressista deve ser um residente do seu círculo eleitoral. E enquanto um senador americano considerava um elogio e um valor a ser chamado «Cotton Ed Smith», o presidente da Câmara dos Comuns, não há muito tempo, repreendeu severamente um membro por chamar outro membro — um funcionário do sindicato dos mineiros — um «representante dos mineiros de carvão».

O princípio do pluralismo seccional e de interesses também explica porque é que esta é a única nação onde os membros do Gabinete são incumbidos por lei de representar interesses especiais — trabalho, agricultura, comércio. Em todos os restantes países, uma agência do governo — qualquer agência do governo — jura solenemente defender o interesse público contra «os interesses». Neste país, o conceito de um departamento governamental enquanto representante de um grupo de interesses especiais estende-se a agências mais pequenas e mesmo a divisões e sucursais de um departamento. Isto revelou-se, por exemplo, durante a Segunda Guerra Mundial em lutas como a que ocorreu entre a OPA, que representava os consumidores, e o Conselho de Produção de Guerra (WPB), que representava os produtores; ou no seio do WPB entre os ramos de Aprovisionamento, que falava em nome das indústrias de guerra, e o ramo de Requisitos Civis, que falava em nome das indústrias que produziam para a «frente doméstica».

O mistério da «elegibilidade» — o critério que decide quem será um candidato promissor a um cargo público — que tem confundido tantos observadores estrangeiros e americanos, como Bryce, por exemplo — também remonta à «regra da maioria concorrente». Elegibilidade significa simplesmente que um candidato não deve ser inaceitável para qualquer dos principais grupos de interesses, religiosos ou regionais do eleitorado; é, antes de mais, uma qualificação negativa. A elegibilidade funciona em todos os níveis e aplica-se a todos os cargos eleitorais. Foi brilhantemente analisada no livro *You're the Boss*, de «Boss» Flynn. O seu exemplo clássico é a nomeação de Harry Truman como candidato democrata à vice-presidência em 1944. Truman era mais «elegível» do que Wallace, Byrnes ou Douglas precisamente porque era desconhecido; porque não era nem do Este, nem do Oeste, nem do Sul, porque não era nem New Deal, nem conservador, e assim por diante; em suma, porque não tinha um traço suficientemente forte para ofender ninguém em lado nenhum.

Mas a instituição central baseada no pluralismo seccional é o partido americano. Completamente extra constitucional, a maravilha e o desespero de todo o observador estrangeiro que não o consegue encaixar em nenhum dos seus conceitos de vida política, o partido americano (e não os estados) tornou-se o instrumento para realizar a «regra da maioria concorrente» de Calhoun.

Em forte contraste com os partidos da Europa, os partidos americanos não têm nenhum programa e nenhum objetivo, exceto organizar grupos divergentes para a busca e conquista comum do poder. A sua unidade é de ação, não de crenças. A sua única regra é atrair — ou pelo menos não repelir — o maior número possível de grupos. Deve, por definição, ser igualmente aceite pela direita e pela esquerda, por ricos e pobres, agricultores e trabalhadores, protestantes e católicos, nativos e nascidos no estrangeiro. Deve ser capaz de reunir o Sr. Rankin do Mississippi e o Sr. Marcantonio de Nova Iorque — ou o senador Flanders e o coronel McCormick — ao redor do mesmo candidato presidencial e da mesma «plataforma».

A partir do momento em que não consegue apelar pelo menos a uma minoria em cada grupo principal (a partir do momento, por outras palavras, que provocar o veto de uma secção, interesse ou classe), um partido corre o risco de se desintegrar. Sempre que um partido perde a sua capacidade de fundir as pressões seccionais e os interesses de classes numa política nacional — o que sucedeu a ambos os partidos imediatamente antes da Guerra Civil, ao partido republicano antes da sua reorganização por Mark Hanna, a ambos os partidos novamente na atualidade —, o sistema partidário (e com ele o sistema político americano no seu conjunto) está em crise.

Consequentemente, não é o facto de Calhoun ter sido repudiado pela Guerra Civil que é a chave para a compreensão da política americana, mas sim o facto de se ter tornado triunfante desde então.

Os aparentes vencedores, os «Republicanos Radicais», Thaddeus Stevens, Seward, o chefe de Justiça Chase, pretendiam destruir não só a escravatura e os direitos dos Estados, mas a própria «regra da maioria concorrente». E o primeiro partido republicano — antes da Guerra Civil e no Período de Reconstrução — estava, de facto, determinado a substituir os interesses pelos princípios enquanto centro da vida política americana. Mas, no final, foi o pensamento político de pluralistas convictos como Abraham Lincoln e Andrew Johnson, em vez das ideologias de Free Soilers e abolicionistas, que moldaram o partido republicano. Desde então, os grandes desenvolvimentos da política americana têm-se baseado no princípio de Calhoun. A isto os Estados Unidos devem a força, bem como as fraquezas do seu sistema político.

III

As fraquezas dos compromissos seccionais e de interesses são muito mais óbvias do que as suas virtudes; há 100 anos que são alvo de ataques. Francis Lieber, que trouxe as teorias políticas alemãs dominantes do início do século XIX para este país, atacou o pluralismo no próprio estado de Calhoun, na Carolina do Sul, há um século. Vinte anos mais tarde, Walter Bagehot contrastou, de forma impressionante, a impotente administração do general Grant com as de Gladstone e Disraeli para mostrar a superioridade da organização ideológica de um partido. As críticas mais aprofundadas e intransigentes vieram de Woodrow Wilson; e cada um dos pontos que o Professor apontou foi amplamente validado pela sua experiência posterior enquanto Presidente. O tempo não tornou estas fraquezas menos perigosas.

Antes de mais, um sistema político baseado na «regra da maioria concorrente» é incapaz de resolver conflitos de princípios. Tudo o que um sistema pluralista é capaz de fazer é negar a existência de conflitos «ideológicos» (como são chamados hoje). Esses conflitos, na visão de um pluralista, são fundamentalmente ou lutas por puro poder ou fricção entre grupos de interesse que poderiam ser resolvidas se as partes em conflito simplesmente se sentassem à volta de uma mesa de reuniões. Talvez a expressão mais perfeita, por ser a mais ingénua, desta crença continue a ser a observação do falecido general Patton de que os nazis não eram, afinal, muito diferentes dos republicanos ou dos democratas. (Calhoun, embora menos ingénuo, foi igualmente incapaz de entender a realidade do conflito «ideológico» em torno do problema da escravatura.)

Em nove de cada dez casos, a recusa em reconhecer a existência de conflito ideológico é benéfica. Impede que lutas pelo poder, ou choques de interesses, se transformem em guerras religiosas em que princípios irreconciliáveis colidem (uma catástrofe contra a qual a política ideológica da Europa quase não tem defesa). Promove o compromisso sempre que o compromisso é possível. Mas num verdadeiro choque de princípios — e, digam o que disserem os pluralistas, esses confrontos *existem* —, a «regra da maioria concorrente» quebra-se; assim aconteceu, na geração de Calhoun, perante a profunda realidade da questão da escravatura. Um conflito ideológico legítimo é, de facto, agravado pela recusa dos pluralistas em aceitarem a sua realidade: os defensores de um compromisso, que pensavam que a questão da escravatura poderia ser resolvida pela união de boas intenções, ou pelo pagamento de dinheiro, podem ter contribuído mais do que os abolicionistas para tornar a Guerra Civil inevitável.

Uma fraqueza do pluralismo seccional e de interesses igualmente grave é que equivale a um princípio de inação. A afirmação popular «É melhor tomar a decisão errada do que não fazer absolutamente nada» é, evidentemente, falaciosa; mas nenhuma nação, por mais ilimitados que sejam os seus recursos, pode ter uma política muito eficaz se o seu governo se basear num princípio que o ordena a não fazer nada de importante exceto por unanimidade. Além disso, o pluralismo aumenta exorbitantemente o peso de pequenos grupos de interesse bem organizados, especialmente quando fazem *lobby contra* uma decisão. O Congresso pode ser altamente pressionado e com demasiada facilidade a emascular um projeto de lei através da omissão das suas cláusulas pertinentes; só com muito maior dificuldade é que o Congresso pode ser levado a uma ação positiva. Isto explica, em grande medida, o eclipse do Congresso durante os últimos 100 anos, tanto no respeito popular como no seu atual dinamismo enquanto órgão de decisão política do governo. O Congresso, que os fundadores da nação pretendiam que fosse o órgão central do governo — um papel que desempenhou até Andrew Jackson —, tornou-se o representante de secções e interesses e, consequentemente, progressivamente incapaz de liderar a nível nacional.

O pluralismo dá a devida importância — mais do que a devida importância — às secções e aos interesses; mas quem representa o bem-estar nacional? Desde o tempo de Calhoun que os defensores do pluralismo têm tentado esquivar-se a esta questão, argumentando que o interesse nacional é igual à soma de todos os interesses particulares e que, portanto, não precisa de um órgão especial de representação. Mas este argumento bastante capcioso é contrariado pela observação mais elementar. Na prática, o pluralismo tende a resolver conflitos de secção e de classe à custa do interesse nacional que não é representado por ninguém em particular, por nenhuma secção ou organização.

Estas fraquezas já se tinham tornado dolorosamente óbvias enquanto Calhoun estava vivo e ativo — durante a década após Andrew Jackson, o primeiro Presidente do pluralismo. Poucos anos após a morte de Calhoun, a incapacidade do novo sistema para compreender e resolver um conflito ideológico — em última análise, a sua incapacidade para representar e salvaguardar o interesse nacional — tinha provocado uma catástrofe. Durante mais de 100 anos, o pensamento político americano girou, portanto, em torno de tentativas de contrariar, senão de ultrapassar, estas fraquezas. Daí decorreram três grandes acontecimentos da vida constitucional americana: o crescimento das funções e poderes do Presidente e a sua emergência como «líder», e não como agente executivo do Congresso; a ascensão do Supremo Tribunal, com o seu «Estado de

Direito», à posição de árbitro da política; o desenvolvimento de uma ideologia unificadora — o «Credo Americano».

Destes, o mais importante — e aquele em que menos se repara — é o Credo Americano. Na verdade, não conheço nenhum escritor de grande importância desde De Tocqueville que lhe tenha dedicado muita atenção. No entanto, mesmo o termo *un-American* [«não-americano»] não pode ser traduzido com sucesso para nenhuma outra língua, muito menos para o inglês britânico. Em nenhum outro país se poderia associar a identidade da nação a um determinado conjunto de ideias — pelo menos não sob a alçada de um governo livre. Esta coesão única de princípios revela-se, por exemplo, na recusa do eleitor americano em aceitar socialistas e comunistas como partidos «normais», simplesmente porque ambos os grupos se recusam a aceitar o pressuposto de uma ideologia americana comum. Revela-se, ainda por exemplo, na estrutura indígena do movimento operário americano com a sua ênfase na pressão dos interesses e não numa filosofia política. E este é também o único país ocidental onde se ensina «Cidadania» nas escolas — o único país democrático que acredita que uma filosofia social correta poderia ou deveria fazer parte da educação pública.

Na Europa, um credo universal seria considerado incompatível com uma sociedade livre. Antes do advento do totalitarismo, nenhum país europeu conhecia algo equiparável à saudação da bandeira pelas crianças das escolas americanas.* Com efeito, na Europa, toda a atividade política se baseia em fações ideológicas; consequentemente, introduzir uma ideologia uniforme num país europeu é acabar com *toda* a oposição. Nos Estados Unidos, a homogeneidade ideológica é a própria base da diversidade política. Ela torna possível a liberdade quase ilimitada de grupos de interesse, religiosos, de pressão e afins, e desta forma é o próprio fundamento do governo livre. (Também explica porque é que a preservação das liberdades civis tem sido um problema muito mais importante neste país — em comparação com a Inglaterra ou a França, por exemplo.) O pressuposto da unidade ideológica dá aos Estados Unidos um mínimo de coesão sem a qual o seu sistema político simplesmente não poderia ter funcionado.

IV

Mas será que até mesmo o «sonho americano» é suficiente para fazer funcionar hoje um sistema baseado na «regra da maioria concorrente»? Será o pluralismo capaz de lidar com os dois maiores problemas da política americana — a formulação de uma política externa e a organização política de uma sociedade

* A discussão talvez mais profunda sobre a coesão ideológica americana pode ser encontrada nas duas decisões do Supremo Tribunal sobre a saudação obrigatória da bandeira, e nas duas dissidências dela decorrentes, que merecem uma classificação elevada entre os documentos estatais americanos.

industrial — com mais sucesso do que foi capaz de lidar com a questão da escravatura? Ou estará o sistema político americano tanto em crise como esteve nos últimos anos de vida de Calhoun e praticamente pelas mesmas razões?

Uma política externa nunca pode evoluir através da adição de interesses particulares — regionais, económicos ou raciais — ou através de compromissos entre esses interesses; deverá sobrepor-se a eles. Se há uma área em que é errónea a alegação de Calhoun de que o interesse nacional será automaticamente servido ao servir os interesses das partes, é provavelmente na área dos negócios estrangeiros.

Uma política externa e um sistema partidário só parecem ser compatíveis se as partes estiverem organizadas por motivos programáticos, ou seja, por princípios, pois se não se basear em princípios gerais, uma política externa tornar-se-á uma série de improvisações desprovidas de razão. Numa sociedade livre, em que os partidos competem por votos e poder, a formulação de uma política externa pode assim forçar os partidos a atitudes ideológicas que, mais cedo ou mais tarde, se refletirão também nas suas políticas internas.

Isto foi claramente percebido nos primeiros anos da República, altura em que a política externa era vital para uma nova nação, agarrada precariamente a uma longa costa marítima sem interior, envolvida numa experiência radical com novas instituições políticas, rodeada pelas Grandes Potências da época, Inglaterra, França e Espanha, todas efetiva ou potencialmente hostis. Esta consciência da política externa explica, em grande parte, porque é que o sistema partidário dos fundadores da nação — especialmente de Hamilton — era ideológico; explica também porque é que o único conceito positivo de política externa que este país desenvolveu durante o século XIX, a Doutrina Monroe, foi formulado pelos dois últimos sobreviventes politicamente ativos da geração fundadora, Monroe e John Quincy Adams. Ainda que o próprio Calhoun de tal não tenha tido consciência, a sua doutrina teria sido impossível sem a Revolução Francesa e as Guerras Napoleónicas que, durante o período mais crítico da integração americana, mantiveram os nossos potenciais inimigos europeus ocupados. Em 1820, o país tinha-se tornado demasiado forte, tinha ocupado demasiado território, para ser facilmente atacado; e ainda não era suficientemente forte, e estava demasiado absorvido pelo desenvolvimento do seu próprio interior, para desempenhar um papel nos assuntos internacionais. Daí que Calhoun, e com ele toda a América, pudesse afastar da sua mente a política externa — tanto que este é o único país em que é possível escrever uma obra abrangente sobre um período histórico importante, sem fazer uma única menção à política externa, como fez Arthur M. Schlesinger, Jr. no seu livro *The Age of Jackson*.

Mas hoje a política externa é, uma vez mais, tão vital para a sobrevivência da nação como o foi durante as administrações de Washington e Jefferson. E tem de ser uma *política* externa, ou seja, uma tomada de decisões; daí que nem o «isolacionismo» nem o «internacionalismo» sirvam. (Pois o «internacionalismo»

— a procura de fórmulas que proporcionem decisões automáticas, mesmo antecipadamente — é também uma recusa de ter uma política externa; pode muito bem ter feito tanto mal a este país, e ao mundo, como o «isolacionismo» — talvez ainda mais.) Para sobreviverem como a mais forte das Grandes Potências, os Estados Unidos poderão mesmo ter de aceitar permanentemente a supremacia da política externa sobre os assuntos internos, por muito que isso possa ir contra as convicções básicas americanas, e até mesmo contra a própria natureza americana. Mas nenhuma política externa pode ser desenvolvida pelo compromisso de interesses seccionais ou pressões económicas; no entanto, nenhum dos partidos, tal como estão atualmente constituídos, poderia desenvolver uma política externa baseada em princípios definidos.

A outra grande necessidade nacional é a de resolver os problemas políticos de uma sociedade industrial. Uma sociedade industrial é, por natureza, ultra pluralista, porque desenvolve grupos de classe e de interesse que são muito mais fortes, e muito mais organizados, do que qualquer grupo de interesse numa era pré-industrial. Um pequeno número de grandes empresas e de grandes sindicatos podem ser as forças realmente decisivas de uma sociedade industrial. E estes grupos podem exercer uma pressão decisiva sobre a sociedade: têm a capacidade de asfixiar a vida social e económica.

O problema não reside no «comportamento associal» deste ou daquele grupo, mas na natureza da sociedade industrial, que se assemelha muito mais ao feudalismo do que à sociedade comercial do século XIX. Os seus problemas políticos são muito semelhantes àqueles que o feudalismo tinha para resolver — e não conseguiu. Está em perpétuo perigo de desintegração em feudos, principados, «cidades livres», «barões ladrões» e «bispados isentos» — a autoridade e o interesse da nação foram espezinhados e grupos autónomos unem-se para controlar o poder central no seu próprio interesse ou desrespeitam o governo lutando ente si no conflito civil da guerra de classes. E a alternativa a um tal colapso em anarquia ou guerra civil — a supressão de classes e grupos de interesse por um governo todo-poderoso — não é mais convidativa.

Uma sociedade industrial não pode funcionar sem um órgão capaz de sobrepor o interesse nacional aos interesses económicos ou de classes. É necessário mais do que um mero árbitro. O estabelecimento das «regras da guerra industrial civilizada», como foi feito tanto pela Lei Wagner como pela Lei Taft-Hartley, tenta evitar a necessidade de políticas, equalizando a força das secções em conflito; mas isso só pode levar ao impasse, à conivência contra o interesse nacional, ou, pior ainda, à tentativa de fazer a autoridade nacional servir o interesse de uma fação contra a outra. Por outras palavras, uma sociedade industrial não pode aceitar plenamente a premissa de Calhoun de que o bem evoluirá a partir da satisfação de interesses particulares. Uma sociedade industrial sem política nacional tornar-se-á, ao mesmo tempo, anárquica e despótica.

Não admira que tenha havido uma crescente procura por uma mudança radical que substituísse os partidos ideológicos e as políticas programáticas pelos partidos pluralistas e a «regra da maioria concorrente» da tradição americana. O Movimento do Terceiro Partido de Henry Wallace, embora o mais divulgado, pode muito bem ser o acontecimento menos significativo, pois terceiros partidos não são, afinal, nada de novo na nossa história política. Mas, pela primeira vez em 100 anos, há uma inundação de livros — e escritos por pessoas que estudam seriamente o governo americano — que defendem uma reforma constitucional radical. Por muito que o senador Fulbright, Henry Hazlitt e Thomas Finletter discordem em pormenores, são unânimes em exigir a eliminação — ou pelo menos a limitação — da «regra da maioria concorrente» e a sua substituição por um sistema ideológico a funcionar segundo as linhas parlamentares. Mais significativo pode mesmo ser o novo sindicalismo de Walter Reuther com a sua mistura de táticas tradicionais de pressão e classe trabalhadora, ou seja, programas e objetivos ideológicos.

V

No entanto, todos estes críticos e reformadores não só não se interrogam se um sistema ideológico de políticas estaria realmente mais bem equipado para lidar com os grandes problemas de hoje — e nem a política externa nem a política industrial da Inglaterra, o mais bem-sucedido de todos os países ideologicamente organizados, parecem ter grande sucesso neste momento; os críticos também nunca param para refletir sobre os pontos fortes únicos do nosso sistema tradicional. O nosso sistema tradicional garante que há sempre um governo legítimo no país; e providenciar esse governo é a primeira tarefa de qualquer sistema político — um dever que muitos dos sistemas políticos conhecidos pelo Homem nunca cumpriram.

Minimiza os conflitos utilizando as forças conflituantes, em vez de as suprimir. Torna quase impossível que os principais partidos se tornem totalmente irresponsáveis: nenhum dos partidos se pode dar ao luxo de ir buscar a sua força ao tipo de oposição demagógica, sem responsabilidade governamental, que alimenta perpetuamente os partidos fascistas e comunistas no estrangeiro. Assim, embora os dois partidos nacionais estejam dispostos a abraçar qualquer movimento ou qualquer grupo no país que comande suficientes seguidores, forçam, por sua vez, cada grupo a alinhar as suas exigências e programas com as crenças, tradições e preconceitos do povo.

Acima de tudo, o nosso sistema de compromisso seccional e de interesses é uma das duas únicas formas conhecidas pelo Homem de um governo e uma sociedade livres poderem sobreviver — e a única adaptada às condições da vida do povo americano e por este aceitável.

Tal como se sabe desde Platão e Aristóteles, o problema central de um governo livre é o das fações. Logicamente, um governo livre e fações são incompatíveis. Mas qualquer que seja a causa — vaidade e orgulho, sede de poder, virtude ou maldade, ganância ou desejo de ajudar os outros —, o faccio-sismo é inerente à natureza humana e à sociedade humana. Durante 2000 anos, as melhores mentes da política tentaram conceber uma sociedade sem fações — através da educação (Platão), através da eliminação da propriedade (Thomas More), através da concentração na vida do espírito para lá das ambições deste mundo (a tradição política do Luteranismo). A última grande tentativa de salvar a liberdade através da abolição das fações foi a de Rousseau. Mas criar uma sociedade livre sem fações é tão impossível como criar um movimento perpétuo. De Platão a Rousseau, o pensamento político desembocou sempre na exigência da supressão das fações, ou seja, de que a liberdade, a bem da sua preservação, fosse abolida.

Só a tradição política anglo-americana conseguiu quebrar este círculo vicioso. Retomando as ideias de Hooker e Locke, com base na rica tradição de governo livre nas cidades do final da Idade Média, o realismo político anglo-americano descobriu que se as fações não podem ser suprimidas, devem ser utilizadas para tornar um governo livre ainda mais livre e mais forte. Este conceito básico distingue a teoria e a prática política anglo-americana da política europeia continental e é responsável pelo singular sucesso dos governos livres e populares em ambos os países. Noutras partes do mundo ocidental, a escolha sempre foi entre o facciosismo extremo, que torna o governo impotente, senão impossível, e conduz inevitavelmente à guerra civil, e a autocracia, que justifica a supressão da liberdade com a necessidade de um governo eficaz e ordeiro. A França do século XIX, com as suas seis revoluções, ou quase revoluções, representa, por sua vez, os governos totalitários do nosso tempo como a alternativa da política continental.

Mas — e esta é a verdadeira descoberta na qual assenta a façanha anglo-americana — as fações só podem ser utilizadas construtivamente se forem englobadas num quadro de unidade. Um governo livre com base em grupos de interesses seccionais só é possível quando não existe uma divisão ideológica no país. Esta é a solução americana. Outra solução concebível é canalizar as forças motrizes, os vetores da sociedade, para fações ideológicas que obtêm a sua coesão a partir de um programa para toda a sociedade e a partir de um credo. Mas isso pressupõe uma classe dominante incontestada com uma mundividência partilhada, com costumes uniformes e uma segurança económica tradicional, ou até inerente. Perante este tipo de classe dominante, pode-se esperar que o antagonista de um sistema ideológico seja uma «oposição leal», ou seja, que aceite as regras do jogo e se veja como um parceiro e não como um potencial desafiador de uma guerra civil. Mas uma classe dominante aceite pelo povo em geral, e que se sinta responsável perante o povo em geral, não pode ser criada por decreto ou de um dia para o outro. Na Antiguidade, só Roma, nos tempos modernos, só a Inglaterra, conseguiram fazê-lo. No continente, todas as tentativas de criar uma classe governante genuína fracassaram por completo.

Neste país, a solução da classe governante foi idealizada por Alexander Hamilton e parecia estar próxima de ser concretizada ao longo dos mandatos dos presidentes da «Dinastia da Virgínia». Hamilton chegou ao seu conceito com uma consistência inelutável, pois estava absorvido na busca de uma política externa e de uma organização adequada a uma sociedade industrial — precisamente os dois problemas que, como vimos, o pluralismo está menos equipado para resolver.

Mas mesmo que Hamilton não tivesse cometido o erro fatal de identificar a riqueza com o poder, o povo americano não poderia ter aceitado a sua tese. Uma classe dominante era incompatível com a imigração em massa e com a expansão territorial explosiva da América do século XIX. Era ainda mais incompatível com o conceito americano de igualdade. E não há motivo para acreditar que a América contemporânea esteja mais disposta a aceitar o conceito de Hamilton, não obstante a ideia do Sr. James Burnham quanto à elite empresarial. Este país enquanto país livre não tem alternativa, ao que parece, à «regra da maioria concorrente», nenhuma alternativa ao pluralismo seccional como o dispositivo através do qual as fações podem ter um papel politicamente eficaz.

Com efeito, será muito difícil resolver os problemas da política externa e industrial numa base pluralista e dentro do sistema de grupos de interesse, embora seja provável que estes problemas fossem igualmente difíceis noutra base ideológica. Será tanto mais difícil quanto mais os dois problemas estiverem estreitamente inter-relacionados, pois a eficácia de qualquer política externa americana depende, em última análise, da nossa capacidade de mostrar ao mundo um modelo bem-sucedido e funcional de uma sociedade industrial. Mas se, de todo, formos bem-sucedidos, será com o sistema tradicional, a troca de favores e de votos e as politiquices, tudo incluído. Um velho ditado diz que este país vive simultaneamente num mundo de crenças jeffersonianas e de realidades hamiltonianas. A partir destes dois, só o conceito de Calhoun da «regra da maioria concorrente» pode criar um todo viável. A necessidade de ter uma política externa formulada e de ter uma política nacional ao nível da indústria é real, mas não mais real do que a necessidade de uma verdadeira compreensão deste facto americano fundamental: o pluralismo de compromisso seccional e de interesses é a urdidura do tecido político americano; não pode ser retirado sem desmantelar o todo.

CAPÍTULO SEIS

Direções Americanas

CLARAMENTE, O PRESIDENTE Johnson tem a esperança, e provavelmente a expectativa, de que a sua administração se torne mais uma «Era do Bem-Estar». No seu primeiro grande discurso após as eleições de 1964, afirmou que o país tinha alcançado um novo «consenso sobre o propósito e a política nacionais», e previu «uma longa era edificante», em que todos os segmentos do público trabalhariam em conjunto para o bem comum. O que ele espera obter, obviamente, é uma versão moderna da Era do Bem-Estar original, que começou em 1817, quando o Presidente Monroe tomou posse (como LBJ — Lyndon Baines Johnson), com um arrebatador apoio do público e uma oposição dispersa e ineficaz.

Não é provável que venha a conseguir essa façanha. Pelo contrário, os Estados Unidos estão quase de certeza a entrar num período de turbulência como não se via há pelo menos uma geração. Nas décadas que se avizinham, a nossa política interna será dominada por questões pouco familiares — não apenas novas, mas diferentes em espécie das que temos vindo a discutir desde 1932. Ocupar-se-á primordialmente não de questões económicas, mas de valores básicos — morais, estéticos e filosóficos. Além disso, o centro do nosso palco político está a ser tomado por um novo grupo de poder: uma classe média de profissionais, técnicos e gestores — muito jovem, abastada, habituada a uma grande segurança no trabalho e com um elevado nível de educação. Em breve, irá deslocar os velhos centros de poder — a mão-de-obra, o Bloco Agrícola, as Grandes Empresas, no sentido antiquado desse termo. A maioria e o consenso do futuro sobre as novas questões terão de ser construídos em torno deste novo centro de poder.

Mas o processo só se concretizará ao fim de lutas cerradas e amargas discordâncias sobre a forma de enfrentar o nosso novo conjunto de problemas nacionais. Afinal, os grupos de poder tradicionais jamais renunciam aos seus

Publicado pela primeira vez na *Harper's Magazine*, em fevereiro de 1965.

domínios de forma graciosa; nem é fácil para nenhum de nós desviar a nossa atenção das velhas e familiares questões que nos preocupam há tanto tempo. Veja-se como os apoiantes de Goldwater, durante a campanha de 1964, estavam obcecados quase exclusivamente com a sua ânsia de reverter a História.

As velhas questões — sobretudo as económicas — não desaparecerão, como é óbvio. O debate sobre o papel e as limitações dos sindicatos certamente acompanhar-nos-á durante muito tempo. Assim como a nossa preocupação com a pobreza persistente num meio de plena abundância... com o impacto da automatização... com a política fiscal, a conservação, e muitos outros princípios básicos antigos.

Diferente em qualidade

No entanto, é provável que o foco da política interna se desloque para duas novas áreas: *a metrópole e a escola*.

A grande nova questão dos últimos anos tem sido a integração dos negros na sociedade americana. Tornou-se uma questão política precisamente porque a economia por si só não conseguiu resolver o problema racial. Muitos dos problemas de direitos civis, naturalmente, aparentam ser essencialmente económicos — o acesso dos negros à filiação em sindicatos de trabalhadores, por exemplo. Mas, no fundo, todos sabemos que é aos nossos corações, e não apenas aos nossos bolsos, que nos é pedido acesso.

Do mesmo modo, o problema central das metrópoles não é um problema económico. Trata-se de uma questão de estrutura política, ou melhor, de constituição política. No debate que se avizinha sobre as escolas, as políticas educativas e os objetivos da educação, serão claramente os pontos fulcrais. Em ambos os casos, a questão fundamental é a qualidade de vida na América.

O facto de as nossas grandes cidades estarem a encaminhar-se em passo estugado para o suicídio não é novidade. Estão rapidamente a tornar-se inabitáveis. As tentativas de atenuar a doença parecem agravá-la. Novas autoestradas criam mais engarrafamentos e mais poluição atmosférica; a renovação urbana elimina os pobres ou transfere-os da selva dos bairros de lata para o deserto dos bairros sociais; a criação de zonas para o «equilíbrio racial» acaba por criar mais um Black Belt ou outro Bronzeville.

Uma verdadeira solução, se for possível de encontrar, terá de ser fundamentalmente estética (ou, se preferirmos outra palavra, moral). Em jogo está o ambiente do Homem moderno, mais do que a administração. Precisamos de uma cidade que enriqueça e enobreça, em vez de degradar o indivíduo, e não uma que o enquadre mais eficientemente em serviços públicos bem planeados. Mas muito antes de podermos ter a esperança de enfrentar a cidade enquanto um ambiente humano, teremos de enfrentar a cidade enquanto governo.

E esta necessidade é urgente. Dentro de alguns anos, três quartos do povo americano viverão num número bastante reduzido de áreas metropolitanas, menos de 200. Quase dois quintos da população viverão dentro ou nos arredores das três super cidades gigantescas — uma que se estende de Boston até Norfolk, outra de Milwaukee até Detroit (senão até Cleveland) e uma terceira de São Francisco até San Diego. Teremos de ser capazes de fornecer água, esgotos e ar limpo às pessoas das metrópoles. Teremos de lhes fornecer alojamento decente e escolas e ainda uma mobilidade fácil para pessoas, coisas e ideias — que constituem o próprio motivo da existência de uma cidade.

Para tudo isto, precisaremos de instituições governamentais que, por necessidade, passarão por cima ou substituirão toda uma série de governos locais existentes nos dias de hoje.

O governo que nos falta

Hoje, a metrópole é a comunidade decisiva. Porém, não existe, de todo, enquanto governo. Em vez disso, o nosso sistema é construído segundo as antigas unidades pré-industriais de cidade, concelho e estado. Não é possível atacar os problemas da metrópole sem atacar, ao mesmo tempo, estes organismos políticos profundamente arraigados da nossa tradição e das nossas leis.

A questão fiscal, por si só, é suficiente para o garantir. Durante a década de 60, as despesas dos governos locais irão duplicar — de 50 mil milhões para 100 mil milhões, em grande parte para a educação. Mas a maioria das grandes cidades já drenaram os seus reservatórios de impostos. Poderemos resolver o problema financeiro das grandes cidades, incluindo os subúrbios no sistema fiscal metropolitano, utilizando os poderes fiscais dos estados para financiar as cidades ou através de subsídios em grande escala do Governo Federal. O meu palpite é que vamos utilizar os três métodos. E cada um deles irá certamente desencadear uma grande luta política.

Da mesma forma, a «guerra à pobreza» levantará a questão do governo metropolitano, pois o núcleo duro da pobreza atual consiste em pessoas da cidade que vivem à margem da nossa sociedade abastada e altamente educada. Em comparação com eles, os desempregados das minas de carvão do Virgínia Ocidental ou os agricultores das terras impróprias para cultivo de Appalachia são uma operação de limpeza.

A batalha sobre o lugar da cidade no governo americano já foi travada. A decisão do Supremo Tribunal de 1964 sobre a redistribuição decretou que as legislaturas estatais devem dar igual representação a todos os eleitores, independentemente da sua residência. Foi tão revolucionário como o foi outra decisão do Supremo Tribunal, dez anos antes, que decretou a integração racial nas escolas públicas. E tal como a decisão relativa às escolas, a redistribuição foi claramente apenas a primeira escaramuça naquilo que virá a ser uma longa e amarga luta. O tenente governador Malcolm Wilson, de Nova Iorque, não estava a exagerar quando advertiu (num discurso de 1964 à Associação de Oficiais do Condado de Nova Iorque) de que a redistribuição poderia eventualmente levar ao fim dos concelhos como unidades de governo. O Connecticut já os aboliu. E quando a Nova Jérsia celebrou o seu tricentenário em 1964, muitos dos seus habitantes devem ter-se perguntado se o seu estado servia agora algum propósito real — com uma população dividida entre residentes da Nova Iorque metropolitana e residentes da Filadélfia metropolitana, separados, em vez de unidos, por Princeton Junction.

Naturalmente, a questão será combatida nas suas especificidades. Será combatida como uma questão de equilíbrio de poder dentro da nação, sobre as fontes fiscais e a sua divisão e sobre um Governo Federal que trabalha cada vez mais diretamente em cooperação com as cidades, passando por cima de estados e concelhos.

Por exemplo, os transportes em massa que entram e saem das nossas grandes cidades irão provavelmente ser confiados a uma nova agência federal dentro de muito pouco tempo. Nas nossas maiores cidades (Nova Iorque, Filadélfia e Chicago), é algo que requer planeamento para além das fronteiras de um estado e dinheiro para além da capacidade de qualquer governo local. E o mesmo se aplica ao tráfego ferroviário entre cidades.

Mas essas especificidades são apenas sintomas de uma grande crise constitucional das nossas instituições e estrutura política.

As escolas entram na política

A educação tem sido a nossa principal «indústria de crescimento» nos últimos 20 anos. Se os economistas considerassem a escolarização parte do produto nacional (como deveriam fazer), a nossa taxa de crescimento económico teria parecido bastante boa durante todo o período pós-Guerra.

Mas avizinha-se uma expansão ainda maior que catapultará o ensino americano para a política nacional. Durante os próximos anos, as faculdades — como já toda a gente deve ter ouvido dizer — serão atingidas pela onda de jovens nascidos durante o «*baby boom*» que se seguiu à Segunda Guerra Mundial. Daqui a cinco ou oito anos, cerca de 50% mais estudantes deverão estar nas faculdades americanas do que atualmente. O maior crescimento será num tipo de instituição inteiramente nova e praticamente não testada, os «colégios comunitários» com cursos de dois anos, que, ao contrário de qualquer outro colégio na história americana, são normalmente dirigidos pelo mesmo conselho escolar local que administra as escolas públicas. Entretanto, os colégios privados, pelo menos no que diz respeito ao ensino pré-universitário, tornar-se-ão quantitativamente um fator quase insignificante.

A primeira consequência será um aumento drástico dos custos da educação. E para tornar este aumento ainda mais drástico, os salários irão certamente subir de novo, uma vez que a oferta de professores qualificados não conseguirá acompanhar este súbito salto na procura. É difícil ver como podemos evitar um apoio federal em larga escala à educação a todos os níveis. Nas zonas mais pobres, em particular, as escolas já custam mais do que as populações locais podem pagar. É pura hipocrisia fingir que o apoio federal à educação é possível sem alguma medida considerável de controlo nacional. Vamos apoiar, por exemplo, as escolas que praticam segregação racial? Ou escolas com currículos e padrões abaixo do mínimo nacional, ou com um ano escolar curto?

Ao mesmo tempo, a educação americana será atingida por uma revolução tecnológica. A «aprendizagem programada» é a primeira grande mudança tecnológica no ensino e na aprendizagem desde o livro impresso, e provavelmente terá o mesmo impacto.

A falta de professores é motivo suficiente para apressar o surgimento de novos métodos de ensino e aprendizagem, por mais resistente que seja a profissão de docente. No entanto, apenas as competências e conhecimentos podem ser transmitidos através de um programa. Tudo o resto — carácter, valores, comportamento e, sobretudo, o uso da imaginação e a descoberta daquilo que é novo e excitante — requer um professor. A instrução programada, portanto, desencadeará previsivelmente um debate sobre a função e os métodos da escola americana, como não se vê há muito tempo. Os oponentes argumentarão que isso mina os valores educativos básicos e prejudica a criança em crescimento. Do outro lado, estarão os fanáticos que veem na educação programada uma panaceia — que certamente não será — e os doutrinários que querem eliminar como «não científico» tudo o que estiver no currículo escolar não possa ser programado.

No seu conjunto, a nossa sociedade centrar-se-á em torno das escolas. Dentro de alguns anos, pelo menos um terço do povo americano estará na escola. (Neste momento, é apenas um quarto.) As crianças em idade pré-escolar, prontas para o infantário ou jardim-de-infância, constituirão mais um décimo da população. Os professores já constituem o maior grupo profissional do país. O total das despesas escolares, daqui a alguns anos, irá exceder o nosso atual orçamento de defesa por um montante substancial. Ao mesmo tempo, a estrutura da educação americana, os seus objetivos, valores, conteúdo e direção, tudo se tornará tema de aceso debate. A educação está prestes a assumir o lugar do Estado Providência como um compromisso básico do povo americano. Poder-se-ia chamar a este novo fenómeno o Estado do Conhecimento.

A educação está destinada a tornar-se um foco da vida política e dos conflitos políticos. Até agora, porém, nem sequer começámos a pensar em políticas nacionais de educação, muito menos num compromisso nacional com os valores e propósitos educacionais. Tudo o que temos até agora — e é muito — é um compromisso nacional com a educação em quantidade e para todos.

Os jovens assumem o poder

O Presidente Johnson pode sentir-se tentado a prolongar por mais um pouco a ilusão agradável de uma Era do Bem-Estar. Mas esta não pode perdurar — em parte, porque as novas questões já estão a explodir e em parte porque um novo centro de poder está prestes a emergir na cena americana. Seja o que for que o Presidente queira, os jovens instruídos que compõem a classe média de profissionais, técnicos e gestores irão forçar-nos a novos alinhamentos políticos.

Em 1960, quando Kennedy foi eleito, o americano médio tinha cerca de 33 anos de idade. Em 1968, esta média terá caído para 25 ou menos. Esta descida — oito anos no espaço de oito anos — é a maior jamais registada na História americana. Deve também ser uma das maiores alguma vez registada em qualquer país. Evidentemente, isto deve-se ao facto de relativamente poucos americanos estarem agora a atingir a meia-idade em consequência do baixo número de nascimentos dos anos 30, enquanto os nascidos nos anos de pico logo após a Guerra estão a chegar à maturidade. (O grupo com mais de 65 anos, que cresceu tão rapidamente nestas últimas décadas, tornar-se-á definitivamente uma proporção estática da população após 1970.) Portanto, durante os próximos 15 anos, o grupo etário que mais rapidamente se expandirá será o dos jovens adultos que atingem a idade de votar. Em 1970, o nosso será o país mais jovem do Mundo Livre. E o centro de gravidade política em breve recairá sobre uma geração que só conhecerá o New Deal e mesmo a Segunda Guerra Mundial através dos livros de História e enquanto acontecimentos que ocorreram maioritariamente antes do seu nascimento.

Em «idade psicológica» seremos ainda mais jovens e o salto entre gerações será ainda maior. Um em cada três americanos vivos no início da década de 1970 estará provavelmente na escola — uma percentagem maior do que em qualquer outro país. Na sua visão da vida e da política, os estudantes são «jovens», mesmo que estejam numa pós-graduação e tenham 25 anos, pois ainda se consideram fora da força de trabalho.

Mais importante do que a própria mudança nas idades é a mudança das expectativas das gerações do New Deal e da Segunda Guerra Mundial para aquela que está agora a chegar à idade adulta. Metade dos jovens que atingem agora a idade adulta têm educação para além do ensino secundário. Consequentemente, a maioria junta-se à classe de profissionais, técnicos e gestores, com expectativas de grandes oportunidades para si próprios e ainda maiores para os seus filhos. Mas o trabalho como operador de máquinas ou como vendedora era a expectativa normal para a última grande vaga de jovens a tornarem-se eleitores — a geração que atingiu a idade adulta nos finais dos anos 20 e 30; na educação não tinham ido mais longe, em geral, do que um ou dois anos na escola secundária.

A iniciativa na política americana já se deslocou para este novo grupo. Rapazes ainda na faculdade ou acabados de sair descobriram Barry Goldwater («inventaram-no» é capaz de ser o termo mais apropriado), fizeram dele o seu herói e seguiram-no com um fanatismo que levou um partido republicano relutante a aceitá-lo como seu candidato. Foram os jovens negros educados que derrubaram a sua velha liderança «moderada» e forçaram o avanço dos direitos civis. Tanto a Lei dos Direitos Civis como o forçar da integração escolar, mesmo no Mississípi rural, se devem, em grande parte, à resposta explosiva dos jovens brancos nas faculdades e nos liceus ao clamor por justiça racial. E a única inovação nas instituições políticas americanas desde o Presidente Truman foi o Corpo de Paz dos próprios estudantes universitários.

Os gestores, profissionais e técnicos instruídos e abastados são, naturalmente, apenas metade — talvez um pouco mais — dos jovens adultos. A outra metade é um grupo pequeno, mas de grande visibilidade: os «problemas» (em grande parte, membros dos grupos minoritários nas grandes cidades) que se transformam em desistentes escolares, toxicodependentes e indivíduos que não se conseguem empregar. Quanto mais próspera for a nossa sociedade, maior será a nossa preocupação com eles, especialmente porque é pouco provável que encontremos rapidamente uma cura.

A política da juventude

Mas o poder político e social não estará nos «problemas». Estará cada vez mais presente nos jovens bem-sucedidos e bem-adaptados que são os beneficiários desta nossa sociedade de alta pressão e de elevado nível de educação. As suas compras irão moldar, em grande parte, a economia. As políticas económicas serão inevitavelmente adaptadas às suas necessidades e aspirações. Eles são os líderes comunitários de amanhã. Acima de tudo, terão o poder de voto. São não só o maior, mas o único grupo homogéneo entre os novos eleitores — e diferente de qualquer grupo anterior. Já dominam os subúrbios, que cada vez mais detêm o voto decisivo nos grandes estados. Dentro de pouco tempo, nenhum partido e nenhum candidato importante será capaz de ganhar, a não ser que levem consigo pelo menos uma grande minoria da classe média rica, jovem e instruída. E nenhum consenso nacional será possível que não reflita em grande medida as suas crenças, atitudes e valores. *Este é o centro em torno do qual a Nova Maioria terá de ser construída e que determinará a direção e o carácter da política americana para a próxima geração.*

No entanto, até agora, este grupo não tem um rosto político. Não se encontra alinhado. Na verdade, não se enquadra na atual estrutura da política americana. Perguntar, digamos, se estes jovens escolarizados são «conservadores» ou «liberais» não faz praticamente qualquer sentido.

Pelos critérios tradicionais da política americana, eles poderiam aparentar ser altamente conservadores. São os primeiros indivíduos com posses em muito tempo a tornar-se um novo centro de poder importante. Os seus rendimentos estão bem acima da média. Os seus empregos são o mais seguros possível — ou, pelo menos, consideram-nos suficientemente seguros — e as suas oportunidades são grandes. Não se identificam com os grupos liberais tradicionais. Certamente não são pró-laboral. Uma proposta para acabar com as práticas restritivas dos sindicatos de trabalhadores — por exemplo, colocando a mão-de-obra ao abrigo das leis *antitrust* — seria provavelmente apoiada pela maioria. Se este grupo se identifica com algo, em termos de interesses económicos ou posição social, é com os gestores. Mesmo os jovens professores são suscetíveis de pensar e falar de si próprios como parte do mundo profissional.

Contudo, também não correspondem à definição tradicional do conservador na política americana. São mão-de-obra contratada. A maioria nunca viu uma folha de pagamentos e espera nunca ter de a ver. Têm certamente pouco em comum com os pequenos empresários. E mesmo entre os jovens engenheiros ou investigadores de mercado das grandes empresas, que se identificam claramente com a gestão — aliás, mesmo entre os jovens proprietários-gestores e empresários que formam a Organização dos Jovens Presidentes — John F. Kennedy, apesar da sua muito publicitada «hostilidade aos negócios», teria (de acordo com todos os relatórios) obtido uma votação maior do que Lyndon Johnson, cujo «entendimento dos negócios» tinha um forte apelo a tantos dos mais velhos executivos das grandes empresas. Uma boa parte das questões que tradicionalmente marcavam a fronteira entre «conservador» e «liberal» dificilmente lhes pode ser explicada.

Apercebi-me disto na campanha de 1964, numa reunião com um grupo extremamente brilhante de estudantes licenciados e jovens instrutores numa grande universidade do Midwest. O senador Goldwater tinha acabado de propor a entrega da Autoridade do Vale do Tennessee (TVA) a iniciativas privadas. A proposta parecia bastante razoável para a maioria dos jovens, poucos dos quais, caso contrário, atribuíam grande utilidade a Goldwater. Afinal, argumentaram eles, por que razão faria o governo um trabalho melhor do que uma empresa privada enquanto gestor de centrais elétricas e fábricas de fertilizantes? «Planear e construir a TVA exigiu a intervenção do governo, é claro; mas, na sua gestão, será provável que o governo contribua muito?» O que os confundia, no entanto, era a razão para fazer disto um problema. «Porque não recorrer a economistas e engenheiros de gestão competentes e fazê-los descobrir o que seria mais eficiente?» A maioria dos homens eram cientistas políticos ou economistas e tinham ouvido falar, ainda que vagamente, da grande controvérsia do passado entre o poder privado e o poder público. Mas, nas suas próprias palavras, parecia-lhes tão irrelevante e tão extravagante como o debate sobre a prata livre (Free Silver).

Há alguns anos, estava na moda explicar este distanciamento das questões fervilhantes do passado como «apatia». Mas os acontecimentos dos últimos anos — o movimento Goldwater, por exemplo, ou a explosão dos direitos civis — mostraram claramente que os jovens formados do novo centro de poder podem ser apaixonados nas suas convicções políticas até ao ponto da violência.

A verdadeira explicação pode muito bem ser que estes jovens não se definirão politicamente nos termos em que os alinhamentos políticos americanos foram redigidos ao longo de 70 anos — desde que Mark Hanna criou o partido republicano moderno após 1896 —, ou seja, em termos de questões e interesses económicos. Sentindo-se seguros nos seus empregos, estão livres do medo que impulsionava os indivíduos desprovidos de posses do passado. Sendo empregados, não têm qualquer determinação em defender os direitos de propriedade. Mas preocupam-se profundamente com a educação — sua e dos filhos — e com a sua comunidade. São apaixonados por assuntos que lhes tocam diretamente e têm um impacto direto na sua segurança, oportunidades e lugar na sociedade. Serão, portanto, altamente suscetíveis a novas questões como a estrutura metropolitana e o propósito educacional.

A Economia torna-se aborrecida

Nos últimos 70 anos, pelo menos, as questões económicas definiram as posições políticas dos indivíduos ou dos grupos no espectro americano. As questões não económicas eram, em grande parte, tratadas como complementos; a posição de alguém sobre as questões económicas determinava, de um modo geral, a sua posição em relação a todas as outras. Quando uma questão não económica não podia ser integrada num enquadramento económico — por exemplo, muitas das questões de política externa —, tentávamos, em geral com sucesso, tratá-la como «bipartidária».

Mas para o novo centro de poder, estas questões não económicas podem muito bem tornar-se o núcleo da crença política e da ação. Consequentemente, a tentativa de construir uma nova maioria em torno deste centro — ou seja, a tentativa de encontrar uma comunhão de interesses e pontos de vista entre o novo grupo e os grupos nacionais mais antigos, tais como trabalho e agricultura — deve centrar-se em questões não económicas. Deve concentrar-se na qualidade de vida, em vez de se concentrar na divisão do produto económico.

Todas as vezes na nossa História que surgiu um novo centro de poder decisivo — o Novo Oeste dos anos de 1820, o trabalhador qualificado por volta de 1890 ou o operador de máquinas na indústria de produção em massa entre 1910 e 1930 —, o mapa político do país foi revirado como se de um terramoto se tratasse. Essas mudanças são sempre perigosas. A confusão geral sobre questões e alinhamentos abre a porta de par em par aos demagogos e agitadores. Mas uma mudança sísmica também torna possível a liderança criativa de um Andrew Jackson, um Teddy Roosevelt ou um Franklin Roosevelt. Cada um destes conseguiu forjar uma nova maioria na qual as necessidades do novo centro de poder do seu tempo se tornaram a base para uma política nacional eficaz e realizações políticas construtivas.

O dilema de Lyndon Johnson

Lyndon Johnson chegou ao topo como um excelente tático do processo político americano, com um raro instinto para o *timing* necessário para tornar eficaz uma ideia já formulada e para impulsionar uma política previamente aceite. Tem sido comandante de campo e não estrategista. Agora deve demonstrar, se o tiver, um tipo diferente de talento: a arte da inovação política, da liderança na formulação de novas questões e na conceção de novas políticas.

Em anos de serviço político, Lyndon Johnson (que foi inicialmente para Washington como assistente do Congresso pouco antes de Hoover deixar a Casa Branca) é o líder mais sénior do Mundo Livre. No entanto, a sua presidência irá assistir a um salto de geração que irá mudar o centro de gravidade política para um grupo etário tão jovem que mal se consegue lembrar da Segunda Guerra Mundial, quanto mais da Depressão.

Johnson é o único New Dealer original ainda proeminente na vida política americana; no entanto, o seu sucesso enquanto Presidente dependerá, em grande parte, da sua capacidade de atrair e inspirar uma série de jovens de classe média que tradicionalmente têm pendido ligeiramente mais para o centro-direita e mal compreendem as questões, emoções e experiências do New Deal. Nesta tensão entre o que ele foi e o que terá de ser reside o dilema de Lyndon Johnson.

Existe apenas um precedente na História americana para as eleições de 1964, apenas um paralelo à situação deste Presidente: as eleições de 1896 e a posição dos republicanos vitoriosos depois disso. Este paralelo pode conter uma poderosa lição para os dias de hoje. Em ambas as eleições, o centro das atenções da campanha não foi o vencedor: McKinley despertou tão pouco entusiasmo popular como Lyndon Johnson. O ponto fulcral foi o perdedor.

Há semelhanças notáveis entre Barry Goldwater e William Jennings Bryan, as suas respetivas campanhas e as suas derrotas. Ambos visavam uma coligação dos descontentes. Ambos encarnaram, na sua justa confusão, a frustração e perplexidade de muitos americanos face às mudanças velozes e implacáveis que tinham derrubado todos os pontos de referência do mundo a que estavam habituados. Ambos exploraram o fanatismo, apesar de o rejeitarem publicamente. Ambos representavam o fundamentalismo — ou seja, a recusa de pensar — como uma filosofia política considerada. Ambos dependiam da sua estratégia em relação ao Sul rural e à sua revolta. Ambos alienaram assim grandes números do único grupo de que tanto necessitavam para vencer: o novo centro de poder. Em 1896, eram os trabalhadores industriais qualificados — fundidores, impressores, operadores de gruas nas siderurgias; em 1964, era a jovem classe média de técnicos, profissionais e gestores.

Mas também os vencedores se encontraram em posições muito semelhantes. Ao escolher Lyndon Johnson, como ao escolher McKinley, o povo americano votou *contra* a irresponsabilidade, a insensatez, a dissensão e o fanatismo. Não votaram *a favor* de um homem e muito menos *a favor* de questões, programas e políticas. Em ambas as eleições, o vitorioso era o último da sua linhagem. Tal como o Sr. Johnson é o último New Dealer, McKinley era o último veterano da Guerra Civil a atingir a proeminência política. Tal como o Sr. Johnson atualmente, McKinley, em 1896, encontrava-se num mundo novo e alienígena — com um novo centro de poder e sem novas questões para ocupar o lugar dos velhos *slogans* da Reconstrução.

A oportunidade

A comparação com 1896 sugere também que umas eleições deste tipo criam uma tremenda oportunidade. É um grande trauma emocional, que arranca as pessoas dos seus velhos ancoradouros políticos e as coloca à deriva — prontas para serem apanhadas por novas correntes. Obriga as pessoas que normalmente reagem à política em termos de simples clichés — a grande maioria para quem a política é apenas de importância periférica — a reexaminarem a sua posição. No seu conjunto, o ano que passou desde o homicídio do Presidente Kennedy até à eleição do Presidente Johnson foi um ano de choque, autoquestionamento, incertezas tais que certamente deixarão efeitos duradouros. E demonstrou até aos mais nostálgicos que não se pode voltar ao passado. Como resultado, existe uma vasta consciência da necessidade de algo novo, bem como recetividade para tal.

O choque emocional de 1896 foi utilizado por Mark Hanna para forjar uma nova e duradoura maioria, construída em torno dos trabalhadores industriais qualificados em aliança com as empresas e com os agricultores comerciais de sucesso. Ao conceber este alinhamento em torno do «*full dinner pail*», ou seja, em torno de questões estritamente económicas, Mark Hanna determinou o carácter da política americana para 65 anos seguintes.* Pouco depois de Hanna, Teddy Roosevelt agarrou a oportunidade de inovação política. Apresentou um programa político totalmente novo — um programa que criou um governo

* Hanna é lembrado (se o for, de todo) como o vilão numa encenação de moralidade política e como o protótipo de todos os «capitalistas» maléficos, fumadores de charutos e malvados que alguma vez tentaram desapossar uma pobre viúva e seduzir a sua filha. Mas foi um dos organizadores mais eficazes do poder político na nossa História, suplantado talvez apenas por Jefferson. Remodelou um partido republicano que se tinha tornado totalmente frouxo e sem vida, há 30 anos a viver das memórias da Guerra Civil e dos despojos da Reconstrução, para um novo partido maioritário de uma América industrializada. Foi provavelmente o primeiro político a perceber que a América se tinha tornado uma sociedade industrial, e certamente o primeiro a compreender o tremendo potencial de criação de riqueza de uma economia industrial. Isto levou-o a tornar-se fundador da Associação Nacional de Fabricantes (NAM), mas também padrinho da recém-nascida Federação Americana do Trabalho e mecenas do jovem Sam Gompers. Hanna (um homem honesto e honrado, por sinal) é provavelmente a figura menos conhecida e mais subestimada da História política americana.

presidencial forte e positivo para enfrentar as novas questões do Estado Providência e do controlo social da atividade económica.

Em retrospetiva, estas façanhas podem parecer fáceis, senão inevitáveis. Mas, na altura, eram inconcebíveis para a maioria dos americanos. E o mundo de 1896, que para nós parece tão simples, apresentava-se aos homens daquela época (como qualquer leitor de *The Education of Henry Adams* se pode lembrar) como complexo para além da compreensão humana.

Hoje espera-nos uma oportunidade semelhante. O homem capaz de a agarrar poderia muito bem ser Lyndon Johnson. No primeiro ano em que sucedeu à Presidência, Lyndon Johnson provou ser eficaz, astuto, enérgico e autoconfiante.

Ainda assim, terá o Sr. Johnson a coragem, a visão — sobretudo, a autodisciplina — para enfrentar o novo, o difícil, o controverso? Ou será que a sua virtuosidade na gestão dos velhos alinhamentos e das velhas questões o manterá ocupado a fazer as tarefas do passado em prol do consenso nacional do passado? Se Lyndon Johnson perder dessa forma a sua oportunidade, então os homens ainda desconhecidos que irão reconstruir um segundo partido apoiado na desordem do GOP terão uma oportunidade única de forjar uma nova maioria para lidar com as novas questões, pois ninguém — nem Johnson, nem Goldwater, nem ninguém — conseguirá fazer com que este país regresse ao passado, agora que se deu esta viragem política nas eleições de 1964.

CAPÍTULO SETE

A Arte Secreta de ser um Presidente Eficaz

DE ACORDO COM os oradores da campanha, o nosso próximo Presidente será um homem prodigioso. Será, acima de tudo, um estadista. Será também um administrador de primeira classe, dedicado a governar eficientemente. A sua filosofia política será sólida. (Solidamente liberal ou conservadora, mas em todo o caso sólida.) Ao ouvi-los, ficamos com a impressão de que ele é, talvez, imbuído daquela qualidade elusiva, a «grandeza».

Estes são os termos em que discutimos sempre os nossos candidatos — e, de facto, será bom para todos nós se o vencedor de novembro próximo se mostrar dotado destas bênçãos. Mas não são elas que vão decidir se ele vai ser um sucesso ou um fracasso. Isso dependerá de algo diferente, que raramente é mencionado durante qualquer campanha: a sua eficácia.

Toda a nossa experiência nos diz que um Presidente precisa, acima de tudo, de ser eficaz. Nenhum Presidente eficaz na nossa História foi um fracasso, quaisquer que sejam as suas convicções ou a sua atitude pessoal. Nenhum Presidente ineficaz foi alguma vez bem-sucedido, por mais grandioso que seja um homem ou por mais corretas que sejam as suas políticas.

Polk e McKinley, por exemplo, não eram propriamente homens notáveis, mas foram Presidentes bastante eficazes. Herbert Hoover, um homem grandioso, não o foi. Tão-pouco John Adams, embora fosse um homem verdadeiramente extraordinário e um estadista, ainda por cima. O Sr. Truman, por outro lado, nunca se considerou um grande homem, mas aprendeu a ser um Presidente altamente eficaz.

Isto é algo que qualquer pessoa razoavelmente inteligente pode aprender, pois 80% deve-se a um sistema. A nossa História mostra-nos que um Presidente eficaz faz sempre três coisas. Primeiro, organiza o trabalho de modo a poder concentrar-se no seu trabalho decisivo — que não é a administração, mas a liderança política. Segundo, concentra a política americana nas questões que são

Publicado pela primeira vez na *Harper's Magazine*, em agosto de 1960.

relevantes para a situação — não naquelas que se enquadram no seu programa ou nas suas convicções políticas. Finalmente, tem uma visão tão abrangente do seu próprio gabinete e do povo americano que nunca tenta «vender» nada: exige.

A administração de Eisenhower tentou uma grande inovação política: uma nova organização da função e do trabalho do Presidente. Não resultou. Eisenhower, o homem, desfrutou desde o início de uma tremenda popularidade. Eisenhower, o Presidente, só se tornou realmente eficaz depois de ter perdido Sherman Adams e John Foster Dulles, os seus dois «comandantes cénicos» ou «diretores-gerais». Esta perda forçou-o a tornar-se um líder político, em vez do administrador apolítico que tinha tentado ser. O homem não mudou, mas o seu papel e impacto, sim, provando, desta forma, mais uma vez, que a eficácia presidencial depende mais do sistema do que da personalidade.

Este tipo de sistema não tem nada de misterioso. Todas as nossas administrações eficazes organizaram o seu trabalho praticamente da mesma forma, desde aquele milagre que construiu uma nação, o primeiro mandato de George Washington, até ao primeiro mandato «New Deal» de Franklin D. Roosevelt.

No que diz respeito ao cargo do Presidente — o seu papel enquanto chefe de Estado, chefe de governo e comandante-chefe —, os requisitos para a eficácia são bem conhecidos.

Em primeiro lugar, não pode haver nenhum substituto para o Presidente no sistema americano, nenhum «adjunto», nenhum «diretor-geral», nenhum «chefe de gabinete». Todos os nossos Presidentes eficazes tomavam sempre eles próprios as grandes decisões; não se limitavam a dizer «sim» ou «não» a uma recomendação feita pelo seu pessoal. Cada um deles, de uma forma ou de outra, promoveu aquilo que George Washington logrou quando pediu a Hamilton e Jefferson as suas recomendações individuais sobre o mesmo tópico: uma exposição completa de todas as alternativas, e não uma recomendação conjunta de um compromisso inócuo e ineficaz.

Contudo, para além de tomar decisões, um Presidente eficaz não faz nada. Ele delega todo o trabalho. E delega apenas a indivíduos. Não está nem um pouco interessado em ter uma «equipa harmoniosa»; quer homens fortes, independentes e ambiciosos capazes de fazer o seu trabalho. Confia uma decisão ou ação a uma comissão apenas se realmente não quiser nenhuma delas.

O próximo Presidente terá seriamente de restaurar a responsabilidade individual em todo o governo. Este está atualmente paralisado por um tecido adiposo degenerativo de comités, coordenadores, assistentes especiais e conselheiros, todos ocupados a «fazer mais um estudo», mas impotentes para agir. Temos áreas — por exemplo, o Brasil — de responsabilidade partilhada de tantas maneiras que ninguém pode fazer nada. No final, o Presidente tem de ir pessoalmente resolver assuntos que um chefe de secção do Departamento de Estado costumava eliminar adequadamente em tempos idos menos «eficientes», mas mais eficazes.

Nem mesmo o mais forte e mais influente membro ou conselheiro do Gabinete é «colega» nem «amigo» do Presidente. Um Presidente só tem subordinados. Estes são as suas ferramentas. São também dispensáveis. O único «homem indispensável» é o próprio Presidente.

Mas a função do Presidente vai muito além dos deveres formais do seu cargo. E a eficácia nesta outra parte extra constitucional do seu trabalho pode ser ainda mais importante. O Presidente deve ser capaz de escapar ao colete-de-forças dos canais oficiais. Tem de ser capaz de incorporar o mundo exterior na sua visão e imaginação. Para isso, precisa de um corpo de olhos e ouvidos não oficiais e voluntários no exterior e independentes tanto do governo como do partido. Todos os presidentes eficazes tiveram alguém que se encarregasse dos afazeres indispensáveis, tal como a Sra. Roosevelt fez para o marido.

Cada um deles era capaz de fazer esperar o seu secretário de Estado durante horas na antecâmara do gabinete enquanto dava ouvidos a algum insignificante missionário do Congo ou (como fez Lincoln, para grande escândalo dos virtuosos) aos parentes rebeldes da sua esposa que pertenciam à Confederação. Cada um deles também sabia que é difícil construir esta rede de olhos e ouvidos — especialmente porque é melhor que seja constituída por pessoas que veem as coisas de forma diferente do Presidente e que pensam por si próprias.

Um Presidente eficaz é sempre um político ativo. «O Presidente é o chefe do seu partido», está escrito em tudo o que é manual. Mas esquecem-se de acrescentar que um Presidente eficaz deve criar os alinhamentos políticos que formam um «partido» a partir do turbilhão enlouquecedor de grupos, interesses, antecedentes nacionais e laços religiosos, tradições, lealdades pessoais e convicções, que — para desespero dos ordeiros teóricos da política — é a matéria-prima da política americana.

Dizer que um Presidente deveria estar «num plano superior ao da política» é tão disparatado como dizer que um violinista deveria estar num plano superior ao do afinar das cordas e de pôr resina no arco. É certo que nenhum Presidente eficaz é um «bom homem do partido». Ele não pretende agradar ao seu partido; tenta dar-lhe uma nova forma, novos líderes, nova direção e novos alinhamentos, mas tudo isto requer uma atitude política sagaz e agressiva.

Um Presidente «não político» — um Grant ou um Hoover — simplesmente entrega os assuntos aos delegados do partido. O fracasso de Eisenhower em criar o «partido republicano moderno» que outrora proclamara foi o resultado inevitável de ter sido, durante a maior parte dos seus oito anos de mandato, «não político». Com efeito, não há conflito entre ser um político e ser um estadista no sistema americano. Para se tornar um estadista, um Presidente tem, primeiro, de ser um político verdadeiramente competente.

Como recorrer a peritos

Por último, para ser eficaz, o Presidente precisa de «homens de ideias» no seu governo — para si próprio, em primeiro lugar.

Mesmo entre os nossos maiores Presidentes, poucos foram pensadores originais. O almirante Rickover dificilmente teria considerado Abe Lincoln «material universitário promissor». O que um Presidente precisa é de uma mente ativa — uma mente interessada nas outras pessoas e nas suas ideias; capaz de encontrar o núcleo de significado num emaranhado de teorias abstratas; rápido a ver onde a imaginação se transforma em tumulto, mas também onde a lógica se transforma em absurdo. Uma mente assim precisa de constante alimento e estímulo através das ideias alheias.

Isto é algo que os peritos geralmente não conseguem fornecer. Eles sabem como melhorar aquilo que já está a ser feito, mas raramente perguntam: o que devemos fazer? O que devemos deixar de fazer?

Os homens de ideias são ainda mais necessários no governo para criar interesse público na política, excitação pública sobre questões, imaginação pública de que coisas novas podem ser feitas.

O «governante» americano que mais uso fez deste tipo de homens não foi um Presidente, mas o general MacArthur enquanto comandante supremo durante a ocupação do Japão. Mas MacArthur deixou-os muitas vezes elaborar políticas, o que não era propriamente das suas competências. Franklin D. Roosevelt estava muito mais próximo da tradição. Os seus homens de ideias tinham pouca influência nas medidas do New Deal e foram abandonados assim que exerceram alguma. Exprimiam ideias e propostas, criando assim controvérsia, excitação e interesse.

O governo, por outras palavras, não pode ser deixado inteiramente nas mãos de peritos, sejam administradores ou políticos. Precisa de homens de ideias que não sejam nem uma coisa nem outra. Atualmente, porém, esses homens não se encontram no governo. Foram asfixiados pelo manto de «zero controvérsia» — um legado de segurança em tempo de guerra e de macarthismo. Não são sequer desejados. Não são seguramente «eficientes». São uma ameaça à administração ordeira e um escândalo para o administrador que raramente se lembra que os procedimentos bem oleados do presente eram as ideias irrefletidas e impraticáveis do passado.

Mas os homens de ideias, e apenas eles, podem fazer com que a política se torne uma dramatização humana. Desta forma, despertam a opinião pública, criando compreensão e compromisso público. E nenhum Presidente pode ser eficaz, a menos que faça a política — a sua política — prender-nos como uma dramatização elevada de homens e ideias.

Organizar um novo partido

As exigências sobre a eficácia do próximo Presidente enquanto político e líder político serão extraordinárias. Seja republicano ou democrata, poderá ter de redesenhar e reconstruir as próprias fundações da coesão partidária e dos alinhamentos políticos. Terá de trazer para a vida pública uma nova geração que chegou à idade adulta desde a Depressão e a Segunda Guerra Mundial. Terá ainda de enfrentar a nova tarefa do Presidente americano: conquistar a aceitação por parte dos povos do mundo não comunista enquanto líder.

As eleições presidenciais podem ainda muito bem-estar dependentes do facto de a coligação de agricultores, trabalhadores e grupos minoritários urbanos do New Deal ainda poder ser mantida. No entanto, por si só, esta coligação já não representa sequer uma minoria decisiva; os agricultores e os trabalhadores manuais são, cada um, uma percentagem muito menor da população do que há apenas alguns anos. E assim que a próxima administração se iniciar, serão forjados novos alinhamentos e os antigos serão cortados pela raiz.

Tudo isto porque as novas questões da política americana não se enquadram nas fronteiras políticas estabelecidas. O mesmo se pode dizer quanto às realidades da estrutura social americana. Nos próximos anos, os agricultores, enquanto grupo de grande interesse, poderão desaparecer da cena política americana. Trabalhadores e gestores podem agrupar-se enquanto representantes do «interesse do produtor» relativamente a políticas económicas básicas. Os «gastadores» podem aprender também a ser «economizadores», e vice-versa. A luta por receitas fiscais que é provável que se inicie poderá mesmo produzir uma nova aliança entre os direitos dos estados. Os sulistas, receosos do controlo federal em questões raciais, podem obter apoio inesperado dos poderosos liberais do Norte que dirigem os programas de crescimento dos estados, cidades e regiões. Estes homens gostam de subsídios federais; mas irão lutar com unhas e dentes pela autonomia fiscal dos governos locais.

Os alinhamentos políticos do presente remontam a tempos muito anteriores a 1932. Franklin D. Roosevelt levou a cabo uma remodelação extensiva, mas a estrutura básica foi concebida uma geração mais cedo pelo mestre de construção política, Mark Hanna — que era, ironicamente, um republicano. Em 1965, porém, termos básicos da política como «trabalho», «negócios», «Sul», ou «agricultor» podem começar a assistir a uma mudança — ou até à perda — do seu significado político. Podem tornar-se cada vez mais irrelevantes. Emergirá uma nova questão central da política interna: a fidelidade da nova maioria ainda não comprometida e ainda politicamente amorfa — a classe média instruída de técnicos, profissionais, gestores e professores.

Estes milagres políticos podem levar muito tempo, se, de todo, chegarem a acontecer, mas a simples possibilidade da sua existência é o suficiente para abalar ambos os partidos existentes. Isto significa que a próxima administração será altamente política. O nosso próximo Presidente terá de escolher entre ser a vítima impotente das manobras dos políticos ou ser, ele próprio, o líder político que irá criar os alinhamentos políticos do futuro.

E isto, claro está, coaduna-se com o «salto geracional» que se avizinha. No final do seu primeiro mandato, o nosso próximo Presidente nomeará para generais e almirantes homens que eram demasiado jovens para servir na Segunda Guerra Mundial. Metade dos nossos atuais dirigentes de topo terão sido substituídos; a idade média deste grupo é agora de 59 anos. Também metade dos nossos atuais dirigentes sindicais já estão na idade normal da reforma (ou já a ultrapassaram). Em busca de mulheres «nacionalmente conhecidas» para colocar num painel de discussão de assuntos públicos, uma das redes de rádio na primavera passada não conseguiu encontrar um único nome que não constasse de uma lista idêntica no final dos anos 30.

Os sucessores são provavelmente homens e mulheres 20 ou 30 anos mais novos — novos líderes e não os tenentes dos antigos que saem. Carreiras meteóricas como as de Richard Nixon e John Kennedy tornar-se-ão comuns na política, bem como nos negócios e nos sindicatos de trabalhadores.

É bastante óbvio que os *slogans* e questões comuns da atualidade farão muito pouco sentido para esta próxima geração. Tanto os «liberais» como os «conservadores» ainda invocam a retórica dos anos 30 — os «direitos do trabalho» ou as «virtudes da livre iniciativa». Mas para as pessoas com menos de 35 anos — e elas constituem um terço da totalidade dos eleitores — esses *slogans* são tão atuais como «Lembrem-se do Maine!». Mesmo a distinção entre os dois Roosevelt, Teddy e Franklin, deve ser para eles tão difusa como a maioria das coisas que tivemos de aprender para um teste de liceu.

Mas ninguém — nem mesmo os próprios membros — parece saber o que a nova geração representa, em que acredita, o que quer. Até agora, não tem nenhum porta-voz — ninguém que faça o que Reinhold Niebuhr, Norman Thomas ou Walter Lippmann fizeram pelos seus pais. A nova geração ainda nem sequer se revoltou. É silenciosa, senão desinteressada.

Contudo, para ser eficaz, o nosso próximo Presidente tem de despertar nesta geração — que irá dar origem tanto à maioria de amanhã como aos seus líderes — o entusiasmo pela política. Deve convencê-la de que a política lida com grandes questões, que se preocupa com o certo e o errado, e não com os procedimentos, com a natureza e o destino do Homem, e não com «quem recebe o quê».

Finalmente, o próximo Presidente terá de conquistar a aceitação enquanto líder da Grande Aliança. Ao contrário do seu antecessor, ocupará o seu cargo sem ser conhecido pela maioria dos nossos amigos no estrangeiro. No entanto, a confiança no Presidente americano é o laço invisível que por si só pode manter unido o mundo não comunista. Se o retirarmos, o nosso poder torna-se uma ameaça para outros países, em vez do escudo que têm em comum. Os nossos amigos noutros países não são eleitores do Presidente americano, mas devem ser seus «seguidores» — *no nosso próprio interesse nacional e no deles.*

Além disso, também no estrangeiro se aproxima de um salto geracional. Os Macmillan, Nehru, De Gaulle, Khrushchev e Adenauer são todos homens que alcançaram a idade adulta nos longínquos tempos anteriores à Primeira Guerra Mundial e pouco se sabe sobre os seus sucessores, exceto que serão muito mais jovens e bastante diferentes.

A liderança dos povos para lá da nossa orla costeira não pode ser conquistada por meio de concursos de popularidade. Deve assentar numa compreensão clara da política e posição americanas. Para o conseguir, porém, é necessário um Presidente orientado para uma liderança política de eficácia invulgarmente elevada.

Estas novas exigências também realçam uma necessidade de questões de relevância. Se o nosso próximo Presidente se agarrar às velhas questões já batidas — aquelas que todas as nossas campanhas políticas continuam a ruminar —, não pode esperar ser eficaz enquanto líder, nem do seu partido, nem dos novos «públicos» no país ou no estrangeiro. Na verdade, estas questões tornaram-se irrelevantes.

Uma lista de prioridades

«Prefiro ser relevante a estar certo» deveria ser o lema de um Presidente eficaz. Uma resposta certa a uma pergunta irrelevante conduz na direção errada, mas a resposta errada a uma questão relevante continua a colocar a tónica onde ela deve estar. E só colocando as questões relevantes é que um Presidente pode ter a esperança de conseguir realizar seja o que for.

Por exemplo, Andrew Johnson não detinha da Presidência nada a não ser um título vazio — e até isso esteve à distância de um voto por impugnação de perder. No entanto, foi ele — e não os republicanos radicais aparentemente todo-poderosos — que estabeleceu o curso da Reconstrução. A sua definição da questão era relevante para o objetivo nacional e para a necessidade de restaurar a União; a visão que os radicais tinham da questão enquanto castigo e vingança era irrelevante.

Herbert Hoover tinha toda a razão nas suas duas crenças básicas: que a economia e a sociedade americanas tinham fundações fortes e sólidas e que os verdadeiros perigos eram as forças demoníacas internacionais escondidas sob a superfície. Mas a definição de Hoover da questão enquanto preservação do padrão-ouro internacional era irrelevante. O que era relevante, interna e internacionalmente, era a preservação dos valores humanos. Na medida em que FDR foi capaz de ver isto com clareza, foi um Presidente eficaz, ao contrário de Hoover.

O que um Presidente considera correto é determinado pelas suas convicções. O que é relevante, contudo, é decidido objetivamente, pela lógica da situação.

Quais são, então, as questões relevantes hoje em dia?

O «isolacionismo» e o «internacionalismo» tornaram-se tão irrelevantes em 1960 como a manutenção do padrão-ouro internacional se havia tornado em 1932. O mesmo se aplica à «ajuda externa». A «interdependência» é agora o facto relevante — interdependência entre a nossa força e a do resto do Mundo Livre; interdependência entre o nosso crescimento económico e o rápido desenvolvimento económico noutros locais; mas também interdependência entre a política externa e interna, na defesa, gestão económica, educação e muitas outras áreas.

A forma como a questão «Capitalismo *versus* Comunismo» tem sido colocada nestes últimos 25 anos já não é relevante. Praticamente qualquer «ismo» atualmente tem condições de produzir bens materiais e conhecimentos técnicos. E nenhum «ismo», pelo simples facto de produzir estas coisas, pode assegurar a sua própria vitória.

A «liberdade contra a tirania» é agora a questão relevante. O facto básico não é o sucesso económico, mas o fracasso humano do comunismo. O Sr. Khrushchev tem razão em considerar que todas as suas siderurgias e mísseis não têm qualquer contrapartida face a Berlim Ocidental. Cabe-nos a nós fazer com que o mundo veja que as siderurgias são secundárias. O que é realmente relevante é a debandada de seres humanos destroçados mal surge a mais ínfima abertura na Cortina de Ferro.

«Paz *versus* Guerra» também se tornou uma questão falsa e muito perigosa. Como John Fischer salientou,* pode facilmente resvalar num argumento para a rendição: guerra significa destruição da raça humana, e isso é insuportável; temos, portanto, de ter paz, mesmo que o preço seja a submissão à tirania comunista durante alguns séculos. É claro que esta não é a verdadeira questão. O que é relevante é como tornar suportável um período prolongado de tensão que não é nem de paz nem de guerra. Num futuro previsível, quem ocupar a Casa Branca não será nem um «Presidente de tempos de guerra» nem um «Presidente de tempos de paz», mas ambos ao mesmo tempo. A nossa capacidade de manter a liberdade, os ideais e a sanidade durante este período será a prova de fogo do nosso carácter e instituições. Tornar esse período habitável para o mundo — tanto através do controlo das armas absolutas como através das tarefas construtivas comuns que geram esperança — tem de ser o objetivo da nossa política externa. Acima de tudo, temos de nos entender a nós próprios, e fazer com que os outros também entendam que o atual tipo de tréguas é a verdadeira alternativa à guerra e que é o único caminho que poderá eventualmente conduzir a uma paz genuína.

Nos assuntos domésticos, o Estado Providência é um facto, enquanto o New Deal já é história. As questões relevantes de hoje são a forma e os valores da nova sociedade que se está a criar rapidamente em todo o mundo por aquilo a que se poderia chamar a Segunda Revolução Industrial. O alcance desta

* John Fischer, em *Harper's* (março de 1960).

revolução é muito mais amplo, o seu impacto mais pesado, a sua propagação muito mais rápida do que a da primeira Revolução Industrial de há 200 anos — que estava, de um modo geral, confinada ao mundo ocidental.

O nosso papel nesta segunda revolução é completamente diferente. A primeira afetou-nos muito tardiamente. A segunda é «*made in the USA*» e desenvolveu-se, em grande parte, devido ao nosso sucesso na resolução dos problemas da primeira. Agora, teremos de encontrar a resposta para muitos problemas desconhecidos.

O nosso próximo Presidente não precisa de muitas propostas específicas. Precisa de novos grandes objetivos e de uma forte orientação para nos mostrar o modo de avançar em direção a eles. A sua função não é «resolver» os novos problemas, mas fazer com que comecemos a solucioná-los. Acima de tudo, tem de criar entendimento, e isto requer dissidência e controvérsia, tanto quanto requer apoio e aprovação. Requer a nossa aceitação das suas prioridades e da sua definição daquilo que são as questões que interessam. O próximo Presidente não tem de estar certo; de facto, ainda ninguém pode dizer o que é «certo» para estas novas tarefas extraordinárias. Porém, tem de ser relevante, e muito.

O persuasor sem rodeios

Há mais um ingrediente para a eficácia presidencial: um Presidente eficaz exige sempre mais do povo americano do que o próprio povo americano julga ser capaz de fazer.

Roosevelt agiu de acordo com este preceito quando, no início de 1942, pediu a produção de 40 mil aviões. Os seus conselheiros mais próximos consideraram-no louco e irresponsável. Eles sabiam que até metade desse número era «absolutamente impossível». Mas FDR tinha razão, e obteve muito mais aviões do que pediu. Lincoln, Wilson, Theodore Roosevelt, cada um à sua maneira, foram igualmente exigentes; e o país esteve sempre à altura.

Todos os nossos Presidentes eficazes eram peritos em relações públicas, incansáveis propagandistas de si próprios e das suas ideias. O mais hábil publicitário de Madison Avenue não chegaria aos calcanhares de Thomas Jefferson.

Mas também sabiam que liderar não se limita a conseguir fazer passar as medidas pelo Congresso ou fazer com que as propostas sejam aceites pelos governos estrangeiros. Significa fazer com que o povo americano perceba que novas tarefas têm de ser abordadas, que as velhas questões têm de ser abandonadas e que hábitos estimados têm de ser desfeitos em prol da preservação dos valores básicos.

Mais a mais, os nossos Presidentes eficazes nunca «venderam».

Todos eles sabiam de forma instintiva aquilo que os últimos anos vieram a comprovar: os Persuasores Dissimulados não persuadem coisa nenhuma.

Desde a grande propaganda da Segunda Guerra Mundial, todas as artes da «venda criativa» têm vindo a ser utilizadas para entusiasmar o povo americano com a política. No entanto, nunca estivemos tão aborrecidos, tão desinteressados, tão teimosos na nossa resistência às vendas. (Quando o Sr. Eisenhower fez uma cruzada contra a «inflação» em 1959, despertou algum interesse público — mas, nessa ocasião, dirigiu-se a nós enquanto adultos.) Os métodos utilizados para vender batom às mentalidades de 12 anos têm deixado a desejar no plano político; uma liderança eficaz não é o *merchandising* de uma imagem de marca.

«O Presidente dos Estados Unidos não vende nada» poderia ser gravado no brasão do Presidente. Os Presidentes eficazes foram demagógicos, mas nenhum Presidente eficaz alguma vez foi insinuante. Todos os Presidentes eficazes sabiam que a sua função não era chegar à «mente das massas», mas sim agitar os rapazes e raparigas mais brilhantes da sua classe. Toda a gente sabia que o Presidente liderava através da visão e não da persuasão, através da coragem e não da popularidade.

O povo americano pode estar mais pronto para essa liderança do que os programas de televisão indicam — e o mesmo pode acontecer com os povos do Mundo Livre e os ouvintes secretos por detrás da Cortina de Ferro. Por muito relutantes que estejamos em admiti-lo, todos sabemos que não há «regresso à normalidade», quer seja a de Franklin D. Roosevelt ou a de Herbert Hoover, a dos americanos para a Ação Democrática ou a das Filhas da Revolução Americana. Preferimos ler previsões sobre o futuro brilhante que se avizinha, mas, na verdade, pela primeira vez desde a chegada de Lincoln como Presidente sem experiência e desconhecido, mesmo o coração mais robusto pode tremer pelo futuro da União.

Estamos, suspeito eu, prontos para uma liderança eficaz por parte do próximo Presidente. Sabemos agora que temos de ser simultaneamente uma «superpotência», para sobreviver, e «a melhor última esperança na Terra», para prevalecer. O clima moral e intelectual do país pode mudar da noite para o dia se, em breve, tivermos um Presidente que tenha uma grande visão da sua função, que se orgulhe, em vez de se assustar com os desafios que se avizinham — um Presidente que exija muito de nós.

CAPÍTULO OITO

Henry Ford

I

A INFLUÊNCIA DE Henry Ford na imaginação dos americanos — aliás, na imaginação das massas de todo o mundo — não se deveu ao seu fabuloso sucesso financeiro. Além disso, só em parte pode ser explicado pelo impacto esmagador do automóvel no nosso modo de vida. Isto porque Henry Ford não é tanto símbolo e encarnação da nova riqueza e da era automóvel como é símbolo e encarnação da nova civilização industrial da produção em massa. Ele representou na perfeição o sucesso desta civilização em termos tecnológicos e económicos; representou igualmente na perfeição o fracasso político desta civilização até agora — o seu fracasso em construir uma ordem industrial, uma sociedade industrial. O problema central da nossa era é definido pelo contraste entre a grandeza funcional da fábrica de River Rouge, na sua perfeição mecânica imaculada, e a amorfia e tensão da selva social que é Detroit. No seu conjunto, ambos compõem o legado de Henry Ford.

Tanto o seu sucesso quanto o seu fracasso podem ser atribuídos ao facto de ser um homem inteiramente representativo da tradição mais nativa e mais dominante de todas as tradições americanas, aquela que encontrou a sua principal expressão política no Populismo. De facto, Henry Ford foi tanto o último populista como talvez o maior que já existiu. Devia todas as suas convicções básicas a Bryan: pacifismo, isolacionismo, ódio ao monopólio e a «Wall Street» e aos «banqueiros internacionais», firme crença numa sinistra conspiração internacional, e assim por diante. Também tornou realidade o grande sonho dos cruzados políticos de 1896: que a produção industrial pudesse servir o comum dos mortais. Este sonho obcecava o povo americano desde Brook Farm e New Harmony de Robert Owen, meio século antes de Bryan.

Publicado pela primeira vez na *Harper's Magazine*, em julho de 1947.

Os populistas tinham acreditado que da eliminação do «monopólio» e do «poder do dinheiro» e das «fábricas satânicas» do industrialismo cruel — tal como estes termos eram entendidos no século XIX — resultaria automaticamente um milénio jeffersoniano. Ford realizou o sonho. Foi bem-sucedido sem o benefício do monopólio; desafiou os grandes banqueiros; deu às suas fábricas uma eficiência limpa e arejada que teria encantado os reformadores do século XIX. Mas, ao realizar o sonho, dissipou-o. No lugar dos velhos inimigos que derrotou, temos hoje, no sistema industrial que Ford tanto fez para desenvolver, novos problemas a enfrentar: a depressão a longo prazo e os problemas políticos e sociais da cidadania industrial nas grandes fábricas. A solução de Henry Ford para os problemas industriais com que o século XIX se debateu sem sucesso constituiu a sua vitória, a sua conquista. A sua incapacidade de resolver os problemas do novo sistema industrial, a sua incapacidade até de ver que esses problemas existiam, foi a medida do seu fracasso final e trágico.

Pode parecer paradoxal interpretar a importância de Henry Ford em termos de um conceito — especialmente um conceito político como o Populismo. Ele próprio não tinha mais do que desprezo por conceitos e ideias e orgulhava-se de não ser nem um teórico nem um político, mas sim um «homem prático». E a principal crítica que foi feita contra ele e contra tudo o que representava — a crítica retratada, por exemplo, nos *Tempos Modernos* de Charlie Chaplin — foi o facto de ter feito da perfeição mecânica um fim em si mesmo. Mas até a sua contribuição para a tecnologia não foi realmente técnica, mas conceptual — muito embora fosse um magnífico homem de produção e engenheiro. Isto porque não inventou nada, nenhuma técnica nova, nenhuma máquina nova, nem sequer uma nova engenhoca. O que ele acrescentou foi *a ideia da própria produção em massa*: organização de homens, máquinas e materiais num só conjunto produtivo.

Também no domínio da economia, Ford não descobriu factos novos; os dados que mostravam o efeito da produção em volume nos custos já tinham todos sido recolhidos e analisados. Mas Ford foi o primeiro fabricante a compreender que estes dados desmentiam a teoria tradicional de que uma produção restrita e uma margem de lucro elevada — ou seja, o monopólio — constituía a forma mais lucrativa de produção industrial. Demonstrou que se podia aumentar os salários, reduzir os preços, produzir em volumes tremendos e, ainda assim, faturar milhões.

Acima de tudo, o próprio Ford considerava as suas realizações técnicas e económicas principalmente como meios para um fim social. Tinha uma filosofia política e social definida, à qual aderiu ao ponto do absurdo doutrinário. A preocupação com os efeitos sociais das suas ações determinou cada um dos seus passos e decisões ao longo de toda a sua vida. Foi esta preocupação que motivou a rutura com os seus primeiros sócios que queriam produzir um carro de luxo para os ricos, em vez de seguirem a ideia obstinada de Ford de um carro utilitário barato para as massas. Motivou também a política salarial radical dos inícios da Ford, que em 1914 fixou o seu salário mínimo no valor então utópico de 5 dólares por dia para mão-de-obra não qualificada. Era igualmente evidente no pacifismo militante ao longo da vida de Ford, do qual o episódio tragicómico Peace Ship de 1915–1916 foi apenas uma manifestação. Manifestava-se no seu isolacionismo, na hostilidade a Wall Street e na panfletagem ruidosa do *Dearborn Independent*, nos anos 20. Esta filosofia social explica os milhões que verteu na «quimurgia» ou nas comunidades utópicas de aldeias de camponeses autossuficientes e robustos. Foi responsável pela sua crença na descentralização e pela sua tentativa nostálgica de recriar a atmosfera de uma América mais antiga e mais simples numa comunidade museu — mesmo ao lado da fábrica de River Rouge.

Quase se poderia dizer que as conquistas de Henry Ford, apesar destas suas movimentações, produziram o tipo de mundo oposto àquele que ele desejava e em que acreditava. Assim, Ford, o pacifista, construiu uma das maiores fábricas de armamento do mundo e ajudou a tornar possível a guerra mecanizada da nossa era. Ford, o isolacionista, mais do que qualquer outro homem, tornou impossível a este país ficar fora da política internacional e das guerras internacionais, pois fez deste país a nação industrial mais poderosa do mundo. Ford, o descentralizador agrário, deixou como obra da sua vida a fábrica de River Rouge, a mais centralizada e mais completamente mecanizada concentração de poder industrial do mundo. O inimigo do capital financeiro e do crédito bancário fez da compra a prestações um hábito nacional. Apesar de ser um jeffersoniano ortodoxo, defendeu a aplicação extrema do princípio da linha de montagem, com a sua subordinação do indivíduo à máquina. E os próprios trabalhadores da Ford Motor Company, cuja produção em massa devia dar segurança económica e plena cidadania industrial a todos, organizaram antes da sua morte o sindicato mais ciente da sua classe de toda a América — e dominado por comunistas.

No entanto, seria errado argumentar, como fizeram os obituários de forma bastante condescendente, que as ideias sociais fracassadas de Ford não eram mais que «passatempos excêntricos». A trágica ironia com que cada ação sua acabou por se virar contra ele não altera o facto de que foram as primeiras, e até agora as únicas, tentativas sistemáticas de resolver os problemas sociais e políticos de uma civilização industrial. Tão-pouco restam dúvidas de que o próprio Ford acreditava — certamente até 1941, quando os trabalhadores da Ford votaram a favor da CIO, e talvez mesmo subsequentemente — que tinha realmente encontrado a resposta que o povo americano procurava há quase um século: a realização da sociedade jeffersoniana de independentes em pé de igualdade por meio da tecnologia industrial e da abundância económica.

Também não foi o único a fazer esta apreciação do significado do seu trabalho. Esta era partilhada pelo povo americano no seu conjunto, nos anos imediatamente a seguir à Primeira Guerra Mundial; disso são testemunhas a insistência de Wilson em 1918 para que Ford concorresse ao Senado e a poderosa campanha «Ford para Presidente» de 1923. Este ponto de vista foi também defendido no estrangeiro, especialmente na Europa do início dos anos 20 e na Rússia de Lenine — talvez até fosse mais generalizado lá do que aqui. De facto, foi o desempenho da América de Henry Ford que em 1918 e 1919 deu substância à promessa de Wilson do milénio de paz, democracia e abundância e que estabeleceu a autoridade moral e política da América naqueles anos. Para além disso, o encanto de Ford permaneceu firme muito depois de a promessa de Wilson se ter desvanecido à luz fria das realidades internacionais da década de 1920.

O mundo na altura em que Ford morreu, o mundo após a Segunda Guerra Mundial, estava pelo menos tão encantado com nome de Franklin D. Roosevelt como a geração anterior tinha estado o tinha estado com o nome de Wilson. Mas Henry Ford, em 1946, já não simbolizava uma América que tinha resolvido com sucesso os problemas sociais básicos de um mundo industrial. Representava antes a falta de uma solução. E isso certamente explicava, em grande medida, a diferença entre 1919 e 1947 na aceitação e na eficácia da liderança moral e económica da América.

II

Henry Ford foi buscar a correia transmissora e a linha de montagem à indústria de acondicionamento de carne, onde já eram utilizadas de forma generalizada em 1880. A permutabilidade de peças de precisão era um princípio ainda mais antigo; remontava à fábrica de espingardas que Eli Whitney construiu em Bridgeport para a Guerra de 1812. A ideia de decompor um trabalho qualificado nos módulos elementares que o constituem, para que pudesse ser executado por homens não qualificados a trabalhar em série, tinha sido explorada em profundidade — por Taylor entre outros — e tinha sido amplamente utilizada na indústria americana 20 anos antes da entrada em cena de Ford, por exemplo, pela Singer Sewing Machine e pela National Cash Register. No entanto, associamos todos estes princípios a Henry Ford. E com razão, pois cada um deles tinha sido utilizado apenas como auxiliar do processo de fabrico tradicional. Foi Ford que primeiro os combinou e a partir deles desenvolveu, consciente e deliberadamente, um novo conceito de produção industrial, uma nova tecnologia. Foi este novo conceito de produção em massa que, em pouco mais de uma geração, nos deu uma nova civilização industrial.

Para Ford, a importância deste novo princípio reside no seu impacto na sociedade enquanto forma de produzir uma abundância de bens baratos com o mínimo de esforço humano e de trabalho árduo. No entanto, considerava a própria produção em massa algo puramente técnico, simplesmente como um novo método de organização das forças *mecânicas*. Os discípulos, herdeiros e imitadores de Ford, os engenheiros e homens de produção que ainda hoje dirigem as nossas grandes indústrias, estão certamente tão convencidos como o seu mestre de que a produção em massa é uma técnica mecânica; muitos utilizam-na como se fosse uma mera engenhoca. E Charlie Chaplin espelhou a mesma visão quando, nos *Tempos Modernos*, caricaturou a nossa civilização industrial moderna.

Mas se a produção em massa fosse, de facto, apenas uma técnica, e principalmente mecânica — se fosse diferente em grau, mas não em espécie da polia, da alavanca ou da roda —, só poderia ser aplicada a tarefas mecânicas semelhantes àquelas para as quais foi desenvolvida inicialmente. Mas, muito antes da Segunda Guerra Mundial, os princípios de produção em massa eram utilizados para trabalhos como a separação e o processamento de encomendas numa casa de venda por correspondência e o diagnóstico de pacientes na Clínica Mayo. Até Henry Luce os utilizou com sucesso para organizar escritores — tradicionalmente considerados como individualistas extremistas — para a produção em massa de «fórmulas escritas» intercambiáveis. Durante a Segunda Guerra Mundial, aplicámos princípios de produção em massa a milhares de novos produtos e processos e a problemas tais como a seleção e formação de homens nas forças armadas. Em todas estas utilizações, os mecanismos da linha de montagem são puramente subordinados, se é que, de facto, são aplicados. Por outras palavras, a produção em massa não é, fundamentalmente, um princípio mecânico, mas *um princípio de organização social*. Não coordena as máquinas ou o fluxo de peças; organiza os homens e o seu trabalho.

A importância de Ford reside precisamente no facto de o seu princípio de produção em massa substituir a coordenação dos seres humanos pela coordenação das partes inanimadas e das forças mecânicas sobre as quais a indústria estava originalmente baseada. Quando falamos da Revolução Industrial, pensamos imediatamente no motor a vapor de Watt. É verdade que a Revolução Industrial foi muito mais do que máquinas novas, mas a máquina a vapor é um bom símbolo dela, porque a essência dos primórdios da indústria era a nova organização das forças mecânicas. No entanto, a produção em massa baseia-se na organização dos seres humanos e do seu trabalho — algo radicalmente diferente de tudo o que foi desenvolvido nos primeiros tempos da indústria. Na verdade, provocou uma nova Revolução Industrial. A linha de montagem é um símbolo de um novo princípio de organização social, uma nova relação entre homens que trabalham em conjunto numa tarefa comum, ou até para um propósito comum.

Este princípio da produção em massa organiza os homens com base em quê? Que tipo de sociedade pressupõe ou cria? Pressupõe ou cria uma sociedade em que as coisas são produzidas através da cooperação dos indivíduos, e não por um único indivíduo. Sozinho, o indivíduo na indústria moderna de produção em massa é completamente improdutivo e ineficaz. Mas o grupo organizado produz mais, melhor e mais eficazmente do que qualquer indivíduo ou qualquer número de indivíduos que trabalhem por si próprios alguma vez poderiam produzir. Nesta sociedade, o todo — o grupo organizado — é claramente não só mais, mas também diferente da soma das suas partes.

Prova disso é o que acontece quando alguém perde o lugar no grupo organizado ou o acesso ao organismo produtivo; por outras palavras, quando fica desempregado. Nas condições modernas de produção em massa, alguém que perca o emprego não fica em desvantagem apenas do ponto de vista económico; de facto, num país rico como o nosso, as consequências económicas diretas do desemprego podem ser minimizadas quase a ponto de desaparecerem. Porém, ele é incapaz de produzir o que quer que seja, de ser eficaz na sociedade; em suma, é incapaz de ser um cidadão; é excluído. Com efeito, ele deriva a sua produtividade, a sua função na comunidade, a cidadania — pelo menos a sua cidadania efetiva e não meramente formal — da sua posição no esforço de grupo da equipa, no organismo produtivo.

Aliás, é este efeito social do desemprego, mais do que o efeito económico, que faz dele a grande catástrofe que é. O facto de o desemprego pôr em perigo os padrões de vida das pessoas já é, sem dúvida, suficientemente mau; mas pôr em perigo a sua cidadania e o seu amor-próprio é que constitui a verdadeira ameaça e é o que explica o nosso medo aterrador de uma «próxima depressão».

Nas sociedades das fábricas de produção em massa modernas, a eficácia de cada indivíduo deriva da sua posição no esforço de um grupo organizado. Deste facto decorrem algumas consequências importantes. Uma delas é que sociedade dessas precisa de um governo, de uma direção, de uma gestão que não é responsável perante um grupo de interesses especiais ou indivíduo, mas sim perante o objetivo geral, a manutenção geral e o reforço do todo sem o qual nenhum indivíduo, nenhum grupo de interesses especiais, poderia ser eficaz. Segue-se também que, numa sociedade deste tipo, tem de haver uma classificação: uma diferença de autoridade e prestígio baseada na diferenciação de funções. Ao mesmo tempo, numa sociedade assim, nenhum indivíduo é menos importante ou mais importante do que outro, pois embora ninguém seja insubstituível — apenas a relação organizada entre indivíduos é insubstituível e essencial —, cada operação, cada função, é igualmente necessária; toda a ordem entraria em colapso, toda a máquina produtiva pararia, caso se tirasse uma função, um trabalho — tal como uma corrente se torna inútil se lhe retirarmos um elo. É por isso que, numa sociedade dessas, deveria haver simultaneamente uma desigualdade de subordinação e comando, baseada na diferenciação de funções, e uma igualdade básica, baseada na filiação e cidadania.

Esta não é, de modo algum, uma organização social inovadora; pelo contrário, é bastante antiga. Já era descrita na antiga fábula romana reproduzida na peça *Coriolanus* de Shakespeare, que comparava a sociedade ao corpo humano, nenhum dos seus órgãos — nem pés, mãos, coração ou estômago — poderia existir ou funcionar por si só, enquanto o corpo não poderia funcionar adequadamente sem nenhum deles. Estava presente nas metáforas medievais da ordem das esferas e da cadeia do ser. E mesmo enquanto forma prática de organizar os homens para a produção económica, o princípio da produção em massa não é novo. De facto, as primeiras aplicações exaustivas da produção em massa e da linha de montagem não foram na fábrica da Ford em Detroit, mas centenas de anos antes e a milhares de quilómetros de distância, nas oficinas dos pedreiros medievais que construíram as grandes catedrais. Em suma, a sociedade de produção em massa, da qual a linha de montagem é o símbolo, é uma sociedade hierárquica.

Isto torna-se evidente quando analisamos aquilo que popularmente passa por uma explicação clara da essência da produção em massa: a afirmação de que substitui mão-de-obra qualificada por mão-de-obra não qualificada. Se for levado à letra, é um puro disparate. Claro que, na produção em massa, a perícia manual é eliminada pela decomposição de cada operação nas tarefas simples que a compõem, com cada trabalhador a realizar apenas uma operação não especializada ou uma série dessas operações. Todavia, isto requer uma perícia extraordinária na análise e na fragmentação da operação. A perícia que deixa de ser necessária nas operações manuais é agora requerida a montante, sob a forma de um conhecimento muito maior, um planeamento muito mais cuidadoso do trabalho; afinal, existe uma lei da preservação da perícia. Além disso, a produção em massa exige uma nova competência: a de organizar e liderar as equipas de humanos. Na realidade, a produção em massa «não qualificada» necessita de uma proporção cada vez maior de pessoas de qualificação mais elevada do que a produção «qualificada». As próprias competências mudaram das do artesão para as do engenheiro, desenhador e capataz, mas o número de mão-de-obra treinada e qualificada na indústria americana tem vindo a crescer duas vezes mais rapidamente desde 1910 do que o de não qualificada e semiqualificada.

Acima de tudo, a cooperação e coordenação necessárias para tornar possível a eliminação da perícia manual pressupõem um nível extraordinariamente elevado de perícia e compreensão sociais, de experiência no trabalho em conjunto. As dificuldades que as nossas fábricas de guerra tiveram com novos trabalhos mostraram isso de forma muito gráfica. Mais a mais, ao contrário da crença popular, não é mais difícil exportar os velhos métodos de produção industrial para um novo país industrial, ainda que esses métodos exijam uma considerável perícia manual por parte dos trabalhadores, do que exportar técnicas de produção em massa em que não é necessária nenhuma perícia manual, mas sim uma grande dose de perícia social.

O que queremos dizer quando afirmamos que a produção em massa se baseia em mão-de-obra não qualificada é simplesmente que o indivíduo se torna eficaz e produtivo apenas através da sua contribuição para o todo, e não se for considerado separadamente. Embora nenhum indivíduo faça todo o trabalho, cada um deles é necessário para que o trabalho seja feito. E o trabalho, o produto final do esforço cooperativo, é mais qualificado do que qualquer coisa que a pessoa mais qualificada pudesse ter produzido sozinha. Como em qualquer sociedade hierárquica, não há uma resposta na fábrica de produção em massa para a pergunta «quem faz o trabalho»; mas também não há uma resposta para a pergunta «quem não faz o trabalho», pois todos têm nele uma parte ativa.

Havia muitas indústrias, mesmo nos anos 40, que não utilizavam o princípio da produção em massa. Entre elas estão algumas das mais eficientes, por exemplo, as modernas fábricas de algodão (nas quais um trabalhador pode gerir muitos teares) e muitas das nossas indústrias químicas (nas quais um trabalhador pode desempenhar uma série de funções diferentes). No entanto, as indústrias de produção em massa eram representativas da indústria americana como um todo porque expressavam na sua forma mais pura a essência da produção industrial, ou seja, um princípio de organização social. A verdadeira Revolução Industrial dos nossos dias — aquela que Henry Ford liderou e simbolizou — não foi uma revolução tecnológica, não se baseou nesta ou naquela máquina, nesta ou naquela técnica, mas na coordenação hierárquica dos esforços humanos que a produção em massa realiza na sua forma mais pura.

III

É compreensível que os discípulos e os imitadores de Henry Ford não se tenham apercebido das implicações políticas e sociais da produção em massa até ao momento em que por elas se viram confrontados na forma de movimentos sindicais agressivos, e muitas vezes nem mesmo nessas alturas se aperceberam. Isto porque a maioria destes homens estavam apenas preocupados com problemas técnicos e acreditavam realmente na eficiência mecânica enquanto um fim em si mesma. Mas a própria cegueira de Henry Ford não pode ser atribuída a uma falta de preocupação social ou política — nem sequer a uma falta de imaginação social ou política. A verdadeira explicação é que Ford estava exclusivamente preocupado com a solução dos *problemas sociais e políticos da civilização industrial pré-Ford, pré-produção em massa*. E dado que as suas respostas resolveram realmente estes problemas, ou pelo menos o mais importante, nunca lhe passou pela cabeça submeter esta sua resposta, por sua vez, a uma análise social e política. O seu olhar estava firmemente fixo na realidade industrial da sua própria juventude — a realidade industrial contra a qual o Populismo se tinha revoltado em vão. Nunca chegou propriamente a ver aquilo que ele próprio tinha criado. Como disse uma vez um alto funcionário da sua empresa: «O que o Sr. Ford realmente vê quando olha para River Rouge é a loja de máquinas em que ele começou a trabalhar em 1879».

Embora Henry Ford possa nunca ter ouvido falar de Brook Farm, da New Harmony de Robert Owen ou de qualquer das dezenas de comunidades utópicas que tinham povoado o Midwest apenas alguns anos antes do seu nascimento, em 1863, esses eram os seus antepassados intelectuais. Ele começou onde eles tinham parado e foi bem-sucedido onde eles tinham falhado. O *Chicago Tribune* do coronel McCormick chamou-lhe «anarquista» nos dias de caça aos vermelhos, em 1919, quando o termo significava mais ou menos o que «comunista» significaria hoje no mesmo jornal. Contudo, apesar do absurdo óbvio da acusação, o júri atribuiu a Ford apenas seis cêntimos de indemnização quando este processou o jornal por difamação, visto que ele era, indiscutivelmente, um radical. Tornou-se avesso à mudança a partir de 1932, quando o trabalho da sua vida se revelou um fracasso na sua incapacidade de produzir a sociedade estável e feliz com que tinha sonhado. Mas o Henry Ford dos primórdios do Modelo T era um iconoclasta que atacava a ordem estabelecida de J. P. Morgan e do partido republicano de Mark Hanna, em nome da moralidade e da ciência.

As utopias das décadas de 1830 e 1840 foram, em si mesmas, reações a um fracasso: a tentativa abortada durante a administração de Jackson de trazer de volta à América a inocência perdida da sociedade jeffersoniana de agricultores independentes autossuficientes. Os utópicos já não esperavam eliminar a divisão moderna do trabalho ou sequer a indústria. Pelo contrário, veiculavam a promessa de conseguir para a humanidade todos os benefícios da produtividade industrial, mas sem ter de pagar o preço da sujeição ao «poder do dinheiro» ou ao «monopólio» ou de ter de trabalhar nas «fábricas satânicas» do grandioso e amargo poema de Blake. Estes deveriam ser eliminados por uma mistura de sentimentos piedosos, regulamentos comunitários e ciência social.

De todos os utópicos, só os mórmones sobreviveram — e só fugindo da terra dos gentios. Mas embora tenham falhado, Brook Farm, New Zion, New Harmony e todas as outras tentativas de uma Jerusalém industrial americana, deixaram uma marca muito profunda na consciência do povo americano. Nem Fourier, cujas ideias deram origem a Brook Farm, nem Robert Owen eram americanos. No entanto, é possível, e até provável, que a mistura de sentimentos sinceros, semirreligiosos e confiança num princípio «científico» tão típico do «reformador» ou «radical» americano tenha as suas raízes em camadas da nossa História muito mais antigas e profundas do que as utopias. Mas é certo que as utopias determinaram a forma específica que o radicalismo americano deveria assumir durante todo um século. Forneceram os alvos, os gritos de batalha e as armas para o Populismo, para a Nova Liberdade de Wilson e até mesmo para grande parte do New Deal inicial (tal como a magia do ouro «científico» de 1933). Estiveram na origem de Henry George, Bellamy e das leis *antitrust*. Moldaram as crenças e as esperanças do império interior da América no Midwest. Mas não passaram de gestos fúteis de revolta até ao aparecimento de Henry Ford.

Hoje sabemos que temos na depressão e no desemprego problemas económicos muito mais graves do que os «monopólios» ou o «poder do dinheiro» alguma vez foram. Vemos com toda a clareza que a produção em massa cria tantas novas questões sociais e políticas quantas as que responde. Hoje compreendemos que, como solução *final* para os problemas de uma civilização industrial, a solução de Henry Ford é um fracasso.

Mas a produção em massa de Ford não se destinava a estes novos perigos, mas aos demónios tradicionais do radicalismo americano. E estes, de facto, conseguiu exorcizar. Ford conseguiu provar que a produção industrial pode ser produção *para* as massas — em vez de produção em benefício de monopolistas ou banqueiros. Ainda para mais, mostrou que a produção mais rentável é a produção para as massas. Demonstrou que a produção industrial podia dar aos trabalhadores um poder de compra crescente para comprar produtos industriais e viver num padrão de classe média; esse era o significado do seu revolucionário salário mínimo de 5 dólares por dia.

Finalmente — e para ele o mais importante —, provou que, devidamente analisada e manuseada, a produção industrial libertaria os trabalhadores de uma árdua labuta. Em condições modernas de produção em massa, o trabalhador está confinado a uma operação de rotina que não requer nem habilidade, nem coragem, nem esforço mental. Este facto não teria transparecido a Henry Ford enquanto defeito fatal, mas sim como uma realização suprema, pois significava que — em contraste com a tradição das «fábricas satânicas» — a perícia, a inteligência e a força do trabalhador estariam totalmente disponíveis para a sua vida comunitária fora da fábrica e após o horário de trabalho, enquanto cidadão jeffersoniano independente.

Também em Brook Farm, a «vida real» correspondia à «comunhão dos espíritos» à noite, após um dia de trabalho. Todavia, o trabalho exigia tanto tempo e esforço que a «vida real» só podia ser vivida negligenciando o trabalho. A produção em massa reduz tanto o tempo como a energia necessários para o trabalho diário, de modo a dar ao trabalhador muito mais espaço de manobra para esta «vida real». Não admira que Ford — o Ford de 1919 — estivesse convencido de que tinha construído uma «Nova Jerusalém» sobre uma fundação permanente de aço, betão e autoestradas de quatro faixas.

IV

A tragédia pessoal de Ford foi viver o tempo suficiente para assistir ao desmoronar da sua utopia. Foi forçado a abandonar o seu princípio económico básico — o da produção mais barata possível do bem mais utilitário. Primeiro, eliminou o Modelo T, em 1927. Cinco anos mais tarde, abandonou o Modelo A e adotou a mudança de modelos anual que substituiu o apelo do mais barato e útil pelo apelo do prestígio e da moda. Quando o fez, tornou-se apenas mais um fabricante de automóveis entre tantos outros. Mesmo assim, a sua quota no mercado caiu de quase metade em 1925 para menos de 20% em 1940. Ainda mais decisivamente provado foi o seu fracasso em dar aos trabalhadores a cidadania industrial; em 1941, os trabalhadores da Ford votaram a favor da adesão ao CIO na razão de quase três para um.

Até à hora em que os resultados foram anunciados, diz-se que o velho Ford acreditava firmemente que os «seus» trabalhadores nunca votariam a favor de um sindicato. Recusou-se sempre a tomar consciência da sua derrota, convencendo-se a si próprio de que o seu declínio estava a ser causado por conspirações sinistras e não por falhas na estrutura da comunidade que ele próprio tinha construído. Esta tendência para procurar demónios personificados — mais um legado dos utópicos — tinha-se revelado muito cedo nas tiradas do *Independent* de Dearborn contra banqueiros internacionais, Wall Street e os judeus durante a década de 1920. Tornou-se a base da sua luta contra os sindicatos durante os anos 30. Também explica provavelmente porque é que Harry Bennett, que tinha começado como chefe da polícia da fábrica, se tornou o indivíduo mais poderoso da organização Ford dos anos 30 e o único que realmente parecia gozar da confiança do velhote. Mas a vitória sindical, seguida pouco depois pela sindicalização dos capatazes, deve ter atingido Henry Ford como um repúdio por tudo o que ele pensava ter conseguido, e tinha conseguido principalmente para os trabalhadores. Os últimos anos do velho Ford devem ter sido, de facto, muito amargos.

A lição a retirar do fracasso derradeiro de Ford é que não podemos esperar resolver os problemas da sociedade da produção em massa através de dispositivos tecnológicos ou alterando a economia da distribuição. Estas foram as duas abordagens em que todo o pensamento do século XIX se baseou, sejam ortodoxas ou rebeldes. Henry Ford foi o mais longe possível dentro destas linhas.

Por ora, os resultados políticos das conquistas de Ford foram extraordinários. Desempoeirou a crítica socialista e a sociedade capitalista. Neste país, trouxe a mudança da ação política inflamada de Eugene Debs para o moralismo politicamente impotente de Norman Thomas; na Europa continental, converteu a social-democracia de um credo de luta milenar numa respeitável, mas tímida, burocracia. Ainda mais reveladora foi a reação da Rússia comunista à Ford. Nos anos 20, os russos tiveram de acrescentar às expectativas messiânicas de Karl Marx a promessa de conseguir eventualmente numa sociedade socialista o que Ford já tinha conseguido numa sociedade capitalista: uma oportunidade para os trabalhadores conduzirem até à fábrica nos seus próprios carros e trabalharem de colarinho e gravata, sem ficarem com calos nas mãos. E até 1929, como se afirmava em todas as reuniões da Terceira Internacional, os comunistas estavam completamente convencidos de que a América de Ford tinha, de facto, resolvido os problemas básicos do capitalismo e tinha restaurado a sua ascendência em todo o mundo. Só depois da Grande Depressão é que os líderes comunistas foram capazes de revitalizar o seu credo, fazendo com que parecesse capaz de fazer aquilo que não pode fazer: resolver, pela pura força do Estado policial, os novos problemas pós-Ford da sociedade industrial, tal como surgiram após 1929.

À medida que nós, na América, enfrentamos estes problemas, apercebemo-nos de que os problemas económicos não serão os mais difíceis. De facto, o principal problema económico do nosso tempo — a prevenção de depressões — deveria ser resolvido por meios basicamente mecânicos: adaptando as nossas práticas laborais, fiscais e orçamentais ao período da produção industrial — ou seja, ao ciclo económico. Muito mais desconcertante, e mais básico, é o problema político e social com que o industrialismo do século XX nos confronta: o problema do desenvolvimento da ordem e da cidadania dentro da fábrica, da construção de uma sociedade industrial livre e autónoma.

O facto de Henry Ford, após o seu soberbo sucesso, ter falhado de forma tão significativa — de que hoje em dia existe um contraste tão gritante entre a sua utopia social e a nossa realidade social — enfatiza a magnitude da tarefa política que temos perante nós. Mas por muito traiçoeira que seja a selva social da sociedade de produção em massa pós-Ford, por muito grande que seja o perigo de desembocar em guerra civil e tirania, os males do século XX que Henry Ford nos legou podem muito bem ser menos temíveis do que os males do século XIX que ele venceu.

CAPÍTULO NOVE

O Génio Americano é Político

I

O GÉNIO DO povo americano é político. A única figura verdadeiramente santa que este país produziu, o único nome que simboliza uma «vida plena» para a maioria dos americanos, o único homem cuja própria vida foi dedicada a dirigir a atividade humana para um objetivo superior, foi um político: Abraham Lincoln.

A frase que para os americanos expressa a essência da sua sociedade desde os seus primórdios é uma promessa política: a «igualdade de oportunidades para todos os rapazes americanos de chegarem a Presidente». Basta traduzir o *slogan* — por exemplo, numa promessa de «igualdade de oportunidades para todos os rapazes de chegarem a primeiro-ministro» — para ver, pelo contraste, que é um *slogan* exclusivamente americano, e isto não porque a promessa de igualdade de oportunidades em si seria absurda, mas porque só neste país a esfera política é a esfera significativa dos valores sociais.

A própria nação americana foi formada a partir de uma multitude de diversas tradições de outros países, não impondo aos recém-chegados uma religião comum, costumes uniformes, uma nova cultura — nem sequer lhes impondo a língua dos americanos. A nação foi formada impondo-lhes um credo político comum. O que torna o imigrante num americano é uma afirmação de princípios políticos abstratos, o juramento de cidadania em que promete defender «a forma republicana de governo».

Acima de tudo, o significado deste país — o que ele representa para os próprios americanos, bem como para o mundo — é um significado político. É uma forma de governo, uma ordem social e um sistema económico que as pessoas têm em mente quer quando elogiam a América, quer quando a condenam. E quando os americanos entoam hinos ao seu próprio país, fazem-no — nas

---

Publicado pela primeira vez em *Perspectives*, em 1953.

palavras do nosso hino mais popular — em nome da «doce terra da liberdade», o que dificilmente ocorreria nem aos mais fervorosos dos liberais europeus enquanto definição do seu próprio país e como reconhecimento da forma como cada indivíduo se identifica com ele.

Seria preciso remontar à Roma de Augusto com o seu conceito de «*Latinitas*» para encontrar uma sociedade que se enquadre a si própria tão completamente em termos políticos como os Estados Unidos. No entanto, *Latinitas* era um desejo e nunca se tornou realidade, enquanto o significado político dos Estados Unidos fornece a sua essência: a sua personalidade ideal, promessas, poder de integração e assimilação. O facto de o génio americano ser político é, portanto, a chave principal para se entender a América, a sua história e o seu significado.

II

Na esfera política, estão as ideias e instituições americanas que são peculiares a este país e que lhe conferem a sua distinção.

Há, em primeiro lugar, a simbiose peculiarmente americana do estado secular e da sociedade religiosa, que é a pedra angular da comunidade americana. Os Estados Unidos são hoje o estado secular mais antigo e mais profundo. É também, ao mesmo tempo, a única sociedade do Ocidente em que a crença num Deus sobrenatural é tomada como certa e na qual os organismos religiosos tradicionais, as igrejas, continuam a desempenhar, sem contestação, muitas funções comunitárias importantes. Ora, esta coincidência de um Estado secular e uma sociedade religiosa não é meramente acidental. Na mente americana, ambos servem como principal apoio um do outro, senão como condição prévia um do outro. Por toda a parte, os estados laicos surgiram de uma revolta contra a religião. Neste país, o Estado secular deve a sua existência, em grande parte, à exigência dos líderes dos credos religiosos dominantes, aliás, estabelecidos, de que o poder civil e a sociedade religiosa sejam estritamente separados para o bem maior da religião e da Igreja.

Na esfera política reside também o conceito de «ismo constitucional», que é o principal princípio organizador da sociedade americana. O constitucionalismo é muito mais do que o respeito pela lei — algo, por sinal, pelo qual os americanos não são conhecidos. Ao invés disso, o constitucionalismo é uma visão da natureza e da função dos princípios abstratos e da sua relação com a ação social. É uma crença que o poder, para ser benéfico, deve ser sujeito a regras gerais e imutáveis. É uma afirmação de que fins e meios não podem ser significativamente separados ou tidos em conta independentemente uns dos outros. É uma crença de que a validade das ações pode ser determinada por critérios racionais. É, por outras palavras, uma ética política. A Constituição da República é apenas uma aplicação desta crença fundamental. O constitucionalismo tem sido a força organizadora em cada uma das nossas principais instituições. Hoje em dia, por exemplo, vemo-lo a funcionar na esfera industrial formando uma «lei comum» nas relações entre a administração e os trabalhadores e reforçando princípios como o «federalismo» e a «sucessão legítima» para a gestão no seio das empresas.

Peculiarmente americana é também a visão política da educação. Isto é demonstrado na insistência dos americanos de que a educação, a todos os níveis, seja igualmente acessível a todos, ou até obrigatória para todos. É demonstrado na crença ingénua, mas geral, de que o nível de escolaridade geral é um índice bastante fiável de competência cívica e que qualquer aumento do mesmo é um passo em direção a uma cidadania melhor e mais plena. Algo de muito característico é o facto de a visão política da educação se expressar na definição dos objetivos educacionais — a característica que torna a compreensão do sistema escolar americano tão difícil para os estrangeiros. A educação americana rejeita de igual forma o conceito tradicionalmente europeu de «indivíduo educado» e o de «robô treinado» do totalitarismo moderno. A ambos contrapõe a exigência de que a escola tenha de educar cidadãos autogovernados responsáveis, que, nas palavras de Lincoln, «não querem ser mestres porque não querem ser escravos». E, pelo facto de as escolas americanas estarem simultaneamente livres do controlo do governo central e de uma instituição política central, está destinada a ser alvo de violentas disputas políticas sempre que este país examina as premissas em que assenta a sua sociedade e governo, como, por exemplo, durante os primórdios do New Deal e novamente na atualidade.

Finalmente, temos os partidos políticos americanos — que em comum com os partidos do resto do mundo ocidental só têm o nome. O principal objetivo dos partidos americanos não é o de expressar princípios, mas o de proporcionar de forma permanente um governo funcional e legítimo. Não exprimem uma filosofia política para cuja realização o poder governamental deva ser orientado. Expressam a necessidade do órgão político de um governo forte, nacional e unificador. Por estes motivos, nenhum partido americano sobreviveu a menos que tenha conseguido apelar a todas as classes e condições, ou seja, a menos que tenha conseguido ser verdadeiramente nacional — o que explica a razão pela qual ambos os partidos são sempre moderados nas suas ações. Nenhum partido sobreviveu, a menos que fosse capaz de apelar de forma imediata aos homens da extrema-direita e aos homens da extrema-esquerda. Isto, por sua vez, explica por que motivo ambos os partidos apelam sempre aos extremistas no seu oratório de campanha. E nenhum dos partidos sobreviveu a menos que tenha conseguido dissipar as diferenças de interesses e princípios no apelo unificador de um credo americano comum.

III

A verdadeira proeza da História americana na primeira metade deste século residiu também na esfera política. É um feito tão grande, tão recente e ainda tão em estado de formação, que está quase para além da nossa visão: a criação de uma nova sociedade industrial com novas instituições — e de uma sociedade industrial que promete ser estável, livre e moral.

Nós próprios, neste país, temos tendência para discutir as nossas conquistas industriais em termos económicos, ou até em termos puramente técnicos. Mas todas as «equipas de produtividade» que vieram da Europa para este país nos anos 40 e 50 para estudar as causas da produtividade americana rapidamente constataram que os fatores económicos e tecnológicos pouco ou nada explicam sobre a economia americana. A chave para a sua compreensão reside nas crenças sociais e nas novas instituições sociais e políticas que temos vindo a desenvolver desde a viragem do século. O truque está no nosso desenvolvimento das empresas enquanto organizações de esforços humanos conjuntos para um objetivo comum, ou no nosso novo órgão social, a administração, cuja função deve ser definida em termos sociopolíticos, ou seja, enquanto organização e liderança de pessoas.

Mais importante ainda do que qualquer uma destas novas instituições — até mais do que as novas ideias, como a produtividade considerada uma responsabilidade social das empresas, ou o conceito de mercado como algo que a gestão através das suas próprias ações cria e expande — é o novo teorema americano sobre a relação entre as empresas e a sociedade — um teorema que se opõe tanto ao pensamento do *laissez-faire* do século XIX como ao do socialismo dos séculos XIX e XX. A atividade empresarial já não é vista, como era na teoria do *laissez-faire*, como algo separado e distinto, sem relação direta com objetivos sociais e políticos. Mas também não é vista, como em todos os credos socialistas, como algo que, para ser do interesse público, deve ser controlado e talvez suprimido pelo governo. A atividade empresarial é vista como necessariamente privada que, para o seu próprio bem e a sua própria justificação, tem de lutar pelo bem comum e pelos interesses declarados da sociedade. Desta forma, a atividade empresarial é vista como um governo autónomo e local que, ao servir os fins da sociedade, serve os próprios interesses e garante a própria sobrevivência. Este conceito, que constitui a contribuição mais decisiva que a América deu ao mundo ocidental nestes últimos 50 anos, é inquestionavelmente um teorema de ciência política.

IV

Na esfera política, mais uma vez, reside uma forma peculiarmente americana de comportamento: a ação voluntária de grupo. Talvez nada distinga tanto este país do resto do mundo ocidental como a sua fé quase instintiva na ação voluntária, e muitas vezes espontânea, de grupo para os mais importantes propósitos sociais.

Hoje em dia, ouvimos falar muito de «individualismo americano». É certo que existe uma crença fundamental no indivíduo, na sua força, na sua integridade e autossuficiência, no seu valor na tradição americana. Mas este «individualismo» é muito menos característico deste país — e muito menos generalizado — do que o seu (geralmente negligenciado) «coletivismo». Só que não é o coletivismo da ação governamental organizada hierarquicamente de forma descendente. É um coletivismo de ação voluntária de grupo que parte da base.

Isto transparece na forma como as pessoas neste país lidam com os seus problemas sociais e comunitários. Se os adolescentes de uma pequena cidade começarem a ficar descontrolados, o clube de serviço local, Rotary ou Lions, criará para eles um clube e tirá-los-á das ruas. Se o hospital precisar de uma nova ala, o Clube de Mulheres angariará o dinheiro para a sua construção. As escolas americanas são dirigidas tanto por uma organização voluntária — a Associação de Pais e Professores — como pelo Superintendente das Escolas. Quando, de repente, temos de recrutar milhões de americanos para a tropa, deixamos os problemas sociais e comunitários que isso cria nas mãos de comissões e organizações voluntárias. Até a inscrição de jovens nas forças armadas é deixada a cargo de cidadãos comuns que se voluntariam para servir sem remuneração nas comissões de recrutamento das suas comunidades.

Caso único entre os países ocidentais, os Estados Unidos não têm «Ministério da Educação». Mas, por outro lado, nenhum outro país tem nada que se compare com o poder e influência que os grupos privados — por exemplo, as grandes fundações — exercem sobre o ensino superior. No entanto, encaramos esta questão como algo completamente natural. Todos os americanos sabem instintivamente que este país é, na prática, governado por milhares de grupos puramente voluntários, puramente privados, na sua maioria locais. Partem do princípio de que é a coisa mais fácil do mundo fazer com que um grupo desses vá ao encontro de quaisquer necessidades locais e que, apesar do seu carácter privado, será sensível à opinião pública.

Não é a «competição» que caracteriza o modo de vida americano, como alguns cientistas sociais querem que acreditemos. É a simbiose entre competição e cooperação organizada através de grupos voluntários e privados. E muito embora as raízes deste comportamento remontem ao passado — nas irmandades dos membros das pequenas seitas religiosas e na sua interdependência, bem como nas vizinhanças das suas fronteiras —, funciona de igual modo nas nossas mais recentes instituições. Nenhuma outra característica do nosso sistema empresarial é tão comentada por delegados de administrações e trabalhadores que nos visitam vindos do estrangeiro como a cooperação estreita e altamente organizada em matéria de política, tecnologia, problemas empresariais, etc., que ocorre entre os mais acirrados rivais empresariais; ou a cooperação estreita e constante em problemas do dia a dia que se verifica entre gestores e funcionários sindicais numa determinada fábrica.

V

Os próprios americanos tendem a encarar como dado adquirido o facto de o génio americano ser de natureza política. Se perguntarem o que explica isto, é provável que a sua resposta seja: as fronteiras. A expansão humana que levou a colonização e a civilização em menos de um século do Atlântico através de um continente selvagem, hostil e desconhecido até às margens do Pacífico é certamente o maior feito do povo americano e a sua experiência mais profunda. No entanto, as fronteiras e a evolução da colonização já foram, elas próprias, resultados do génio político americano e não a sua origem. Foi a capacidade de se organizar espontaneamente para a ação de grupo, foi a ideia de «constitucionalismo», que transformou comboios de imigrantes que se deslocavam sobre as planícies ou montanhas em comunidades ordenadas; foi a capacidade de adaptar, como que instintivamente, os padrões herdados de organização social, política e económica às novas e inesperadas condições das fronteiras, que por si só tornou possível a colonização do país. Acima de tudo, a rápida colonização do continente assentava na capacidade do país de transformar, por assim dizer de um dia para o outro, em americanos milhões de imigrantes de toda a Europa. Isto pressupôs a absorção dos estrangeiros pela cidadania americana e a sua integração nas instituições políticas americanas.

A influência da sua formação no espírito político da América é algo mais profundo do que o clima, a geografia ou mesmo as experiências da nossa História. Consiste nas nossas crenças fundamentais sobre a natureza do Homem e sobre a natureza do universo. Dizer que o génio deste país é político é dizer que a América, desde os primeiros tempos coloniais, se recusou a cindir o mundo das ideias do mundo da matéria, o mundo da razão do mundo dos sentidos. Quer também dizer que recusou conceder mais do que um visto temporário de visitante às filosofias de Descartes, Hume ou aos idealistas alemães, bem como às de Marx — de facto, a todo o conjunto da filosofia pós-cartesiana sobre a qual se funda o pensamento europeu moderno. Afinal, cada uma destas filosofias nega um significado, ou até uma realidade existencial, à esfera da política.

Para um político, a matéria nunca pode ser irreal, nunca pode ser uma ilusão, nunca pode ser uma base. A sua tarefa consiste em utilizar a matéria para fins construtivos. Da mesma forma, não pode, jamais, considerar as ideias ilusórias ou irreais. Sem elas, não teria direção nem capacidade para avançar em direção ao seu objetivo. O político deve sempre opor ao «ou-ou» do filósofo monista — idealista ou materialista, realista ou nominalista, racionalista ou intuicionista — o dualismo filosófico de «ambos». Não pode, como o humanista europeu, divorciar a política «sórdida» da cultura intelectual e artística «pura», nem pode, como o materialista europeu, ver na política simplesmente uma racionalização das condições materiais ou um produto automático de forças materiais. Não pode ser nem um «idealista de olhos nas estrelas» e «animador» nem um «caçador do dólar todo-poderoso». Deve sempre combinar elementos de ambos os extremos na tentativa de encontrar equilíbrio e harmonia, pois para os políticos as ideias e a matéria são os dois polos de um único mundo, opostos um ao outro, mas, ao mesmo tempo, inseparáveis, mutuamente interdependentes e o complemento um do outro.

A América tem insistido — pelo menos desde que Jonathan Edwards começou a filosofar nestas costas há 250 anos — que as ideias e a matéria, a razão e a experiência, a lógica e a intuição devem ser sempre consideradas igualmente reais e igualmente válidas. E é esta visão filosófica do mundo que por si só explica a posição central da esfera política na tradição americana.

Nesta visão, a política torna-se imediatamente uma responsabilidade do Homem; torna-se o principal dever moral na vida humana. A política torna-se uma esfera de ação respeitável, criativa, de facto. Criativa no sentido estético da palavra, «a aventura sem fim», como um político do século XVIII lhe chamou, e criativa no sentido espiritual da palavra, como participação na caridade através da qual o Homem transcende a busca do seu próprio eu vazio para a sua verdadeira missão de fazer com que a criação glorifique o criador. A política enquanto esfera criativa, significativa, moral, responsável, caritativa é o que está no cerne das crenças da América, do que ela alcançou e do que ela representa. Os grandes homens para cuja memória ela recorre nos momentos de obscuridade e confusão têm sido aqueles poucos líderes políticos que perceberam em plenitude a oportunidade e a obrigação da política.

No fundo, a posição filosófica americana — a que acredita na política como a atividade humana através da qual a matéria é feita para servir os espíritos — assenta sobre uma fundação religiosa. Não é incorreto chamar-lhe «cristã». Mas, na verdade, é a grande contribuição de Israel. Foi no Antigo Testamento que o Senhor olhou para a Sua criação material e «viu que ela era muito boa». Contudo, a criação não é nada sem o Espírito que a criou. E é tarefa específica do Homem, a sua própria missão e propósito, fazer manifestar o criador através da criação — fazer com que a matéria exprima o espírito.

VI

O desafio que este país enfrenta atualmente é, mais uma vez, sobretudo um desafio da política. Há, em primeiro lugar, o desafio do Estado Providência, de manter uma sociedade e um governo livres sob a ameaça de uma «guerra fria» indefinida sob a pressão constante de impostos elevados, os perigos de uma inflação à espreita, as tensões e preocupações de um mundo que não está nem em paz nem em guerra.

Há o desafio ainda maior do desenvolvimento de uma política externa adequada ao poder da América e às suas responsabilidades. Este é um desafio duplamente grande, uma vez que a política externa é o único departamento de ação política em que, até agora, este país tem vindo a falhar. É a terceira vez que os Estados Unidos conquistam a vitória militar numa grande guerra para perderem a paz quase de imediato.

A forma como enfrentarmos estes desafios decidirá se a experiência americana não será, afinal, mais do que um episódio na civilização ocidental suicida, ou se a América será capaz de dar ao Ocidente inspiração política que o conduza a uma era de liberdade, paz estável e prosperidade. E o resultado da experiência dependerá não principalmente da riqueza económica da América ou da sua estratégia militar, mas da sua liderança política, da sua sabedoria política, da sua maturidade política. O que está atualmente a ser posto à prova é o génio político da América.

CAPÍTULO DEZ

O Japão Tenta um Segundo Milagre

NOS ÚLTIMOS ANOS, o Japão foi praticamente invadido por economistas, banqueiros e industriais ocidentais que chegaram para estudar o «milagre económico japonês». Arthur Burns, presidente do Conselho de Assessores Económicos durante a administração de Eisenhower, esteve lá em 1963, por exemplo. De acordo com os relatórios, ficou tão impressionado, que recomendou vivamente ao Presidente Kennedy que adotasse algumas das políticas fiscais e monetárias do Japão para estimular a nossa economia mais atrasada. Um pouco mais tarde, o *Economist*, de Londres, enviou um editor sénior numa digressão de três meses; o resultado foram dois suplementos da revista do tamanho de livros, o primeiro dos quais se chamava «Um exemplo extremamente empolgante». Dezenas de analistas de Wall Street percorreram o Japão à procura de ações de «crescimento» para recomendar aos investidores americanos que estavam desencantados com o seu próprio mercado. E havia industriais de todo o mundo — da Alemanha, Itália, França, Canadá, Estados Unidos e Austrália — à procura de produtos para comprar, de parceiros japoneses para *joint-ventures* ou de mercados japoneses.

As únicas pessoas que não falavam do «milagre económico japonês» eram os próprios japoneses. Os seus empresários, economistas, líderes laborais e burocratas preocupavam-se, em vez disso, com a ameaça às exportações japonesas e com a «concorrência excessiva» em casa. Falavam da necessidade de retrair e queixavam-se da crescente «inundação de importações americanas», que, diziam, estava prestes a encostar indústrias japonesas inteiras contra a parede. A maior parte destas queixas mais não eram do que conversa, é claro. Num país onde durante 30 anos os bens tinham sido escassos, qualquer concorrência no mercado interno é suscetível de ser considerada «excessiva». Porém, agora que quatro em cada cinco famílias japonesas têm televisão em casa, os clientes já

Publicado pela primeira vez na *Harper's Magazine*, em março de 1963.

não fazem fila, com dinheiro na mão, para comprar o que quer que seja que os fabricantes produzam.

Seja ou não seja conversa, o Japão tem decisões fundamentais a tomar sobre o carácter e a estrutura da sua economia e sociedade e sobre a natureza da sua vida política — precisamente porque o seu sucesso económico fez dele a única nação moderna fora do Ocidente.

As últimas décadas no Japão provaram que os métodos, ferramentas e políticas de uma economia livre podem gerar um desenvolvimento económico muito rápido em solo não ocidental. Também provaram que, com uma economia livre, uma nação não ocidental pode conseguir ter uma população instruída e um nível de vida elevado e em ascensão. Nos próximos anos, contudo, o Japão terá de demonstrar que os valores sociais e políticos de uma sociedade livre (1) podem gerar forças políticas eficazes e bem organizadas e (2) podem resolver os conflitos sociais herdados de uma cultura e tradição não-ocidental. Presentemente uma Grande Potência tecnicamente avançada e altamente educada — a única nação não ocidental a alcançar esta posição — agora, o Japão tem de provar que se pode tornar a primeira *sociedade* a ser simultaneamente verdadeiramente moderna e fundamentalmente não europeia.

Motivos para estar confiante

O que aconteceu no Japão desde o fim da ocupação americana em abril de 1952 é a história de sucesso mais extraordinária de toda a história económica.

Quando o tratado de paz entrou em vigor e o Japão recuperou a soberania, tinha acabado de conseguir regressar aos seus níveis de produção e rendimento anteriores à Guerra. Estava num nível muito acima de algo que pudesse ser apelidado de «subdesenvolvido». São disso testemunha a produção industrial e o desempenho técnico do Japão na Segunda Guerra Mundial. Mas o Japão de 1952, tal como o de 1941, ainda era considerado apenas um país industrial menor, talvez 12.º a 15.º entre as nações industriais. As suas indústrias dominantes eram as que caracterizam as fases iniciais da industrialização: por exemplo, os têxteis. As suas carências alimentares eram crónicas e aparentemente incuráveis; os dois produtos básicos, arroz e trigo, ainda eram racionados na primavera de 1952. A sua recuperação dependia, em parte, das encomendas americanas para a Guerra da Coreia, e estas estavam a acabar-se rapidamente. A inflação tinha sido galopante e a agitação laboral que se aproximava da insurreição armada era endémica. Joseph Dodge, o banqueiro de Detroit que tinha sido o conselheiro económico da Ocupação, disse o que quase todos os peritos pensaram ao prever no seu relatório final que a economia japonesa estava a caminhar para o colapso.

Dez anos mais tarde, o Japão ocupava o quarto lugar entre todas as nações no total da produção industrial. Apenas os Estados Unidos, a União Soviética e a Alemanha Ocidental estavam à sua frente e, na verdade, estava à beira de ultrapassar os alemães. Desde 1952, o seu rendimento nacional tinha triplicado e a sua produção e exportações industriais eram cinco vezes superiores ao que tinham sido. Isto significa que o Japão tinha alcançado uma taxa de crescimento média anual de 9% para o rendimento nacional e quase 20% para a produção industrial e exportações. Nenhuma nação de que haja registo na história económica jamais tinha feito algo semelhante. Para realizar este espantoso feito, o Japão tinha conseguido, numa década, fazer enormes progressos em cinco frentes distintas — em novos investimentos, no marketing de massas, na agricultura, na educação e na saúde. Em resumo, eis o que alcançou:

Primeiro: ano após ano, os japoneses investiram mais de um quarto do seu rendimento nacional em novos investimentos. Foi principalmente este fator que tornou possível o rápido surto na capacidade e produção industriais.

Segundo: ao mesmo tempo, os japoneses criaram o primeiro mercado de consumo em massa genuíno fora do mundo ocidental. Em 1962, por exemplo, os japoneses descobriram, para seu espanto, que apenas os Estados Unidos tinham mais aparelhos de consumo por família do que eles; estavam mais bem abastecidos de aparelhos de televisão, frigoríficos e máquinas de lavar do que os britânicos ou os alemães ocidentais (embora a revolução automóvel estivesse apenas a começar). Além disso, com o seu mercado de consumo em massa, o Japão tinha criado um mercado de ações em massa, um fenómeno também conhecido apenas nos Estados Unidos. No Japão pré-Guerra, apenas bancos e grandes industriais possuíam ações em empresas industriais; em 1963, uma em cada dez famílias japonesas possuía algumas ações ordinárias. (Isto não quer dizer que a CMVM teria aprovado os métodos através dos quais estas ações foram vendidas.)

Em terceiro, está o avanço na agricultura. Por volta de 1952, metade da população japonesa trabalhava no cultivo, mas o Japão não se conseguia alimentar. Dez anos mais tarde, apenas um terço da população ainda trabalhava no cultivo. Todavia, embora os japoneses tivessem agora de alimentar uma população muito maior do que há uma década, estavam prestes a contrair a doença nacional da moda, um excedente agrícola difícil de gerir.

O quarto avanço foi na educação. Apenas os Estados Unidos e Israel têm uma maior proporção dos seus jovens no ensino superior do que o Japão. Um em cada três ou quatro jovens de 20 anos está na universidade; isto contrasta marcadamente com a Europa, onde a «revolução educacional» ainda está para vir.

E, finalmente, numa curta década, a esperança de vida no Japão aumentou de menos de 50 anos (que era elevada para um país não ocidental) para 70 (que é igual à dos países mais avançados do Ocidente). Além disso, o Japão conseguiu reduzir a sua taxa de natalidade para o nível ocidental, de modo que é o único entre os países não ocidentais que não está a ser esmagado pela «explosão demográfica».

Seria de esperar que estas conquistas fossem dispendiosas, mas enquanto os japoneses avançavam em todas estas frentes, a sua carga fiscal não subiu. Tem sido prática orçamental japonesa antecipar o crescimento económico para o ano seguinte, descobrir a que corresponderá em aumento das receitas e depois reduzir as taxas de impostos o suficiente para manter a carga fiscal baixa. (Foi isto, aparentemente, que tanto impressionou o Dr. Arthur Burns.) Poder-se-ia esperar que essa política fiscal criasse inflação, mas tem havido menos inflação no Japão do que na Europa ou na América.

Talvez ainda mais surpreendente tenha sido o facto de o tremendo crescimento económico do Japão se ter realizado com muito pouco dinheiro proveniente do estrangeiro. Após o início do Plano Marshall, em 1948, a América enviou 25 mil milhões de dólares em ajuda à Europa. No mesmo período, o Japão (com 95 milhões de pessoas, ou um terço da população de toda a Europa, incluindo a Grã-Bretanha) recebeu, no máximo, mil milhões de dólares. Além disso, o Japão tem sido extremamente cauteloso em relação ao investimento estrangeiro e, consequentemente, este foi praticamente inexistente — um contraste acentuado com a Europa, onde os 5 a 8 mil milhões de dólares de investimento americano direto alimentaram grande parte do *boom* dos últimos anos.

Em 1961, a taxa de crescimento no Japão chegou a atingir os 15%. O governo, com medo da inflação, acionou os travões — e com força — e impôs uma desaceleração. Mas aquilo que para os japoneses era um «abrandamento» seria para qualquer outro país uma corrida a galope — a economia cresceu 5% em 1962, apesar das restrições ao crédito, e decretou oficialmente «austeridade». (O *objetivo* de crescimento dos Estados Unidos é uma taxa de 3,5% a 4% ao ano!) Em 1959, o governo japonês previu que a economia voltaria a duplicar nos dez anos entre 1960 e 1970. Em setembro de 1962, o Ministério das Finanças reduziu o período para sete anos; só o crescimento de 1960 a 1963 já tinha acrescentado 40% ao nível económico de 1959.

O Japão, claro está, tem uma vantagem muito especial: um fardo muito reduzido na defesa. Embora em constante crescimento, o orçamento para as «Forças de Autodefesa» japonesas ainda representa menos de 2% do rendimento nacional do país — em contraste com um encargo com a defesa de 10% do rendimento nacional nos Estados Unidos. (A propósito, o Japão e a Alemanha Ocidental deveriam ser uma resposta convincente aos receios dos efeitos económicos do desarmamento.) Mas mesmo tendo em conta este facto e muita sorte, o feito económico do Japão continua a ser um verdadeiro «milagre económico».

Este tipo de façanha poderia ter tornado os japoneses presunçosos. Pelo contrário, estão profundamente preocupados. Um número considerável de japoneses sãos e sensatos falam com seriedade sobre aquilo a que chamam «uma crise de autoconfiança». Porquê?

E motivos para estar nervoso

A causa imediata do nervosismo do Japão é que, no seu próprio interesse, o país terá de abrir o seu mercado interno à concorrência do Ocidente, especialmente da Europa e dos Estados Unidos. Desde 1900, quando começou a exportar produtos manufacturados em quantidade, o Japão tem sido um concorrente duro e agressivo nos mercados internacionais. Mas o seu mercado interno sempre foi fechado e o Japão não está preparado para nele competir, nem económica nem socialmente.

O Japão é profundamente mercantilista. É, de facto, o único exemplo de mercantilismo bem-sucedido que combina direção governamental com vigor empresarial, e concorrência agressiva no estrangeiro com protecionismo e estabilidade de preços imposta internamente. Acabar com este protecionismo doméstico implicará uma mudança drástica tanto de todo o sistema de contratação e despedimento industrial como do sistema de distribuição de mercadorias, há muito enraizado, mas extremamente caro.

Então porque é que o Japão tem agora, após o seu sucesso económico, de deixar os estrangeiros entrarem no seu mercado interno?

Toda a expansão do Japão no pós-Guerra se tem baseado nas novas indústrias «avançadas» — em maquinaria, fibras sintéticas e plásticos; eletrónica, ótica e produtos farmacêuticos; camiões e eletrodomésticos. As indústrias «tradicionais» que dominavam o Japão do pré-Guerra já não são muito importantes na economia doméstica atual. O Japão depende, por exemplo, menos do emprego na indústria do algodão do que o nosso próprio Velho Sul. Contudo, em 1962, metade das suas exportações ainda consistiam em bens «tradicionais»: têxteis, brinquedos, calçado. Destas exportações depende a capacidade do Japão de comprar no estrangeiro as matérias-primas — sobretudo petróleo e ferro — sem as quais as indústrias «avançadas» não conseguiriam sobreviver nem mais um dia. O problema é que as exportações de bens tradicionais estão a decrescer — rápida e inexoravelmente. O Japão já foi ultrapassado na produção e venda de bens tradicionais por novas regiões com salários verdadeiramente baixos, como Hong Kong, Singapura, Filipinas ou Paquistão. Dentro de muito poucos anos, o Japão terá de substituir as exportações de bens tradicionais por exportações de bens avançados. E os únicos compradores possíveis para estas exportações adicionais de bens avançados são os grandes mercados do Mercado Comum Europeu e da Grã-Bretanha, onde o Japão atualmente não vende praticamente nada.

O problema das exportações tradicionais teria surgido de qualquer forma, e os japoneses sabiam-no melhor que ninguém. No entanto, a emergência do Mercado Comum Europeu enquanto grande potência económica precipitou-o uma década antes de o Japão estar pronto para o enfrentar. De repente, em 1962, os japoneses perceberam — tal como nós e os britânicos — que tinham de entrar rapidamente no mercado europeu ou arriscar-se a ficar de fora para sempre.

Não há razão económica para que os produtos avançados do Japão não se vendam tão bem na Europa como se têm vendido no mercado muito mais duro e competitivo dos Estados Unidos. Mas para que os japoneses possam sequer pedir acesso ao mercado da Europa, é necessário que ofereçam aos europeus acesso em igualdade de condições ao seu próspero mercado interno — um mercado de 95 milhões de clientes prósperos que é o terceiro mais rico do mundo, depois dos Estados Unidos e da Europa Ocidental. Isto significa, no entanto, que os japoneses terão de ser capazes de enfrentar, pela primeira vez, a concorrência industrial no seu próprio país.

Para os ocidentais, habituados a histórias de «baixos custos japoneses», o Japão parece não ter nada com que se preocupar. É para nós difícil acreditar, por exemplo, que as sedas italianas ou suíças possam competir em preço com o produto japonês. No entanto, a maior loja de seda de Tóquio oferece há anos sedas europeias bonitas, cerca de 30% abaixo do preço de tecidos japoneses comparáveis, apesar do pesado imposto aduaneiro japonês sobre essas importações. Isto porque o Japão é uma economia de alto custo, exceto nas suas indústrias mais avançadas, e especialmente nas suas indústrias de exportação avançadas. Os custos de mão-de-obra são duas ou três vezes mais elevados do que no Ocidente em quase todos os artigos manufacturados. Mais a mais, o cliente japonês paga quase o dobro pela distribuição do que nós pagamos aqui, apesar das nossas vastas distâncias e elevados custos de transporte. Estes são custos exigidos pela estrutura social e não pela ineficiência económica e, consequentemente, exigem soluções sociais com todos os seus potenciais perigos políticos.

Mantido para não fazer nada

Passo a explicar. Os trabalhadores japoneses são tão produtivos como quaisquer trabalhadores por esse mundo fora. São mais instruídos e mais bem formados do que quase todos os restantes e trabalham de forma alegre, dura e durante longas horas. No entanto, em algumas fábricas japonesas, é necessário seis vezes mais empregados para produzir a mesma quantidade dos mesmos bens do que numa fábrica americana equivalente. O motivo é o sistema tradicional japonês de «emprego vitalício», no qual um despedimento só acontece em caso de má conduta muito grave. Como resultado, a maior parte da indústria japonesa tem um excesso de pessoal, e milhares de pessoas para as quais não existem postos de trabalho continuam a não fazer quase nada nas fábricas ou escritórios. Muito poucos empregadores japoneses sabem (tal como muito poucos empregadores americanos sabem) que o custo de manter alguém no seu posto de trabalho equivale a três a cinco vezes o seu salário — custos associados à supervisão, espaço de trabalho, documentação e manutenção de registos, aquecimento e eletricidade, materiais, etc.

Por sua vez, «emprego vitalício» significa que um japonês com mais de 30 anos de idade, regra geral, não pode mudar de emprego. É pago em função da sua idade e não das exigências do trabalho que desempenha. No entanto, é-lhe atribuído um trabalho com base no tempo de serviço. A um empregado recém-chegado com mais de 30 anos, portanto, só poderia ser atribuído um trabalho de principiante — mas receberia o dobro do salário inicial. Não admira que ninguém o contratasse. Mas isto, por sua vez, significa também que a firma não só não o despediria como inventaria trabalho para ele fazer.

Por conseguinte, as indústrias e empresas mais antigas suportam o maior fardo de excesso de pessoal; e as minas de carvão e as ferrovias, tal como está a acontecer em todo o lado, são as que estão em pior forma. Novas indústrias e empresas também têm custos elevados porque uma «escassez de mão-de-obra» criada artificialmente aumenta constantemente os salários que os principiantes estão em condições de exigir. Os salários de início de carreira dos licenciados duplicaram nos últimos três anos.

Os jovens gestores e profissionais no Japão estão a começar a mudar de emprego em número cada vez maior, embora ainda só se os seus empregadores originais o permitirem. E muitas formas diferentes de conferir mobilidade aos trabalhadores manuais estão agora a ser exploradas.

Algumas empresas estão a introduzir o sistema ocidental de pagamento pelo emprego em si e não pela idade e antiguidade. Outras estão a jogar com a ideia de dividir entre o antigo e o novo empregador o custo salarial de qualquer trabalhador que mude de emprego. O novo empregador pagaria o salário base para o trabalhador transferido; o antigo empregador pagaria a diferença entre isso e o salário adequado à idade da pessoa. Os japoneses começam a compreender que a indústria tem de separar a garantia do rendimento de um trabalhador — que deve ser mantida — do espartilho que o trabalho pode ser para ele. O trabalhador deve ser libertado das restrições que o penalizam e que o impossibilitam de se mudar para um emprego mais bem remunerado numa indústria em expansão.

Mas o emprego vitalício é muito mais do que uma questão de dinheiro. Até à Segunda Guerra Mundial, era quase inteiramente restrito aos trabalhadores de escritório. Os operários só o conseguiram após a Guerra e apenas através de amargas lutas laborais. Para eles representa, portanto, estatuto e aceitação por parte da sociedade. A segurança no emprego é uma questão emotiva em qualquer lugar (como testemunha a nossa greve da siderurgia de 1959 por causa do protecionismo ou da longa e amarga luta dos engenheiros de voo), mas no Japão é pura dinamite. A greve mais longa e violenta da história laboral japonesa teve lugar no início dos anos 60, quando praticamente todo um distrito esteve durante 18 meses em protesto contra uma decisão da administração de mandar para a reforma com um generoso subsídio de cessação de atividade 2000 mineiros de carvão numa mina esgotada. No entanto, segundo um estudo recente do governo, há mais 60 mil mineiros de carvão — um terço do total

— para os quais não existe trabalho real, embora todos eles tenham «empregos a tempo inteiro».

O problema dos custos de distribuição é igualmente grave, e é também um problema tanto social como económico. O sistema de distribuição japonês é essencialmente o mesmo de há 100 anos: uma multidão de pequenos intermediários que vivem de uma ninharia, mas que, na sua totalidade, representam um desperdício assombroso.

O que aumenta a dificuldade dos problemas de segurança e distribuição do emprego é a posição destas questões no mapa político japonês. Por um lado, a segurança de emprego é uma questão certeira para a esquerda, quase a sua única questão doméstica com apelo maciço. Por outro lado, os milhões de pequenos grossistas e retalhistas, que constituem o sistema de distribuição, são o sólido núcleo de voto do governo conservador que está no poder.

No entanto, estas questões sociais concretas, por muito explosivas que sejam, assustam menos os japoneses do que o impacto da concorrência estrangeira sobre o seu mercantilismo tradicional — que tem a força de uma constituição tácita. A abertura do mercado interno iria certamente perturbar a subtil parceria de três vias entre governo, grandes empresas e pequenas empresas em que todo o desenvolvimento económico do Japão se tem baseado. Obrigaria o Japão a abandonar a política ao abrigo da qual o governo defende que as indústrias sejam produtivas e competitivas para a exportação, enquanto protege a ineficiência no mercado interno. Acabaria com o mecanismo caracteristicamente japonês segundo o qual os grandes produtores são rivais ferozes e duros entre si, embora mantendo um teto de preços para os pequenos produtores. Acima de tudo, forçaria o Japão a deixar o mercado decidir o que deve ser produzido e como deve ser tarifado — questões tradicionalmente decididas por considerações políticas e nacionais.

Velhos *slogans* e uma nova geração

Muitos líderes japoneses acreditam que, seja como for, a sua economia deve tornar-se parte da economia mundial, e depressa. Argumentam que a indústria japonesa precisa muito do desafio da concorrência. Os custos da produção automóvel — e com ela os preços dos automóveis — baixariam um terço, por exemplo, se o «*Toyopet*» japonês tivesse de competir com o *Ford* inglês, o *Renault* francês, o *Volkswagen* alemão e os automóveis compactos americanos (os camiões pesados e motociclos japoneses, ambos produtos de exportação, já são competitivos). Estes japoneses acreditam que a sua política económica mercantilista, as suas práticas de emprego e o seu sistema de distribuição não só se tornaram completamente obsoletos face ao crescimento económico do Japão, como estão rapidamente a tornar-se sérios obstáculos a um maior crescimento. Estão convencidos de que o Japão beneficiaria de imediato com a integração económica com o Ocidente tanto quanto a Alemanha e a França beneficiaram com o Mercado Comum. E, com toda a probabilidade, têm razão. A menos que o Japão queira estrangular o seu crescimento económico e prosperidade, terá de se tornar uma economia aberta e competitiva. Mas, se o fizer, formar-se-ão tremendas pressões políticas que irão desafiar a coragem, a visão e a liderança políticas.

Na história moderna do Japão, há precedentes em matéria de liderança política de rara proficiência. Um deles ocorreu no final do século XIX, quando, no espaço de uma geração, uma classe dominante de guerreiros da nobreza voluntariamente abdicou e aboliu um feudalismo tribal com mil anos, transformando o país num estado moderno. Entre 1890 e 1940, não houve nenhuma liderança deste calibre. Mas, após a Segunda Guerra Mundial, Shigeru Yoshida, o primeiro-ministro do Japão de 1947 a 1957, voltou a proporcionar uma liderança de grande coragem e visão.

Quer surja ou não uma liderança semelhante no presente, a forma da política japonesa irá inevitavelmente mudar. A derrota da Segunda Guerra Mundial criou novas instituições e novos *slogans*, mas poucos novos valores. Mesmo aqueles valores do passado que não eram nem nacionalistas nem militaristas foram desacreditados. Em vez disso, a grande maioria dos japoneses encontrou conforto no trabalho e na respetiva disciplina. Tal como na Alemanha, o trabalho de reconstrução do país tornou-se, por enquanto, um fim em si mesmo. Uma minoria muito mais pequena, necessitada de crenças e compromissos absolutos, refugiou-se na única ortodoxia disponível, que era o marxismo. Não é por acaso que os mesmos grupos que tinham sido os nacionalistas mais fanáticos durante o antigo regime — especialmente estudantes e professores — se tornaram os marxistas mais dedicados durante o novo regime.

Hoje em dia, os liberais-democratas (como é chamado o partido conservador) ganham todas as eleições com uma maioria monótona de dois terços. Mas as posições estáticas legadas pela derrota e a ocupação evidenciam todos os sinais de rutura. O Japão procura atualmente novos valores políticos e novas direções políticas. Isto é válido tanto à direita como à esquerda.

Agora o trabalho de reconstrução do país está feito. Ainda que a maioria queira mais bens mundanos (quer, especialmente, poder comprar e conduzir um automóvel), a recuperação económica já não é a grande tarefa nacional. Também os marxistas no Japão podem situar-se onde os nossos marxistas americanos se situavam no final dos anos 40, após a campanha de Henry Wallace para Presidente. O seu deus, afinal, tinha pés de barro.

O presidente da Zengakuren — a federação estudantil japonesa de esquerda, simpatizante do comunismo, que encenou os tumultos contra a visita do Presidente Eisenhower em 1960 — regressou em agosto de 1962, de um «Rally da Paz» em Moscovo, com uma história espantosa. A polícia de Moscovo, disse ele, levou-o e a alguns dos seus colegas para trás da Tumba de Lenine na Praça Vermelha, deu-lhes uma valente tareia, e depois pendurou-os de cabeça para baixo durante cerca de meia hora. Tudo isto por ousarem encenar um comício de desarmamento nuclear. É difícil de acreditar que até a polícia comunista possa ser tão estúpida. Mas é ainda mais difícil de acreditar que os estudantes japoneses possam ter sido tão ingénuos a ponto de pensarem que a Rússia encorajaria uma manifestação contra os ensaios nucleares que condenassem indiscriminadamente tanto os ensaios dos Estados Unidos como os soviéticos. No entanto, foi realmente nisto que os marxistas japoneses acreditaram (com a exceção do seu núcleo muito pequeno de profissionais endurecidos). Ora, esta crença está a desmoronar-se rapidamente sob o impacto do conflito ideológico entre Moscovo e Pequim, que, na perspetiva de Tóquio, é quente, amargo e irreconciliável.

Isto não significa que a esquerda japonesa deixará de ser antiamericana. De facto, quanto menos dependente de Moscovo (ou de Pequim) for, mais perigosa poderá tornar-se. É a sua subserviência aos comunistas — e especialmente aos russos — que, mais do que qualquer outra coisa, tem impedido a esquerda de obter a maioria do voto nacional. Se a esquerda se tornar genuinamente «neutra», pode muito bem chegar ao poder, e as consequências para a estratégia e a política externa dos Estados Unidos no Extremo Oriente podem ser graves.

Mas, se surgir uma cisão nas fileiras do partido conservador do governo — causada, por exemplo, por uma luta sobre o futuro dos pequenos retalhistas —, poderá ser igualmente grave.

Em busca de certezas

No entanto, direita e esquerda podem assumir uma aparência bastante diferente no Japão do futuro. Os fenómenos políticos mais notáveis no Japão atual não são os políticos nem os seus partidos, mas sim dois grupos religiosos, ambos de um forte teor fundamentalista: Ten Rikyo, uma espécie de adventistas do sétimo dia japoneses, e Soka Gakkai, uma seita budista cismática, de alguma forma reminiscente tanto dos mórmones como de Father Divine.

Quando a ocupação americana fez um inventário religioso no final dos anos 40, nenhuma das seitas era sequer um grupo independente, quanto mais importante. Hoje, cada uma delas tem milhões de membros fanáticos. A Ten Rikyo não é diretamente ativa na política, embora se espere dos seus membros que «votem a favor do que está certo». Mas a Soka Gakkai obteve quatro milhões de votos nas eleições para o Senado em julho de 1962.

Ambas as seitas aceitam plenamente a civilização industrial moderna e são, em geral, «a favor do progresso»; ambas são fortemente anticomunistas e declaradamente antinacionalistas. Mas estão menos preocupadas com os problemas políticos do que com os valores éticos, morais e espirituais da política, e atacam todos os partidos existentes, acusando-os de não terem princípios. De facto, «Soka Gakkai» significa «criação de valores». As experiências anteriores com movimentos deste tipo noutros países indicaria que estes dois acabarão por agonizar assim que se envolverem na prática e nos negócios sujos da política — o que é provavelmente a razão pela qual a Ten Rikyo se descarta cuidadosamente de qualquer responsabilidade política. Mas movimentos como estes são um aviso. O seu rápido crescimento e a sua capacidade de atrair membros de todas as classes — estudantes, por exemplo, e imigrantes recentes não qualificados do campo para as grandes cidades, as empregadas domésticas, os motoristas e as lavadeiras — atestam tanto o anseio por valores e compromissos como o desencanto com a política e os partidos atuais.

Para satisfazer esta necessidade real e oportunidade de liderança política responsável no Japão, existe uma geração inteiramente nova, que atingiu a idade adulta desde a Guerra. Mas há também um perigo real. Se o Japão não se integrar na economia do Mundo Livre — não importa se é o Ocidente ou os seus próprios problemas sociais que a excluem —, será impelido para laços económicos estreitos com a Rússia soviética. Especialmente na Sibéria, a União Soviética tem um apetite insaciável pelos produtos avançados que o Japão tem para vender, desde químicos e turbinas a material circulante ferroviário, camiões e transístores. O único problema do ponto de vista do Japão é que a Rússia não tem nada para lhe vender, mas quer créditos a longo prazo que o Japão simplesmente não pode conceder. No entanto, se forem encostados à parede, os japoneses poderão começar a comprar matéria-prima da Rússia, mesmo que os preços sejam elevados e o fornecimento não seja fiável. Ou talvez a Rússia utilizasse as suas reservas de ouro para pagar ao Japão.

O comércio com a Rússia não exigiria que os japoneses sacrificassem nenhuma das suas práticas político-económicas tradicionais; não teriam de admitir no mercado interno produtos manufacturados estrangeiros, nem de mudar os seus métodos de emprego, nem de reformar o seu sistema de distribuição. Na realidade, essa reforçaria a política mercantilista do Japão. Por estas razões, grupos conservadores, incansáveis anticomunistas no seu país, enviam missão comercial após missão comercial a Moscovo, na esperança de encontrar uma «alternativa oriental» à integração económica com o Ocidente, que temem como uma ameaça às suas práticas e instituições tradicionais. Estão dispostos a admitir que o comércio com a Rússia travaria o crescimento económico do Japão, mas poderão considerar isto um mal menor.

Uma mudança destas no alinhamento económico do Japão, mesmo que não tivesse qualquer efeito nas suas políticas externa e militar (o que, evidentemente, seria bastante improvável), seria uma grande catástrofe para o Japão, mas uma catástrofe ainda maior para o Mundo Livre. O equilíbrio do poder económico, que pende atualmente, em grande medida, para o Ocidente, deslocar-se-ia de forma acentuada para o bloco soviético. Pior ainda seria o impacto psicológico de uma mudança assim. O Japão, na qualidade de único país não ocidental a conseguir alcançar efetivamente o desenvolvimento económico, é o exemplo piloto para outros. Se nem o Japão consegue tornar-se membro em pé de igualdade na economia do Mundo Livre, que hipóteses têm os países mais pobres e muito menos desenvolvidos, desde a Jugoslávia ao Peru, da Nigéria à Malásia?

Concretizaremos as nossas intenções?

Há muito que o Ocidente, e especialmente os Estados Unidos, pode fazer para ajudar o Japão a tomar as decisões acertadas, tanto para os japoneses como para o Mundo Livre. Podemos prevenir que a estupidez e o preconceito racial (especialmente do tipo inconsciente e, portanto, duplamente perigoso, que é tão comum na Europa) afastem o Japão contra o seu próprio interesse económico para longe do Mundo Livre. Se não o fizermos, existe o perigo real de que os europeus o excluam, ainda que apenas por ignorância generalizada em relação ao Japão e à sua força económica.

Ainda mais importante é que reconheçamos a importância do Japão para o Ocidente. Talvez porque o Japão do pós-Guerra não tem vindo a «dar problemas», os nossos decisores políticos não lhe têm prestado muita atenção — menos, por exemplo, do que à Índia ou às novas nações africanas. Temos encarado o Japão principalmente à luz da nossa própria estratégia: como uma base militar americana permanente e como um potencial aliado militar. Temos tendência a esquecer que o Japão é também uma grande potência, uma cultura antiga e um símbolo primordial de «desenvolvimento económico» para centenas de milhões de não europeus.

«Os indivíduos americanos que manifestam interesse no Japão — na sua história, economia, artes, universidades, religião — podem contribuir mais para nos ligar ao Mundo Livre do que todas as políticas do vosso governo», observou um proeminente banqueiro japonês, inclinado, por regra, a encolher os ombros a tais «intangíveis».

Finalmente, é necessário entender que o Japão não é um país «europeu» e que não pode nem deve tentar tornar-se um. Qualquer japonês responsável fica arrepiado quando alguém em Bona, Londres ou Washington fala da «Comunidade Atlântica»; sabe que nenhum truque semântico pode fazer com que o Japão faça fronteira com o Atlântico ou pode fazer com que a sua cultura remonte à «herança judaico-cristã» dos nossos catálogos universitários. Independentemente da forma como ocidentalizou a sua economia, educou tecnicamente o seu povo, desenvolveu os seus médicos e cientistas — as raízes da sua cultura e história, arte e religião, escrituras, literatura e língua não são europeias, mas sim asiáticas. Uma sociedade moderna viável no Japão deve abraçar tanto a sua civilização ocidental como a sua cultura asiática.

Há sinais de que os japoneses começam a entendê-lo; o apelo das duas seitas religiosas discutidas anteriormente reside, em grande parte, na ênfase que colocam tanto na religião e ética antigas como na economia, indústria, tecnologia e ciência modernas. Há sinais de que o Japão pode sintetizar o Oriente e o Ocidente. Pelo menos na pintura, a arte mais representativa e verdadeiramente nacional do Japão, uma geração de jovens artistas de qualidade são agora «abstracionistas» no sentido ocidental e, no entanto, inequivocamente «japoneses»: «caligrafistas» na melhor tradição japonesa e ainda, inconfundivelmente, inspirados em Braque, Matisse ou Jackson Pollock. Há outros sinais desta descoberta: no cinema, na cerâmica, na arquitetura. O Ocidente nunca teve de aceitar uma cultura e um país não europeu enquanto igual e muito menos enquanto líder.

Nós, é claro, falamos muito dessa igualdade — mas o Japão está à espera da concretização destas nossas intenções.

Contudo, a partir de agora a grande tarefa terá de ser feita pelos próprios japoneses. Evidentemente, o seu sucesso dependerá de uma economia mundial em expansão que tende a ser mais do que menos liberal. Mas mais importante será a coragem e visão do Japão na gestão dos próprios assuntos internos — no governo, na política e nos negócios. O mais importante é que o Japão deve resolver os seus problemas de uma forma «moderna» e «japonesa».

Por muito difícil que seja, e sem dúvida que o é, provavelmente a tarefa não é nem tão grande nem tão difícil como aquilo que o Japão já realizou desde 1952. Mas não será apenas o Japão que será posto à prova nas próximas décadas. Acima de tudo, será o Ocidente e os seus valores que serão postos à prova neste nosso novo mundo «pós-Ocidental». O Japão moderno é simultaneamente líder e modelo.

CAPÍTULO ONZE

O que Podemos Aprender com a Gestão Japonesa

1. Tomar decisões eficazes.
2. Harmonizar a segurança do emprego com a flexibilidade dos custos de mão-de-obra, produtividade e aceitação da mudança.
3. Gerir e desenvolver o jovem empregado profissional de gestão.

Estas três áreas estão certamente no topo de qualquer lista de preocupações de gestão.

Em cada uma delas, a gestão japonesa, e especialmente a gestão empresarial japonesa, comporta-se de uma forma marcadamente diferente da gestão ocidental, americana ou europeia. Os japoneses aplicam princípios diferentes e desenvolveram abordagens e políticas diferentes para resolver cada um destes problemas. Estas políticas, embora não sejam a chave do «milagre económico» japonês, são certamente fatores importantes na espantosa ascensão do Japão nos últimos 100 anos, e especialmente no crescimento económico e desempenho do Japão nos últimos 20.

Seria uma loucura para o Ocidente imitar estas políticas. Na realidade, seria impossível. Cada uma delas está profundamente enraizada nas tradições e cultura japonesas. Cada uma, de facto, aplica-se aos problemas de uma sociedade industrial e aos valores e hábitos económicos desenvolvidos há muito pelos membros dos clãs japoneses e a sua relação com o seu senhor, pelos padres *Zen* nos seus mosteiros ou os caligrafistas e pintores das grandes «escolas» de arte japonesa. No entanto, os princípios subjacentes a estas práticas japonesas merecem, creio eu, muita atenção e estudo por parte dos gestores no Ocidente, pois podem apontar o caminho para as soluções de alguns dos nossos problemas mais prementes.

Publicado pela primeira vez na *Harvard Business Review*, em março/abril de 1971.

I

O que significa «consenso»

Se existe um ponto em que todos os estudiosos do Japão, ocidentais ou japoneses, estão de acordo, é o facto de que as instituições japonesas, sejam empresas ou agências governamentais, tomam decisões por «consenso». Os japoneses, segundo nos dizem, debatem uma decisão em toda a organização até haver um acordo sobre a mesma. Só então é que tomam a decisão. «Isto não é para nós», dirá qualquer gestor experiente com um arrepio, «por muito bem que possa funcionar para os japoneses». Isto só pode levar à indecisão, ou à politiquice, ou, na melhor das hipóteses, a uma promessa inócua que não ofende ninguém, mas que também não resolve nada. E se de provas houvesse necessidade, bastaria a história da tentativa do Presidente Johnson de obter um «consenso». Mas mesmo a leitura mais sumária da História japonesa, ou o conhecimento mais superficial das empresas ou agências governamentais japonesas da atualidade, mostra que é o oposto que acontece no Japão. O que sobressai na História japonesa, bem como no comportamento dos seus atuais gestores, é a capacidade de fazer viragens de 180 graus, ou seja, de tomar decisões radicais e obviamente altamente controversas.

Por exemplo, nenhum país foi mais recetivo ao cristianismo do que o Japão do século XVI. De facto, a esperança dos missionários portugueses de que o Japão se tornasse o primeiro país cristão fora da Europa não era, de modo algum, apenas uma ilusão. No entanto, o mesmo Japão, no início do século XVII, deu uma reviravolta de 180 graus, suprimindo por completo e em poucos anos o cristianismo e apartando-se de todas as influências estrangeiras — aliás, de todo o contacto com o mundo exterior — durante 250 anos. Depois, cerca de 250 anos mais tarde, na Restauração Meji de 1867, o Japão executou outra viragem de 180 graus ao abrir-se ao Ocidente — mais uma vez, algo que nenhum outro país não europeu conseguiu fazer.

Vejamos também alguns exemplos atuais dos negócios e da economia. A Toyo Rayon, o maior fabricante japonês de fibras artificiais, fabricava unicamente raiom até meados dos anos 50. Depois, quando decidiu mudar para as fibras sintéticas, não optou por reduzir gradualmente a produção de raiom, como todas as empresas ocidentais em situação semelhante fizeram. Fechou as suas fábricas de raiom da noite para o dia, apesar de não poder despedir um único funcionário, de acordo com o sistema japonês de emprego.

O Ministério do Comércio Internacional e Indústria (MITI), já em 1966, quando discuti este assunto com os seus dirigentes, opunha-se firmemente a que qualquer empresa japonesa se tornasse multinacional e fizesse investimentos em filiais de fabrico no estrangeiro. Três anos mais tarde, em 1969, os mesmos dirigentes do MITI, a trabalhar para o mesmo governo conservador, tinham mudado completamente de rumo e estavam a impulsionar os investimentos japoneses na indústria transformadora no estrangeiro.

A chave para esta aparente contradição é que o ocidental e o japonês referem-se a coisas diferentes quando falam de «tomar uma decisão». Connosco, no Ocidente, toda a ênfase está na resposta à pergunta. De facto, todos os nossos livros sobre «tomar decisões» tentam desenvolver abordagens sistemáticas para chegar a uma resposta. Para os japoneses, contudo, o elemento importante na tomada de decisão é a definição da pergunta. Os passos importantes e cruciais são decidir se há ou não necessidade de uma decisão e sobre o objeto da decisão. E é nesta etapa que os japoneses procuram chegar a um consenso. É, de facto, esta etapa que, para os japoneses, é a essência da decisão. A resposta à pergunta — ou seja, aquilo que o Ocidente considera a «decisão» — é a etapa seguinte.

Neste processo que precede a decisão, não é feita qualquer menção ao que poderá vir a ser a resposta. Esta é denodadamente mantida fora da discussão por um motivo elementar: obrigaria as pessoas a tomar partido e, uma vez que o fizessem, a decisão representaria uma vitória para um lado e uma derrota para o outro. Assim, todo o processo está centrado em descobrir sobre o que é que é preciso decidir, e não sobre que decisão vai ser essa. O resultado é uma convergência de mentes quanto à necessidade real de efetuar uma mudança de comportamento.*

Isto leva muito tempo, é certo. De facto, o ocidental que lida com os japoneses sente-se profundamente frustrado durante este período. Não compreende o que se passa e fica com a sensação de que não lhe estão a dizer tudo.

É muito difícil para um executivo americano, por exemplo, compreender porque é que os japoneses com quem está a negociar, digamos, um acordo de licenciamento, enviam continuamente novos grupo de pessoas de três em três meses que iniciam aquilo que o ocidental pensa serem «negociações» como se nunca tivessem ouvido falar do assunto, tomam notas copiosas e depois voltam para casa, para serem sucedidos seis semanas mais tarde por outra equipa de novas pessoas de outras áreas da empresa, que agem novamente como se nunca tivessem ouvido falar do assunto em discussão, tomam notas copiosas e, mais uma vez, voltam para casa. Na verdade, embora poucos dos meus amigos ocidentais o compreendam, este é um sinal de que os japoneses levam o assunto muito a sério. Estão a tentar envolver as pessoas que terão de levar a cabo um eventual acordo no processo de obtenção de um consenso de que uma licença é, de facto, necessária. Só quando todas as pessoas que terão de levar a cabo o acordo se tiverem reunido sobre a necessidade de tomar uma decisão é que a decisão é tomada para ir em frente. Só então é que as negociações realmente se iniciam — e a partir daí costumam avançar à velocidade da luz.

---

* Temos um relato completo deste processo em ação, embora não se trate de uma decisão empresarial. Trata-se da decisão de ir para a guerra contra a América em 1941. (Japan's Decision for War, Registos das Conferências de Política de 1941. Traduzido e editado por Nobutuka Ike, Stanford University Press, 1967).

Só quando todo o grupo tiver plenamente entendido do que trata a decisão, e quando todos souberem que uma decisão é realmente apropriada, é que os japoneses atingem o ponto a que nos referimos quando falamos de uma decisão.

No entanto, já não lhe chamam «decisão»; chamam-lhe (e com razão) a «fase de ação». Neste ponto, a direção da empresa remete então a decisão para o que os peritos japoneses chamam «as pessoas apropriadas». Quem são as «pessoas apropriadas» é uma decisão da direção e vai determinar, com efeito, que resposta específica para o problema é que vai ser dada. Isto porque, naturalmente, no decurso das discussões que conduzem ao consenso, tornou-se muito claro quais as abordagens básicas que certas pessoas ou certos grupos estão a adotar para o problema. A direção, ao remeter o assunto para uns ou para outros, está, na verdade, a escolher a resposta — mas uma resposta que, por esta altura, já não surpreenderá ninguém. Este remeter da resposta para as pessoas apropriadas é tão crucial como a decisão paralela no processo político americano, que desconcerta por completo qualquer observador estrangeiro do governo americano: decidir a que comissão ou subcomissão do Congresso deve ser atribuído um determinado projeto de lei. Mais uma vez, esta decisão não se encontra em nenhum dos livros sobre governo e política americanos; no entanto, como todos os políticos americanos sabem, é o passo crucial que decide se o projeto de lei se vai tornar lei e que forma vai assumir. Do mesmo modo, no Japão, esta decisão da direção — não mencionada em nenhum livro japonês sobre governo ou negócios, que eu tenha conhecimento — decide qual será efetivamente a resposta à questão.

Quais são as vantagens deste processo? O que podemos aprender com ele?

Em primeiro lugar, favorece decisões rápidas e, sobretudo, decisões eficazes. Pode parecer um processo muito demorado. De facto, no Japão demora muito mais tempo a chegar a uma decisão do que no Ocidente. Mas nós, no Ocidente, passamos depois anos a «vender» uma decisão. Tomamos a decisão primeiro e depois começamos a tentar fazer com que as pessoas ajam de acordo com ela. Mais a mais, com demasiada frequência, como todos nós no Ocidente sabemos, ou a decisão é sabotada pela organização ou, o que ainda pode ser pior, quando finalmente as pessoas da organização adotam o comportamento, tornando-o de facto operacional, levaram tanto tempo a fazê-lo que a decisão se tornou obsoleta, ou até errada. Os japoneses, pelo contrário, não gastam absolutamente nenhum tempo a vender uma decisão. Já todos a compraram de antemão. Também sucede, é claro, que durante o processo se tornou claro em que parte da organização uma certa resposta a uma questão será bem-vinda e onde encontrará resistência. Portanto, há muito tempo para trabalhar na persuasão dos dissidentes ou em fazer-lhes pequenas concessões que os conquistarão sem destruir a integridade da decisão.

Qualquer ocidental que já tenha feito negócios com o Japão aprendeu que a aparente inércia da «fase de negociação», com os seus infindáveis adiamentos e mastigação interminável da mesma pastilha, é seguida por uma velocidade de ação que o deixa sem fôlego. O tal acordo de licenciamento pode levar três anos a ser elaborado e, durante esse período, não há discussão sobre termos, sobre que produtos os japoneses planeiam fazer, sobre que conhecimentos e ajuda podem precisar. Mas, de repente, em quatro semanas, os japoneses estão prontos para entrar em produção e começam a fazer exigências ao seu parceiro ocidental em matéria de dados, informações e pessoas que ele está totalmente desprevenido para satisfazer. Depois são os japoneses, por sinal, que se queixam, e amargamente, do «interminável atraso e procrastinação» do ocidental. Afinal, não compreendem a nossa forma de tomar uma decisão — ou seja, a nossa forma de tomar a decisão primeiro e de a implementar depois — tal como nós não compreendemos a forma japonesa que fazer com que a decisão seja eficaz *antes* da tomada de decisão propriamente dita.

Na verdade, a abordagem japonesa vai ao cerne da tomada de decisões eficazes. Isto é, não qual é a resposta correta, mas sim qual o comportamento correto que dela decorre. Não deriva da matemática, tal como acontece com a nossa abordagem à tomada de decisões, em que a resposta certa é um fim em si mesma e em que *quod erat demonstrandum* termina o processo de tomada de decisões. Ao invés disso, decorre de encarar a decisão enquanto um processo em que o resultado desejado é determinada ação e comportamento por parte das pessoas.

O método japonês concentra-se na compreensão do problema. Quase garante que todas as alternativas estão a ser ponderadas. Chama a atenção para o essencial. Não permite que haja um compromisso enquanto não houver um acordo sobre «do que trata a decisão». Como resultado, pode chegar à resposta errada para o problema, tal como aconteceu com a decisão de entrar em guerra contra os Estados Unidos em 1941. Mas raramente se chega à resposta certa para o problema errado. E esse, como todos os responsáveis por tomadas de decisão acabam por aprender, é o caminho realmente perigoso, essa é realmente a decisão irremediavelmente errada.

Acima de tudo, porém, o sistema obriga os japoneses a tomarem grandes decisões. Obriga-os a tomar decisões fundamentais, para não dizer decisões radicais. O sistema é demasiado pesado para ser posto a funcionar a propósito de questões menores. Requer demasiadas pessoas ao longo de demasiado tempo para se gaste em algo que não sejam assuntos verdadeiramente importantes, que conduzam a verdadeiras mudanças nas políticas e no comportamento. Pequenas decisões, ainda que sejam obviamente necessárias, muitas vezes não são simplesmente tomadas no Japão por essa razão.

Connosco, são as pequenas decisões que o nosso processo favorece — decisões que não têm grande importância. Qualquer pessoa que conheça empresas ou agências governamentais ocidentais sabe que, regra geral, tomam demasiadas pequenas decisões. Pessoalmente, já aprendi que nada causa tantos problemas numa organização como muitas pequenas decisões. Emocionalmente, é indiferente se a decisão é sobre mudar o refrigerador de água de uma ponta para a outra do corredor ou se é para largar um dos negócios mais antigos. A primeira decisão pode ser tão demorada e suscitar tanta discussão quanto a segunda. Isto, contudo, significa que não se consegue tomar decisões pequenas e frequentes. As grandes decisões é que são tomadas. E isso é o que o processo japonês consegue realizar.

Certa vez, assisti a uma empresa japonesa a trabalhar numa proposta de *joint-venture* apresentada por uma conhecida firma americana — uma firma com a qual os japoneses já faziam negócios há muitos anos. Os japoneses não começaram por discutir a *joint-venture*. Começaram, sim, com a pergunta: «Estará na hora de mudar a direção em que assenta o nosso negócio?» Em resultado, o consenso resultou numa decisão de abandonar uma série de negócios antigos e iniciar um conjunto de novas tecnologias e mercados, com a *joint-venture* — que foi estabelecida e tem vindo a funcionar muito bem — como um elemento posterior de uma estratégia nova e mais abrangente. Mas até os japoneses terem definido que a decisão era, na verdade, sobre a direção do negócio, e que era necessária uma decisão, não discutiram uma única vez, entre si, a conveniência da *joint-venture* ou as condições em que esta poderia ser criada.

No Ocidente, estamos a avançar na direção do processo japonês. Pelo menos é isto que todos os «grupos de trabalho», «planos de longo alcance» ou «estratégias» estão a tentar realizar. Mas, em primeiro lugar, não incorporamos no trabalho destas forças de trabalho a «venda» que o processo japonês incorpora antes da decisão. Isto explica, em grande medida, porque é que tantos relatórios brilhantes destes grupos de trabalho ou planeadores de longo alcance nunca passam do plano à ação. Ao mesmo tempo, esperamos que estes grupos de trabalho ou planeadores de longo alcance apresentem «recomendações», ou seja, que se comprometam com uma alternativa. Para os japoneses, contudo, o passo mais importante, e com toda a razão, é a compreensão das alternativas disponíveis. Connosco, como qualquer observador do processo sabe, os grupos de trabalho ou os planeadores de longo prazo tendem a começar com uma resposta, ou seja, com uma recomendação, e depois tentar encontrar documentação para a mesma. Os japoneses são tão opinantes como nós. Mas como eles próprios se disciplinam a não se comprometerem com uma recomendação até terem definido completamente a questão, e porque utilizam o sistema de obtenção de consenso para fazer emergir toda a gama de alternativas, têm muito menos probabilidades de se tornarem prisioneiros das suas respostas preconcebidas do que nós com os nossos processos de tomada de decisão.

II

Mitos e realidades do «emprego vitalício»

Tal como todos já ouvimos falar do «consenso» como a base das decisões japonesas, também todos nós, tanto no Japão como no Ocidente, ouvimos falar do «emprego vitalício» japonês. Uma vez mais, tal como acontece com a ideia genérica que fazemos do consenso, o conceito de emprego vitalício é mal entendido pela maioria das pessoas.

Certamente que, a partir do momento em que constam da folha de pagamentos, a maioria dos empregados nos sectores «modernos» das empresas e da indústria japonesa tem emprego garantido.* Enquanto estão ao serviço, não usufruem só de uma segurança de emprego praticamente total, ameaçada apenas em caso de crise económica grave ou de falência do empregador. Regra geral, usufruem também de uma remuneração por antiguidade, com salários que duplicam a cada 15 anos, independentemente do emprego.

Mas em vez de uma estrutura rígida de custos de mão-de-obra, o Japão tem, na realidade, uma flexibilidade notável nos seus custos de mão-de-obra e na sua força de trabalho. O que nunca ninguém mencionou — e que, creio eu, a maioria dos japoneses nem sequer vê — é que o sistema de reformas japonês (ou talvez devesse ser chamado sistema de não-reforma japonês) não torna só os custos de mão-de-obra mais flexíveis do que na maioria dos países e do Ocidente e suas respetivas indústrias. Harmoniza também de uma forma altamente engenhosa a necessidade dos trabalhadores de uma garantia de emprego e de rendimento e a necessidade que a economia tem de custos de mão-de-obra flexíveis. Na verdade, se os negócios abrandarem, a maioria das empresas japonesas, especialmente as grandes, despedem uma maior proporção da sua força de trabalho comparativamente com a maioria das empresas ocidentais. No entanto, podem fazê-lo de uma forma em que os empregados que mais necessitam de um rendimento sejam totalmente protegidos. O fardo do ajustamento é assumido por aqueles que o podem pagar e que possuem rendimentos alternativos a que podem recorrer.

A idade oficial da reforma no Japão é 55 anos, exceto para os poucos que, aos 45, se tornam membros da administração das empresas e para os quais

* Isto, no entanto, requer uma qualificação considerável. As mulheres são sempre consideradas empregadas «temporárias» e não «permanentes». Muitos dos empregados das «empresas tradicionais» do Japão, especialmente as indústrias de oficinas pré-industriais, tais como a lacagem, a cerâmica ou a tecelagem de seda, são contratados e pagos à hora. Muitos dos empregados das «empresas tradicionais» do Japão, especialmente as indústrias de oficinas pré-industriais, tais como a lacagem, a olaria ou a tecelagem de seda, são contratados e pagos à hora. Na indústria moderna existe, inclusive, uma quantidade substancial de empregados — cerca de 20%, embora esteja a diminuir lentamente — que, por decisão unilateral da direção, são considerados «temporários» e permanecem nesta categoria, embora possam já estar em funções há muitos anos.

não se prevê uma idade fixa de reforma. Aos 55 anos, supostamente, os funcionários, sejam varredores ou chefes de departamento, «reformam-se». Tradicionalmente, recebem então um bónus de saída igual a cerca de dois anos de pagamento integral.*

Considerando que a esperança de vida no Japão já está completamente à altura dos padrões ocidentais, de modo que a maioria dos empregados pode esperar viver até aos 70 anos de idade, esta medida parece totalmente inadequada. No entanto, ninguém se queixa do destino terrível dos reformados. Mais espantoso ainda, podemos encontrar em qualquer fábrica, escritório ou banco japonês pessoas que alegremente admitem ter um pouco mais de 55 anos e que obviamente ainda estão a trabalhar.

Os funcionários em geral, nas fábricas ou nos escritórios, deixam de ser funcionários permanentes aos 55 anos e tornam-se «temporários». Isto significa, em primeiro lugar, que podem ser despedidos se não houver trabalho suficiente. Se houver — e é claro que o Japão, nestes últimos 20 anos, tem tido uma escassez aguda de mão-de-obra —, permanecem no seu lugar, muitas vezes fazendo o mesmo trabalho que faziam anteriormente, lado a lado com os funcionários permanentes com quem trabalham há muitos anos. Mas por este trabalho são agora remunerados, no mínimo, um terço a menos do que recebiam quando eram empregados permanentes.

A razão de ser disto é bastante simples. Estas pessoas, argumentam os japoneses, têm algo em que se apoiar: o subsídio de dois anos. Isto, reconhecem eles abertamente, não é suficiente para sobreviver durante cerca de 15 anos, mas geralmente é suficiente para dar uma ajuda. Uma vez que, regra geral, já não têm filhos ou pais dependentes para sustentar, as suas necessidades deveriam ser consideravelmente mais baixas do que quando tinham, digamos, 40 anos e teriam presumivelmente tanto filhos como pais para cuidar.

Se a minha intenção fosse descrever o sistema de emprego japonês, teria de entrar em muitos detalhes bastante complicados, como o papel do bónus semestral, por exemplo. Mas estou mais interessado naquilo que nós, no Ocidente, talvez possamos vir a aprender com os japoneses. Considero que o mais nos pode interessar no sistema japonês é a forma como satisfaz duas necessidades aparentemente contraditórias: proporcionar segurança de emprego e de rendimentos e a necessidade de flexibilidade e adaptabilidade da força de trabalho e dos seus custos.

No Ocidente, ao longo dos últimos 25 anos, cada vez mais empregados conseguiram manter um rendimento que pode, em muitos casos, exceder o que o trabalhador japonês obtém com um emprego vitalício. Existe, por exemplo, a Remuneração Suplementar de Trabalho das indústrias de produção em massa americanas que, com efeito, garante ao trabalhador sindicalizado a maior parte

* Muitas empresas, fortemente apoiadas pelo governo, estão a implementar pagamentos de pensões complementares que, no entanto, segundo os padrões ocidentais, ainda são extremamente baixas.

dos seus rendimentos, mesmo durante longos períodos de dispensa. De facto, pode muito bem argumentar-se que os custos laborais nas indústrias de produção em massa americanas são mais rígidos do que no Japão, ainda que as nossas chefias possam ajustar rapidamente o número de homens ao fluxo de trabalho, em contraste com a prática japonesa de manter o emprego para empregados permanentes quase independente das condições empresariais. Cada vez mais, encontramos também nas indústrias de produção em massa fortemente sindicalizadas provisões para a reforma antecipada, como foi escrito no outono de 1970 no contrato da indústria automóvel americana. Ainda assim, os empregados sindicalizados estão a ser despedidos de acordo com a antiguidade, sendo os que têm menos antiguidade os primeiros. Desta forma, oferecemos menor segurança de emprego e rendimento às pessoas que mais necessitam de um rendimento previsível: os pais de famílias jovens que, naturalmente, também são os que ainda podem ter pais mais idosos para sustentar. Além disso, quando se trata de uma «reforma antecipada», significa, por regra, que o trabalhador tem de tomar a decisão de se reformar permanentemente. Uma vez que tenha optado pela reforma antecipada, será excluído e é pouco provável que volte a ser contratado pela mesma empresa, quanto mais, na sua idade, que seja contratado por outro empregador. Por conseguinte, a nossa força de trabalho — e isto é igualmente válido para a Grã-Bretanha ou para o continente europeu — carece do sentimento de segurança económica e de emprego que é uma característica tão marcante da sociedade japonesa.

Por outras palavras, pagamos por um elevado grau de «manutenção de rendimentos» e impusemos a nós próprios um grau de rigidez muito elevado no que diz respeito aos custos laborais. Mas obtemos muito poucos dos benefícios. Acima de tudo, não temos a segurança psicológica que é tão pronunciada na sociedade japonesa: a profunda convicção de alguém em idade de trabalhar que não precisa de se preocupar com o emprego e o seu rendimento. Em vez disso, temos medo — os mais jovens de serem os primeiros a ser despedidos, precisamente quando as necessidades económicas das suas famílias estão no auge; os mais velhos de perderem os empregos na casa dos 50 anos e depois serem demasiado velhos para serem contratados. No sistema japonês, pelo contrário, existe confiança em ambos os grupos etários — confiança dos mais jovens de que podem contar com um emprego seguro e um aumento constante do rendimento enquanto as crianças crescem; confiança dos mais velhos de que ainda são desejados, ainda úteis, mas também não um «fardo».

Na prática, é claro, o sistema japonês não é mais perfeito do que qualquer outro. Há nele muitas desigualdades e o tratamento das pessoas mais velhas, em particular, deixa muito a desejar, especialmente nas pequenas oficinas do Japão pré-industrial e na multitude de pequenas empresas de serviços. Mas o princípio básico que os japoneses desenvolveram — não através de um planeamento racional, mas através da aplicação dos conceitos tradicionais japoneses de obrigação mútua para com o emprego e a economia do trabalho — parece fazer mais sentido e funcionar melhor do que a dispendiosa manta de retalhos que aplicámos aos sintomas do problema sem, no entanto, nos debruçarmos sobre o problema em si. Economicamente, poder-se-ia dizer que temos maior «segurança» no nosso sistema; sem dúvida que pagamos mais por ele. Contudo, não alcançámos o que o sistema japonês produz: a convicção psicológica do emprego vitalício, ou seja, da segurança do emprego e dos rendimentos.

Hoje já há algumas conversas, e até alguma ação, na indústria americana sobre «antiguidade inversa» para proteger os negros recentemente contratados, que têm pouca ou nenhuma antiguidade, no caso de um despedimento. Mas podemos também considerar a aplicação da «antiguidade inversa» aos homens mais velhos que ultrapassaram a idade da maior obrigação familiar, agora que tantos contratos de trabalho preveem a «reforma antecipada» aos 55 anos. Mais a mais, é previsível que a pressão para essas disposições de reforma antecipada venha a aumentar acentuadamente com o aumento do número de homens jovens que entrarão no mercado de trabalho nos próximos anos. Quem tem direito a uma pensão de reforma antecipada pode ser despedido em primeiro lugar; atualmente, a antiguidade confere-lhes tudo menos segurança absoluta no emprego. No entanto, pelo mesmo princípio, estes homens podem ter o direito, atualmente em geral negado por completo, de voltar a sair da reforma antecipada e serem os primeiro a serem novamente contratados quando a atividade laboral se expandir novamente. De facto, algumas dessas medidas que reforçam a segurança do emprego dos funcionários mais jovens e casados, com os seus pesados encargos familiares, podem muito bem ser a única defesa contra as pressões por garantias absolutas de emprego que de outra forma poderiam impor à América os custos rígidos da mão-de-obra com que o folclore dota a economia japonesa.

Ainda mais importante como lição a ser aprendida com os japoneses é a necessidade de moldar os benefícios às necessidades e desejos dos grandes grupos específicos de empregados. Caso contrário, serão apenas custos e não benefícios. No Ocidente, e especialmente nos Estados Unidos nos últimos 30 anos, temos acumulado benefício após benefício até ao ponto em que as «franjas» atingem um terço do custo total da mão-de-obra em algumas indústrias. No entanto, praticamente todos estes benefícios têm sido aplicados de forma generalizada, quer sejam necessários a um determinado grupo ou não. A única exceção que me ocorre é a licença de maternidade. Mas as adolescentes, que querem ficar num emprego apenas até encontrarem um marido, são obrigadas a pagar os planos de reforma devidos aos 65 anos. O seguro de saúde, quer seja Blue Cross ou uma companhia privada, não oferece, por norma, qualquer proteção contra os custos de doença a um empregado sem trabalho, precisamente quando ele mais necessita dessa cobertura. Mas a maioria dos planos oferece benefícios totais aos dependentes inativos de um trabalhador, apesar de a maioria dos empregados, com os salários atuais, ganhar mais que o suficiente para pagar as despesas rotineiras de saúde das suas famílias, apesar dos custos elevados dos cuidados de saúde. De facto, subjacente a toda a nossa abordagem aos benefícios — com as chefias e os sindicatos em total acordo, pelo menos por uma vez — está a noção asinina de que a força de trabalho é homogénea nas suas necessidades e nos seus desejos. Como resultado, gastamos quantidades fabulosas de dinheiro em «benefícios» que têm pouco significado para grandes grupos, por vezes mesmo a maioria, dos trabalhadores, e deixam insatisfeitas as necessidades genuínas de outros grupos, igualmente substanciais. Esta é, em si, uma das principais razões pelas quais os nossos planos de benefícios têm produzido tão pouca satisfação e segurança psicológica dos empregados e pelas quais um aumento num tipo de benefício leva imediatamente a exigências de novos e diferentes benefícios para «equiparar» os benefícios de algum outro grupo — os idosos ou os jovens, os qualificados ou os não qualificados, e assim por diante.

O que tanto as chefias como os sindicatos podem aprender com a experiência japonesa é moldar os planos de benefícios para que a mesma quantia possa proporcionar, de forma flexível, o máximo de benefícios reais para diferentes grupos de empregados com necessidades e desejos diferentes, de acordo com as suas fases de vida e ciclo familiar. É esta convicção psicológica que está também subjacente ao que poderia ser um «segredo» importante da economia japonesa: a disposição do empregado em aceitar alegremente as mudanças contínuas na tecnologia e no processo, e a aceitação do aumento da produtividade como sendo bom para todos.

Muito se escreve hoje sobre o «espírito» das fábricas japonesas. Mas muito mais importante do que a canção da empresa que os trabalhadores das grandes fábricas cantam no início do dia é o facto de os trabalhadores japoneses revelarem tão pouco da famosa resistência à mudança que está tão difundida no Ocidente.

A explicação habitual é o «carácter nacional» — uma justificação que é sempre duvidosa. O facto de a aceitação da mudança não ser, de modo algum, geral em todo o Japão, pode ser um indicador de que essa é a explicação errada. Os caminhos-de-ferro nacionais japoneses, por exemplo, sofrem de resistência à mudança tanto como qualquer outro sistema ferroviário, incluindo os caminhos-de-ferro americanos. Mas os numerosos caminhos-de-ferro privados que atravessam as áreas densamente povoadas do Japão parecem estar relativamente livres desse fenómeno. O facto de os caminhos-de-ferro nacionais japoneses terem um excesso de pessoal tão grande como qualquer indústria nacionalizada no mundo pode fazer parte da explicação; os trabalhadores sabem que qualquer mudança é suscetível de criar despedimentos. Mais importante é o facto de as indústrias no Japão que, tal como os Caminhos-de-Ferro Japoneses, sofrem de resistência à mudança serem também as que estão organizadas de acordo com conceitos ocidentais de ofício e perícia. As indústrias que aplicam conceitos japoneses, tal como os caminhos-de-ferro privados, por regra, não sofrem de resistência à mudança, embora os seus empregados também saibam que a empresa está com excesso de pessoal e não com falta.

O segredo pode residir no que os japoneses chamam «formação contínua». Isto significa, em primeiro lugar, que cada empregado, muitas vezes até e incluindo os gestores de topo, continua a receber formação como parte regular do seu trabalho até se reformar. Isto contrasta fortemente com a nossa prática ocidental em que treinamos alguém, por norma, apenas quando este tem de adquirir uma nova habilidade ou mudar para uma nova posição. A nossa formação é «orientada para a promoção»; a formação japonesa é «orientada para o desempenho». Mais ainda, os empregados japoneses de todos os níveis são geralmente treinados não só no seu ofício, mas em todos os outros de nível equivalente ao seu. Alguém que trabalhe como eletricista assiste automaticamente a sessões de formação em cada uma das restantes áreas abrangidas pela fábrica. Mas alguém que varre o chão também o fará. Ambos poderão permanecer nos respetivos empregos até à sua morte ou até à reforma. De facto, o seu salário é independente, em grande medida, do trabalho que fazem e está orientado principalmente para o tempo de serviço, de modo que o eletricista altamente qualificado pode muito bem receber menos dinheiro do que o varredor. Mas é esperado que ambos sejam razoavelmente proficientes em todos os trabalhos da fábrica que, em geral, estejam ao mesmo nível que o seu trabalho (o que numa fábrica pode significar todos os trabalhos de operário, por exemplo). Espera-se igualmente que o contabilista do escritório seja formado — ou que se forme a si próprio através de uma multiplicidade de cursos por correspondência, seminários ou escolas de aperfeiçoamento disponíveis em todas as grandes cidades — em cada um dos trabalhos técnicos realizados na sua empresa — tais como pessoal, formação ou compras. E é assim que funciona até chegar ao nível da administração.

O presidente de uma empresa bastante grande, que uma vez me disse casualmente que não se podia reunir comigo numa certa tarde porque ia assistir à ação de formação da sua empresa sobre soldagem — e como estudante e não como observador ou professor — é, naturalmente, a exceção. Mas presidentes de empresas a frequentar cursos por correspondência em programação informática é bastante comum. E os jovens funcionários fazem-no espontaneamente.

Seria necessário um denso livro sobre a história económica e industrial japonesa para explicar as origens deste sistema — embora na sua fase atual tenha apenas cerca de 50 anos e remonte à escassez de mão-de-obra durante e logo após a Primeira Guerra Mundial. Seria necessário um livro ainda mais denso para discutir as vantagens, desvantagens e limitações do sistema japonês; e as limitações são muito grandes, de facto. Os jovens com formação técnica, como os jovens cientistas e engenheiros, por exemplo, ressentem-se amargamente e resistem-lhe com bastante sucesso. Querem trabalhar como cientistas e engenheiros e não ficam, de modo algum, encantados quando lhes é pedido para aprenderem contabilidade ou quando são transferidos de um trabalho de engenharia para o departamento de pessoal. Além disso, de pessoas tão altamente qualificadas e especializadas como os fabricantes de papel, que gerem grandes máquinas, ou os responsáveis pelas compras dos grandes armazéns, geralmente ninguém espera que saibam fazer outros trabalhos ou que estejam dispostos a encaixar neles. Mas mesmo estes especialistas continuam, por uma questão de rotina, a aperfeiçoar-se na sua própria especialidade, muito depois de qualquer «formação» no Ocidente ter terminado; normalmente, para o resto das suas vidas profissionais.

Um resultado desta prática é que a melhoria do trabalho e dos processos é incorporada no sistema. Numa típica sessão de formação japonesa, existe um formador. Mas a verdadeira responsabilidade da formação recai sobre os próprios participantes. E a pergunta é sempre: «O que aprendemos que nos possibilite fazer melhor o trabalho?» Por outras palavras, a maioria dos participantes conhece bem o seu trabalho — de facto, já o faz há muitos anos. Daí resulta que a novidade, seja uma nova ferramenta, um novo processo ou uma nova organização do trabalho, surja como «autoaperfeiçoamento» semana após semana, mês após mês. Um empregador japonês que queira mudar o processo para introduzir um novo produto ou uma nova máquina, fá-lo através de sessões de formação. Consequentemente, não é costume haver qualquer resistência, mas sim aceitação. De facto, os americanos na gestão de *joint-ventures* no Japão relatam sempre que os *bugs* dos novos processos são normalmente trabalhados, ou pelo menos identificados, antes de a novidade entrar em funcionamento na fábrica.

Um segundo benefício disto é um aumento de produtividade intrínseco. No Ocidente, treinamos até que um aprendiz atinja o desempenho padrão. Depois, concluímos que ele já domina o trabalho e só precisa de nova formação quando se muda para outro cargo ou quando o próprio trabalho está a ser alterado. A nossa «curva de aprendizagem» alcança o «padrão», após o qual se mantém num patamar. Não é assim no Japão; e o entendimento japonês é mais realista, mais em sintonia com tudo o que sabemos sobre aprendizagem. Claro que os japoneses também têm um padrão e uma curva de aprendizagem para o atingir. Os seus padrões são geralmente bastante inferiores aos padrões correspondentes no Ocidente; as normas de produtividade que satisfizeram a maioria das indústrias japonesas no passado são, de um modo geral, bastante baixas em relação aos padrões ocidentais. Mas os japoneses continuam a treinar, e, mais cedo ou mais tarde, a sua curva de aprendizagem começa a sair do planalto que nós, no Ocidente, consideramos permanente. Começa a subir novamente, não porque os homens trabalham mais, mas porque começam a «trabalhar de forma mais inteligente». No Ocidente, ficamos satisfeitos se o trabalhador mais velho não baixar a sua produtividade. Isto também é um problema em algumas indústrias japonesas; as mulheres jovens que montam componentes eletrónicos de precisão, por exemplo, atingem o auge da sua destreza manual e da sua acuidade visual por volta dos 20 anos de idade e, após os 23 ou 25, declinam rapidamente. (Este é um dos motivos pelos quais a indústria eletrónica japonesa se esforça por encontrar maridos para as raparigas e tirá-las da fábrica quando elas atingem 21 ou 22 anos.) Mas, de um modo geral, os japoneses diriam que o empregado mais velho é mais produtivo; e os seus números confirmariam isso. Com uma remuneração baseada na antiguidade, a produção por iene pode ser muito mais elevada numa fábrica em que a força de trabalho é, em grande parte, nova e jovem. Mas a produção por pessoa/hora é quase invariavelmente muito mais elevada na fábrica que tem a população ativa mais velha — quase o oposto daquilo que nós, no Ocidente, damos por garantido.

Com efeito, os japoneses aplicam ao trabalho nos negócios e na indústria as suas próprias tradições. As duas grandes artes dominadas pelos samurais, os membros da casta guerreira que governou o Japão durante 300 anos até 1867, eram o manejo da espada e a caligrafia. Ambos exigiam «aprendizagem vitalícia». Em ambos se continua a treinar mesmo depois de se alcançar a mestria. E se não se continuar a treinar, perde-se rapidamente a destreza. Do mesmo modo, as escolas japonesas de pintura, a escola Kano, por exemplo, que dominou a arte oficial japonesa durante 300 anos até 1867, ensinavam que até o maior mestre passa várias horas por dia a copiar, ou seja, permanece em formação contínua. Caso contrário, a sua habilidade, e acima de tudo a sua criatividade, em breve começaria a diminuir. Também os maiores mestres de judo fazem os exercícios elementares todos os dias — tal como, é claro, os grandes pianistas do Ocidente fazem diariamente as suas escalas. «Uma diferença que tenho dificuldade em explicar aos meus colegas ocidentais», disse-me um dos principais engenheiros industriais do Japão certo dia,

> *é que fazemos exatamente as mesmas coisas que os engenheiros industriais de Detroit ou Pittsburgh; apenas o significado é diferente. O engenheiro industrial americano define o trabalho e o trabalhador. Nós apenas definimos o trabalho. No que diz respeito ao trabalhador, somos professores e não donos. Tentamos ensinar como se melhora a própria produtividade e o processo. O que montamos é a fundação; o edifício que o trabalhador constrói. Gestão científica, estudos de tempo e movimento, fluxo de materiais — fazemo-los todos, e não é diferente da forma como são feitos nos Estados Unidos. Mas vocês nos Estados Unidos pensam que o trabalho termina aqui; no Japão, acreditamos que é onde começa. O serviço do trabalhador começa quando tivermos terminado a conceção do seu próprio trabalho.*

A formação contínua no Japão contribui em grande medida para evitar a extrema especialização e divisão em departamentos que nos assolam. Não existem sindicatos de artífices nem artesãos na indústria japonesa. (A exceção mais significativa são os Caminhos-de-Ferro Nacionais Japoneses, que importaram uma mão-de-obra especializada da Grã-Bretanha e Alemanha, juntamente com os seus carris de aço e locomotivas, e que estão talvez ainda mais fragmentados por categorias profissionais e jurisdicionais do que os Caminhos-de-Ferro americanos ou britânicos.) Os artesãos, nos primeiros tempos da industrialização japonesa, recusaram-se terminantemente a trabalhar nas novas fábricas. Estas, assim, tiveram de se abastecer de jovens recém-chegados das fazendas, que não tinham competências e a quem tinha de ser ensinado o que precisavam de saber para fazer o trabalho. Ainda assim, não é realmente verdade, como afirma a doutrina oficial japonesa, que «os homens são livremente transferidos de emprego em emprego dentro de uma fábrica». É provável que um homem numa oficina de soldadura permaneça nesse posto, assim como o colega da secção seguinte que manuseia os *sprays* de tinta. Há muito mais mobilidade individual no trabalho de escritório, e especialmente para pessoas de gestão e profissionais. Uma empresa japonesa não hesitará em mudar um jovem gestor do controlo de produção para o estudo de mercado ou para o departamento de contabilidade. Contudo, os departamentos específicos de um escritório tendem a ser rigidamente especializados e altamente paroquiais na defesa das suas «prerrogativas». A visão afunilada que afeta muitas pessoas nas empresas ocidentais está, contudo, conspicuamente ausente no Japão. O engenheiro industrial que citei anteriormente insiste meticulosamente nas fronteiras entre a engenharia industrial e outras engenharias ou entre a engenharia industrial e os recursos humanos. Ele próprio nunca trabalhou em qualquer outra função, desde o dia em que se formou na escola de engenharia até ao dia em que, aos 55 anos de idade, foi nomeado presidente de uma empresa filiada dentro do seu grupo. No entanto, conhecia o trabalho de todas as outras funções. Compreendia os seus problemas. Sabia o que podiam fazer pelo seu departamento de engenharia industrial e o que, por sua vez, o engenheiro industrial tinha de fazer por eles. É o mais puro dos especialistas no seu próprio trabalho, e, no entanto, é um verdadeiro «generalista» no seu conhecimento, na sua visão e na forma como se responsabiliza pelo desempenho e resultados de toda a organização.

Ele próprio atribui isto ao facto de — muito contra a sua vontade nos anos iniciais da sua carreira, tal como me confessou com uma gargalhada — ter sido sujeito, durante todo o percurso, a uma formação contínua sobre os trabalhos em curso ao seu nível profissional. Quando era engenheiro industrial júnior, participou nas sessões de formação de todos os juniores, fossem engenheiros, contabilistas ou vendedores, e assim por diante, até se tornar membro da direção. Nessa altura, de forma voluntária, juntou-se a um grupo de administradores que se reunia duas noites por semana, geralmente liderado por um moderador externo, com o objetivo de se instruírem no trabalho da administração de topo.

Nós, no Ocidente, enfatizamos hoje a «educação contínua». Este é um conceito que ainda é estranho ao Japão. Geralmente, o homem ou mulher que se forma na universidade nunca mais põe os pés no *campus*, não volta a frequentar uma aula, jamais regressa para «recauchutagem». A educação normal no Japão ainda é vista como uma preparação para a vida e não como a própria vida. De facto, os empregadores japoneses, mesmo os grandes como o governo, não querem realmente jovens que tenham ido para as escolas de pós-graduação. São «demasiado velhos» para começar desde a base — e não existe outro lugar para se começar no Japão senão pela base. São profissionais que têm a expectativa de trabalhar como especialistas e de serem peritos, em vez de se submeterem à formação do seu empregador. De facto, a resistência aos especialistas altamente treinados é considerada por muitas pessoas pensantes na área da gestão no Japão como sendo uma grande fraqueza das empresas japonesas, e ainda mais do governo japonês. Há poucas dúvidas de que, nos próximos anos, a educação contínua se tornará muito mais importante no Japão do que é agora e que, ao mesmo tempo, os especialistas terão de se tornar também muito mais importantes. Mas, ao mesmo tempo, a formação contínua empresarial do Japão tem algo a ensinar-nos. No Ocidente, reagimos à resistência à mudança e à produtividade, em grande parte, na linha do velho ditado de Mark Twain sobre o estado do tempo. Todos reclamamos, mas ninguém faz nada. Os japoneses, pelo menos, fazem algo — e com um sucesso notável.

A formação contínua não é completamente desconhecida no Ocidente. Há um século, foi desenvolvida pela então jovem Zeiss Works, na Alemanha, e aplicada a *todos* os empregados da fábrica, embora a maioria fossem, obviamente, sopradores de vidro e óticos altamente qualificados com muitos anos de formação artesanal por trás. A liderança mundial da indústria ótica alemã até à Primeira Guerra Mundial, senão até à Segunda Guerra Mundial, assentava, em grande medida, nesta política que encarava a elevada perícia artesanal como uma base para a aprendizagem, e não como o seu fim. No entanto, com as jurisdições destas práticas especializadas congeladas em contratos sindicais extremamente rígidos e restritivos nos Estados Unidos (e ainda mais na Grã-Bretanha), hoje em dia isto provavelmente só poderia ser possível em indústrias de produção em massa com antiguidade a nível da fábrica ou, pelo menos, a nível departamental.

Mas poderia ser feito — e deveria ser feito — com os trabalhadores não sindicalizados, administrativos, supervisores, profissionais e dirigentes. Mas aqui, onde as restrições sindicais não podem ser imputadas, as administrações estão hoje ocupadas em criar departamentalização, especialização e uma visão afunilada. Não há dúvida de que existe uma boa dose de formação contínua; muitas empresas não só têm programas de formação, mas também encorajam, através do reembolso das propinas, por exemplo, o seu pessoal técnico, profissional e de gestão mais jovem a continuar a frequentar as universidades, continuando a sua educação.

Em demasiados casos, a ênfase nestes programas é colocada em tornar um funcionário mais especializado e em *não* aprender outros conhecimentos, competências e funções. Na maioria dos programas de formação que conheço — e conheço bastantes —, a ênfase está inteiramente na única função em que um jovem já trabalha; no máximo, é-lhe dito que «outras áreas são, naturalmente, importantes». Mas depois é-lhe ordenado que aprenda mais na sua própria área, quer se trate de pesquisa de mercado ou contabilidade fiscal ou engenharia industrial. Em consequência disso, pouco depois, ele passa a considerar as outras áreas um excesso de bagagem. E quando temos de introduzir algo verdadeiramente novo — o computador é um exemplo incrível —, introduzimos um conjunto de novos especialistas, com o resultado previsível de que os recém-chegados são, ao mesmo tempo, ineficazes, uma vez que ninguém entende o que estão a tentar fazer, e alvo de ressentimento, porque representam uma ameaça para todos. Certamente que esta departamentalização e estreiteza de gestão tem sido uma das principais razões para as dificuldades que estamos a ter com os computadores e mais ainda com os especialistas em informática.

Quando se trata de educação fora da empresa, em cursos pós-laborais na universidade local, por exemplo (praticamente todos os meus alunos me dizem isto), o supervisor de um jovem instigará o seu subordinado a investir mais na sua especialidade e a afastar-se de qualquer outra área. É certo que as políticas da empresa não fazem essa diferenciação ao oferecer o reembolso das propinas; mas o supervisor, por regra, tem de aprovar o programa do jovem antes de a empresa o pagar.

A regra devia ser o oposto: uma vez que um jovem tenha adquirido as bases de uma especialidade, devia ser sistematicamente exposto a todas as outras áreas principais do negócio, quer nos cursos de formação da sua empresa, quer na educação contínua fora da empresa. Só assim podemos esperar evitar que os profissionais e gestores de amanhã sejam tão departamentalizados, tão fragmentados por «delimitações jurisdicionais», tão confinados na sua visão do passado, como temos vindo a encorajar os trabalhadores qualificados a ser.

III

Os cuidados para com os jovens e o seu desenvolvimento

A Casa de Mitsui não é apenas a mais antiga das grandes empresas do mundo; remonta a 1637, meio século antes da fundação do Banco de Inglaterra. Era também a maior das grandes empresas do mundo até que a Ocupação Americana a dividiu em empresas individuais (e hoje, quando estas empresas se juntaram novamente numa confederação bastante próxima, pode muito bem voltar a ser a maior empresa do mundo). Ao longo dos seus 300 anos de vida empresarial, a Mitsui nunca teve um único chefe executivo (o termo japonês é «chefe *banto*», literalmente «chefe funcionário») que não fosse um homem notável e um líder poderoso. Este feito, que eu saiba, nenhuma outra instituição foi capaz de igualar; nem a Igreja Católica, nem qualquer governo, exército, marinha, empresa ou universidade.

Se perguntarmos como se explica um sucesso tão surpreendente no aperfeiçoamento e seleção de executivos, obtemos sempre a mesma resposta:

Desde o início, o chefe banto *— ele próprio nunca um membro da família Mitsui, mas sim um «trabalhador contratado» — tinha apenas uma função: aperfeiçoamento, seleção e colocação de gestores. Passava a maior parte do seu tempo com os jovens que entravam como gestores juniores ou profissionais. Ele conhecia-os. Ouvia-os. Consequentemente, quando estes homens rondavam os 30 anos, ele sabia quais os que provavelmente chegariam ao topo da gestão, que experiências e aperfeiçoamento precisavam e em que funções deveriam ser postos à prova.*

À primeira vista, nenhum sistema pareceria menos propício ao desenvolvimento de executivos fortes do que o japonês. Antes pareceria ser a receita ideal para formar homens tímidos selecionados em virtude de uma mediocridade comprovada e treinados «para não criar ondas». Os jovens que entram para uma empresa diretamente da universidade — e de um modo geral, esta é a única forma de chegar à gestão de uma empresa, uma vez que a contratação a partir do exterior e para posições de nível superior é praticamente inédita — sabem que terão um emprego até se reformarem, por muito mau que seja o seu desempenho. Até terem 45 anos, ou seja, durante o primeiro quarto de século da sua vida profissional, serão promovidos e pagos apenas pela antiguidade. Parece não haver avaliação de desempenho, nem esta faria muito sentido quando um trabalhador não pode ser recompensado pelo desempenho nem penalizado pela falta dele. Os superiores não escolhem os seus subordinados; os recursos humanos tomam, em regra, as decisões relativas ao pessoal, muitas vezes sem consultar o gestor ao qual um subordinado está a ser atribuído. E é, ao que parece, impensável para um jovem gestor ou profissional pedir uma transferência, e igualmente impensável para ele demitir-se e ir para outro lugar.* De facto, todos os jovens gestores e funcionários profissionais em organizações japonesas, sejam elas empresariais ou governamentais, sabem que é dele esperado que ajude os seus colegas a fazer boa figura, e não que se destaque por brilhantismo ou agressividade.

Isto dura 20 a 25 anos, período durante o qual toda a ênfase parece estar em conformar-se, em fazer o que está a ser pedido e em demonstrar o devido respeito e deferência.

De repente, quando um homem chega aos 45, chega o Dia do Reconhecimento, em que se separa o trigo do joio. É escolhido um grupo pequeno — mesmo pequeno — de homens para se tornarem diretores da empresa, ou seja, gestores de topo; podem então permanecer bem para além de qualquer idade de reforma conhecida no Ocidente, sendo que gestores de topo ativos na casa dos 80 anos não são uma raridade. Os restantes, ou seja, de diretor de departamento para baixo, ficam até aos 55 anos, geralmente com direito a mais uma

* Isto está a mudar, ainda que muito lentamente, em particular para o pessoal técnico altamente qualificado. Seria ainda quase inédito para um jovem aceitar um emprego noutra empresa, exceto com a autorização expressa do seu empregador anterior.

promoção, na melhor das hipóteses. Depois reformam-se e, ao contrário do caso dos funcionários de topo, a sua reforma é obrigatória.*

Para um estrangeiro que acredite no que os japoneses lhe dizem, nomeadamente, que é realmente assim que o sistema funciona, é inconcebível em que base é tomada esta decisão crucial aos 45 anos; no entanto, tem como resultado o surgimento de gestores de topo independentes e agressivos das empresas japonesas que impulsionaram as exportações japonesas em todo o mundo e, no espaço de 20 anos, fizeram do Japão a terceira potência económica mundial, muito embora, na véspera da Segunda Guerra Mundial, o Japão não estivesse sequer entre a primeira dúzia.

É precisamente porque os gestores japoneses têm emprego vitalício e não podem, por norma, ser despedidos nem transferidos, e porque a progressão durante os primeiros 25 anos da vida profissional de um homem depende apenas da antiguidade, que os japoneses fizeram dos cuidados para com os jovens e o seu desenvolvimento a principal responsabilidade da gestão de topo. A prática remonta há pelo menos 400 anos, ao tempo de Hideyoshi, o ditador militar que organizou os encarregados dos clãs militares, os Samurai, em castas hereditárias restritas, não permitindo oficialmente o avanço de uma para outra. Ao mesmo tempo, as autoridades do clã tinham de encontrar pessoas capazes de dirigir os assuntos do clã e que tinham de ter oportunidades numa idade muito precoce e sem ofender os membros do clã mais graduados, mas menos dotados.

É evidente que hoje seria impossível para o chefe *banto* da Mitsui conhecer pessoalmente os seus jovens dirigentes, como o seu antecessor fez há algumas gerações. Mesmo as empresas muito mais pequenas são demasiado grandes e têm demasiados jovens quadros e empregados profissionais nas suas fileiras. No entanto, a gestão de topo continua a preocupar-se vivamente com eles. Mas delega esta preocupação através de uma rede informal de quadros médios superiores que atuam como «padrinhos» dos jovens durante os primeiros dez anos da sua carreira na empresa.

Este sistema é para os japoneses um dado adquirido. De facto, poucos têm dele consciência. Tanto quanto sei, não tem nome, o termo «padrinho» é meu e não deles. Mas cada jovem empregado de gestão sabe quem é o seu padrinho, assim como o sabem o seu chefe e o chefe do seu chefe. O padrinho nunca é o superior direto do jovem e, regra geral, não é ninguém na linha direta de autoridade sobre ele ou sobre o seu departamento. Raramente é um membro da direção ou alguém que a ela esteja destinado.

---

* Existe uma terceira categoria que, embora muito pequena em número, é de suma importância e tem grande visibilidade. Alguns membros da gestão intermédia superior, ou seja, os chefes de departamento, quando chegam aos 55 anos, são transferidos para a administração de uma sucursal ou afiliada, onde podem então permanecer sem limite de idade. Isto é reservado aos funcionários seniores que, embora excecionais no seu próprio trabalho, são demasiado especializados para passarem para a direção da empresa-mãe. Isto explica, já agora, embora apenas parcialmente, porque é que as grandes empresas japonesas têm tantas sucursais e afiliadas ostensivamente independentes.

É antes escolhido de entre os membros da gestão intermédia superior que, quando chegarem aos 55 anos, serão transferidos para uma sucursal ou afiliada como membros da direção. Por outras palavras, trata-se de pessoas que, não tendo sido escolhidas aos 45 anos para os cargos de gestão de topo na própria empresa, sabem que não vão progredir na sua própria organização. Por conseguinte, não é provável que criem a sua própria fação e que se dediquem à política interna. Ao mesmo tempo, estes são os membros mais respeitados do grupo de gestão intermédia superior, pessoas que são conhecidas, fidedignas e admiradas por toda a organização.

A forma como um padrinho é efetivamente escolhido para um jovem, se é por nomeação formal ou por entendimento informal, ninguém parece saber. A única qualificação que é normalmente mencionada é que seja um licenciado da mesma universidade na qual o jovem se formou: o «velho laço universitário» cria vínculos ainda mais fortes no Japão do que alguma vez se viu em Inglaterra. («A Harvard Business School Alumni Association é a única instituição verdadeiramente japonesa fora do Japão», diz frequentemente um amigo meu japonês, meio a brincar.) Mas todos dentro da empresa sabem quem é o padrinho de um determinado jovem e respeitam essa relação. Durante os primeiros dez anos ou mais da carreira de um jovem, espera-se que o padrinho esteja em estreito contacto com o seu afilhado, ainda que numa grande empresa possa chegar a ter uma centena deles. É dele esperado que conheça o jovem, que o veja com bastante regularidade, que esteja à sua disposição para conselhos e que, de um modo geral, olhe por ele. Desempenha algumas funções que os padrinhos fora do Japão normalmente não assumem, tais como introduzir os jovens que acolhe sob a sua asa aos melhores bares de Ginza e aos prostíbulos certos. Mas aprender a beber em público é uma das proezas importantes que o jovem executivo japonês tem de aprender. Se fica encalhado sob o comando de um gerente incompetente e quer ser transferido, o padrinho sabe onde se dirigir e como fazer algo que oficialmente não pode ser feito e «nunca está a ser feito». No entanto, ninguém jamais o saberá. E se o jovem tiver sido maroto e precisar de uma boa palmada, o padrinho dar-lha-á em privado. Quando chega aos 30 anos, o padrinho já sabe muito sobre ele.

É este padrinho que se senta com a direção e conversa sobre os jovens. Mais uma vez, isto pode ser completamente «informal». Enquanto toma um copo de saquê, o padrinho pode dizer calmamente: «O Nakamura é um bom rapaz e está pronto para uma tarefa desafiante», ou «O Nakamura é um bom químico, mas penso que nunca será capaz de gerir pessoas», ou «O Nakamura é bem-intencionado e de confiança, mas não é nenhum génio e é melhor não lhe atribuir mais do que trabalho de rotina». E quando chegar o momento de tomar uma decisão sobre o pessoal, a quem atribuir que tarefa e para onde transferir alguém, os recursos humanos consultarão calmamente o padrinho antes de tomarem uma decisão.

Uma experiência que tive pessoalmente pode ilustrar como funciona o sistema. Há alguns anos, por mero acaso, dei comigo a desempenhar o papel de padrinho temporário.

Um dos melhores alunos que tive nos 20 anos que lecionei na Graduate Business School da Universidade de Nova Iorque era um jovem japonês; chamemos-lhe Okura. Filho de um diplomata, foi para Oxford fazer o ano propedêutico e realizou o exame do Serviço Japonês de Negócios Estrangeiros, em que passou com distinção. Mas, em vez de seguir essa via, decidiu ir para gestão, foi para a Graduate Business School, em Nova Iorque, e foi trabalhar para uma das grandes empresas internacionais do Japão. Há alguns anos, enquanto eu estava no Japão, veio ter comigo. Eu disse: «Okura, como vão as coisas?». Ele disse: «Bem, mas talvez precise de uma ajudinha; foi por isso que vim ter consigo. Não tendo sido formado no Japão, não tenho propriamente ninguém na minha empresa que se sinta responsável por mim. Todo o nosso pessoal de gestão estudou no Japão. Por conseguinte, não há ninguém na gestão superior que possa dizer aos recursos humanos que estou pronto para um trabalho de gestão numa das nossas sucursais no estrangeiro. Sei que eles pensaram em mim quando preencheram as duas últimas vagas na América do Sul, mas ninguém sabia se eu queria ir para lá, se estava pronto e, no conjunto, quais eram os meus planos. Sei que vai almoçar com o nosso vice-presidente executivo dentro de um dia ou dois, e, tendo sido meu professor, pode pronunciar-se sobre mim.» Eu disse: «Okura, o seu vice-presidente executivo não ficará ofendido se alguém de fora interferir?» Ele respondeu: «Oh, não. Pelo contrário; ele ficará grato, garanto-lhe.» E tinha razão. Quando mencionei o nome de Okura ao vice-presidente executivo, o seu rosto iluminou-se ao dizer: «Sabe, eu ia pedir-lhe que nos fizesse um favor e falasse com o Okura-*san* sobre os seus planos. Pensamos que ele está pronto para uma grande missão de gestão no estrangeiro, mas não temos forma de falar com ele; nenhum de nós frequentou a mesma universidade que ele.» Três meses mais tarde, Okura foi colocado à cabeça da sucursal da empresa num país bastante importante da América Latina.

No Ocidente, onde as relações são muito menos formais, o padrinho como fonte de informação sobre os jovens pode não ser importante. Mas precisamos, tanto quanto os japoneses — ou até mais — do diretor sénior que serve de contacto humano, um ouvinte humano, um guia para os jovens durante os primeiros cerca de dez anos de atividade. Talvez a maior queixa dos jovens nas grandes organizações atuais seja que não há ninguém que os escute, ninguém que tente descobrir quem são e o que fazem, ninguém que seja o seu padrinho. A ideia que se encontra em todos os nossos livros de gestão de que o supervisor de primeira linha pode preencher este papel é simplesmente um disparate. O supervisor de primeira linha tem de fazer com que o trabalho seja feito. Não será a pregar o sermão de que «o principal trabalho do supervisor são as relações humanas» que se isto se tornará realidade. Acima de tudo, um supervisor agarrar-se-á necessariamente a um bom trabalhador, ao invés de o dispensar.

Ele não dirá: «Aprendeste tudo o que há para aprender neste lugar.» Ele não dirá: «Estás a fazer tudo bem, mas o teu lugar não é aqui.» Ele não perguntará a um jovem: «Para onde queres ir, que tipo de trabalho queres fazer e como posso ajudar-te a chegar lá?» Aliás, é quase certo que o supervisor irá considerar qualquer indício de desejo de mudança ou de transferência, por parte de um jovem e idóneo gestor seu subordinado, como uma crítica direta e um ataque a si próprio. Por conseguinte, os jovens gestores e profissionais nas empresas e indústrias americanas (mas também na Europa) «votam com os pés», isto é, desistem e vão para outro lado. A ausência do contacto humano, do guia, do conselheiro, do ouvinte, é uma das principais razões da nossa forte rotatividade entre os jovens empregados instruídos. Sempre que se fala com eles, ouve-se: «A empresa é boa, mas eu não tenho ninguém com quem falar.» Ou: «A empresa é boa, mas eu estou no sítio errado e não consigo sair.» «Preciso de alguém que me diga o que estou a fazer bem e o que estou a fazer mal, e onde realmente devo me encaixar, mas não há ninguém na minha empresa a quem eu possa recorrer.» Eles não precisam de um psicólogo. Precisam de uma relação humana centrada no emprego e no trabalho, mas, ainda assim, disponível para o indivíduo, acessível ao indivíduo e preocupada com o indivíduo. Isto é algo que os japoneses — precisamente por causa da formalidade impessoal do seu sistema rígido — tiveram de providenciar há muito tempo. Uma vez que não admitem oficialmente que este sistema existe, criaram-no da forma adequada. Com efeito, a força do seu sistema reside claramente no facto de esta função de padrinho não ser um trabalho separado, não fazer parte do trabalho dos recursos humanos e não ser confiada a «especialistas», mas, pelo contrário, ser desempenhada por gestores experientes, respeitados e bem-sucedidos.

Mas não são apenas os jovens das empresas americanas ou europeias que precisam de um ponto de contacto humano, um conselheiro, um «guia para os hesitantes». Hoje em dia, os quadros superiores precisam ainda mais de proporcionar uma via de comunicação com os jovens. O afluxo de jovens instruídos está apenas a começar, pois só agora é que o efeito combinado do *baby boom* do pós-Guerra e da «explosão educacional» está a começar a atingir as fileiras das chefias. De agora em diante, durante cerca de dez anos, o número de jovens que entram para os trabalhos técnicos, profissionais e de gestão (ou seja, de homens e mulheres jovens com um diploma superior) será muito maior do que foi até agora, altura em que os jovens com formação universitária ainda são provenientes, em grande parte, de anos com um nível de natalidade relativamente baixo. Os bebés do primeiro ano com uma taxa de natalidade realmente elevada, 1950, formar-se-ão na faculdade no início da década de 1970. E por muito pouco que saibamos realmente sobre esses jovens, sabemos que serão diferentes — nas suas expectativas, experiências, conhecimento do mundo e nas suas necessidades.

Em várias empresas, especialmente algumas de grandes dimensões com as quais tenho trabalhado nestes últimos anos, tentou-se que os quadros superiores se reunissem, com bastante regularidade, com homens mais jovens, fora do horário de expediente e sem respeitar linhas de função ou autoridade. Nestas sessões, o homem sénior não faz um discurso, não «comunica». Pelo contrário, pergunta: «E o que têm para me dizer — sobre o vosso trabalho, sobre os vossos planos para vós e para esta empresa, sobre as nossas oportunidades e os nossos problemas?» Estas reuniões nem sempre foram só facilidades. Mas os jovens, embora a princípio muito desconfiados de estarem a ser alvo de paternalismo, após algum tempo começaram a ansiar por estes encontros, de facto, a clamar por eles. Os verdadeiros beneficiários, porém, têm sido os executivos de topo. O conceito de padrinho dos japoneses pode ser demasiado paternalista para nós no Ocidente; pode até ser demasiado paternalista para os jovens japoneses. Mas que os jovens gestores e profissionais devem ser a preocupação principal dos seniores é uma ideia que podemos muito bem utilizar, especialmente nesta era do «fosso entre gerações» e da mudança de uma força de trabalho manual para uma força de trabalho com conhecimentos altamente qualificados.

Qualquer executivo japonês que leia este artigo irá protestar contra a minha excessiva simplificação e ainda mais contra o facto de ter omitido a maioria das características mais relevantes da gestão japonesa. Qualquer ocidental estudioso do Japão que tenha lido até aqui, acusar-me-á de ser acrítico. Mas o meu objetivo neste artigo não era fazer uma análise académica da gestão japonesa ou mesmo tentar explicar o desempenho da gestão japonesa. Estou plenamente consciente das muitas frustrações dos jovens gestores no Japão e, no seu conjunto, das tremendas tensões na economia e na sociedade japonesas criadas pelas tendências económicas japonesas — tensões essas que são tão grandes que me deixam altamente cético face a todas as previsões atuais de que o «século XXI será o século do Japão». (Na verdade, se eu fosse japonês, esta previsão assustar-me-ia.)

É questionável se podemos aprender com os erros dos outros. Mas seguramente que se pode aprender com os sucessos alheios. As políticas japonesas aqui discutidas não são certamente «A Chave» para as conquistas do Japão, mas são fatores importantes para as mesmas. Também não são «A Resposta» para os problemas do Ocidente. Mas, a meu ver, contêm respostas a alguns dos nossos problemas mais prementes, ajuda para algumas das nossas necessidades mais urgentes, e apontam para direções que podemos explorar de forma sensata. Seria, de facto, uma loucura imitar os japoneses, mas podemos muito bem tentar emulá-los.

CAPÍTULO DOZE

Keynes: a Economia Enquanto Sistema Mágico

A INFLUÊNCIA E reputação de John Maynard Keynes não se explicam pelo facto de ter sido um grande economista, nem a sua importância reside particularmente nas suas teorias económicas. Foi, de facto, um grande economista, muito provavelmente o último dos economistas «puros» da escola clássica, ao mesmo tempo herdeiro legítimo e liquidatário de Adam Smith. Mas foi, acima de tudo, o pensador político representativo do período entre guerras; expressou perfeitamente a tentativa do pensamento daquela época de dominar o que se sabia ser um mundo novo, fingindo que era o antigo. O trabalho de Keynes foi edificado sobre a constatação de que os pressupostos fundamentais da economia do *laissez-faire* do século XIX já não se aplicam a uma sociedade industrial e a uma economia de crédito. Mas visava a restauração e preservação das crenças básicas, as instituições básicas da política do *laissez-faire* do século XIX; acima de tudo, visava a preservação da autonomia e automatismo do mercado. As duas já não podiam ser reunidas num sistema racional; as políticas de Keynes são mágicas — feitiços, fórmulas e encantamentos para fazer com que algo de reconhecidamente irracional se comporte racionalmente.

A análise teórica de Keynes sobre a nova realidade social e económica é uma obra-prima que perdurará. No entanto, as conclusões que retirou desta análise estavam erradas; as políticas económicas que lhe conferiram a sua reputação e influência fracassaram. Quando morreu, na primavera de 1946, estava aparentemente no auge do sucesso e do poder: o principal conselheiro financeiro do seu governo, um par do reino, o quase indiscutível mestre das escolas, sobretudo neste país. Mas os seus próprios discípulos, embora utilizando termos, métodos e ferramentas keynesianos, estavam, na realidade, a abandonar rapidamente tanto as suas políticas económicas como o seu objetivo.

Publicado pela primeira vez na *Virginia Quarterly Review*, no outono de 1946.

I

Keynes, que conseguia escrever prosa de uma rara lucidez se assim o desejasse, optou por apresentar as suas teorias numa linguagem extremamente técnica e repleta de jargões, mas as suas ideias centrais são bastante simples.

A economia clássica não reconhecia nem o dinheiro nem o tempo enquanto fatores no processo económico. O dinheiro era a «*commodity* universal», o símbolo de todas as outras *commodities*, mas sem qualquer vida ou efeito próprio. Era conveniente e necessário, mas não passava de uma unidade de contabilidade para manter um registo do que se passava na economia de bens «reais» e de mão-de-obra «real»; o preço era simplesmente o ritmo a que uma mercadoria podia ser trocada em relação a todas as outras. O dinheiro na economia clássica é muito semelhante ao éter da física clássica: permeia tudo e transporta tudo, mas não tem propriedades nem efeitos próprios. E o economista clássico era também muito parecido com o físico da sua época no seu conceito de tempo: enquanto tudo acontece no tempo, o tempo em si não é um fator nos próprios acontecimentos. Isto não é por acaso; a economia clássica foi deliberadamente inspirada no modelo da física newtoniana, tanto na sua estrutura como no seu pressuposto básico de um universo económico mecânico e estático.

A teoria keynesiana baseia-se na afirmação, axiomática numa era industrial, de que o processo económico não é apenas no tempo, mas, em grande parte, determinado pelo tempo, e que a expressão económica do fator tempo é o dinheiro. Para o economista clássico, o dinheiro era a sombra dos bens existentes. Na verdade, o dinheiro, especialmente os depósitos bancários que são o dinheiro de uma economia de crédito, é criado e surge em antecipação dos bens a produzir, do trabalho a realizar. Isto significa que o dinheiro não é determinado mecanicamente e de acordo com a racionalidade económica, mas sim psicológica e socialmente, com base na confiança no futuro. O tempo entra assim em cada transação económica sob a forma de obrigações de dinheiro fixo para os investimentos do passado em que o presente se baseia. Estas obrigações monetárias para o passado são, na realidade, o maior fator nas transações económicas de cada membro de uma sociedade industrial, pois o custo de tudo o que utilizamos, seja uma casa, um pão ou o trabalho de um homem contratado, é constituído em grande parte pelas obrigações monetárias para o passado. O dinheiro, em vez de ser uma expressão inerte e sem propriedades das transações económicas, influencia, molda e dirige a vida económica; as mudanças na esfera do dinheiro provocam mudanças na economia «real». Vivemos ao mesmo tempo em dois sistemas económicos estreitamente interligados, mas distintos: a economia «real» dos clássicos — uma economia de bens, serviços e trabalho, existente no presente e determinada mecanicamente; e a economia do «símbolo» do dinheiro, carregada com as obrigações do passado e determinada psicologicamente pela nossa confiança no futuro.

Não é menosprezar Keynes dizer-se que estes conhecimentos não tiveram origem nele, mas que foram obra de toda uma geração de pensadores económicos antes dele, especialmente dos seus dois compatriotas Hawtrey e Withers, dos suecos Cassel e Wicksell e do alemão Knapp. Mas Keynes sintetizou as observações e pensamentos isolados de todos eles num único sistema e desenvolveu a partir delas uma teoria da dinâmica do processo económico; e é a esta teoria que normalmente nos referimos quando falamos de «economia keynesiana».

Os pressupostos dos clássicos tornavam praticamente impossível que compreendessem como uma depressão poderia alguma vez acontecer, exceto na sequência de catástrofes físicas, como um terramoto ou a destruição de uma guerra. Além disso, eram totalmente incapazes de explicar como é que uma depressão podia prolongar-se no tempo; bastaria deixá-la correr o seu curso para que se corrigisse a si própria. Tendo como ponto de partida o novo entendimento da autonomia da esfera monetária, Keynes poderia dar a primeira explicação teórica adequada sobre os fenómenos vitais da depressão e do desemprego.

A primeira explicação foi a teoria mais famosa de Keynes — a teoria da poupança excessiva. Qualquer poupança é, por definição, um excedente de recursos produtivos — bens, mão-de-obra, equipamento — relativamente ao consumo corrente. Para os clássicos isso significava que, a menos que fisicamente destruída, qualquer poupança deve ser automaticamente «investida», ou seja, utilizada para a produção futura. Isto, no entanto, deixa de ser válido a partir do momento em que encaramos o dinheiro como autónomo, como tendo uma realidade económica própria. Torna-se então possível não investir as poupanças, que se tornam meras poupança de dinheiro, ficando por utilizar os recursos produtivos que representam. Keynes afirmava que a economia moderna tem uma tendência inerente para a poupança excessiva.

Ainda mais importante foi a sua explicação para o desemprego gerado por uma depressão crónica. No universo da economia clássica, uma depressão prolongada simplesmente não poderia acontecer; antes que um desajuste pudesse atingir as proporções de uma depressão, teria sido corrigido pelo mecanismo infalível e automático da descida dos preços e dos custos. No entanto, muito antes de 1929, as depressões de longa duração já se tinham tornado demasiado familiares para que a sua existência fosse negada, exceto pelos académicos mais fanáticos. Assim, só restava à economia ortodoxa empenhar-se numa busca da conspiração criminosa que impediu o ajustamento e correção «natural». Monopólios de preços, sindicatos, intervenção governamental através de pagamentos de ajuda, subsídios e tarifas — estas e todas as outras medidas através das quais a sociedade procura proteger-se contra a destruição social de uma depressão — tornaram-se forças diabólicas; e a mania da perseguição dos economistas que viam a marca do Diabo até na mais branda das tentativas de controlar as forças económicas teve como resultado que rapidamente se tornou impossível basear a política económica nas teorias clássicas, embora estas ainda fossem geralmente aceites. De 1870 a 1930, a política económica ficou sem uma base teórica adequada. A teoria dominante não podia justificar nenhuma das medidas efetivamente tomadas; e como qualquer política económica que fosse politicamente viável estava sujeita à condenação por motivos teóricos, a teoria não dava qualquer orientação para distinguir entre políticas benéficas e políticas destrutivas. Por necessidade social, cada economista em funções teve de fazer coisas a que se opunha nos seus escritos; a mistura resultante de cinismo e peso na consciência acabou por gerar o génio maléfico dos economistas financeiros da velha guarda, o Dr. Schacht.

Sendo o dinheiro um fator, o ajustamento automático e infalível torna-se a exceção e não a regra. Numa economia de crédito, os preços e os salários não se podem ajustar com muita facilidade; devem ser relativamente inflexíveis. Isto porque uma parte muito grande — na verdade, a maior — de todos os custos é a obrigação monetária para o passado. Esta obrigação não é afetada por alterações no presente valor do dinheiro, uma vez que os bens e serviços que representa foram produzidos no passado a preços e salários do passado. Podemos acrescentar — embora isto ultrapasse Keynes — que os preços e salários também são difíceis de ajustar no sentido descendente porque o dinheiro tem um significado social, independente, em grande parte, do seu poder de compra; ele compra não só bens, mas também prestígio. Isto é especialmente válido para os níveis de rendimento mais baixos, em que o salário semanal representa uma posição social definida.

Por estes motivos, o ajustamento numa depressão não tomará, na economia moderna, a forma de preços e salários mais baixos. Ambos tenderão a manter-se em alta. Logo, o ajustamento tomará a única forma possível: menor emprego tanto de homens como de equipamento de capital. E, ao contrário do ajustamento através de preços e salários mais baixos, o desemprego não só não tende a corrigir a depressão, como tende a tornar o desequilíbrio permanente.

Na verdade, em condições modernas, os preços cairão, embora não tão uniformemente como deveriam — e com exceções significativas nos campos dos bens de capital. Mas os salários não descerão. Em primeiro lugar, o assalariado tem normalmente muito menos margem entre o seu rendimento e as suas obrigações fixas do que o industrial; daí os fatores económicos militarem contra cortes salariais. Em segundo lugar, na sociedade moderna, a pressão política do sindicalismo é muito mais eficaz do que o poder económico até do mais forte monopolista. Daí que o desajuste não só não será corrigido no «curso normal dos acontecimentos», como se tornará pior. A altura em que novos investimentos voltarão a ser rentáveis irá afastar-se ainda mais. Daqui advém uma das conclusões mais importantes e, à primeira vista, mais paradoxais de Keynes: a de que, numa depressão, temos de aumentar os preços a fim de obter o efeito que a economia ortodoxa esperaria obter com a descida dos preços.

II

Estas teorias gerais têm sido justamente criticadas pela sua ênfase restrita no fenómeno monetário, com exclusão de tudo o resto. O fator monetário é provavelmente apenas uma das causas de uma depressão, ainda que talvez seja a central, e não a única causa sempre e em toda a parte, tal como afirma Keynes. Independentemente desta importante questão de ênfase, as teorias keynesianas têm sido quase universalmente aceites. E a par destas teorias básicas, um grande número de economistas também aceitou inicialmente as suas políticas económicas. Mas, como a maioria dos seus discípulos começou a perceber, as políticas económicas de Keynes não decorrem das suas teorias básicas; de facto, dificilmente são com elas compatíveis. As suas políticas eram, na realidade, ditadas pelo seu objetivo político, não pelas suas observações económicas. A sua tentativa de juntar as duas num só todo, de fazer emergir as políticas como a conclusão inevitável das teorias, pode muito bem explicar o estilo tortuoso e torturado da sua escrita mais tardia, a sua crescente dependência de argumentos puramente formais e o seu uso acrítico de técnicas matemáticas.

De acordo com Keynes, o teórico da economia, o nível de atividade empresarial é determinado pelo montante do investimento em bens de capital, que, por sua vez, é determinado pela confiança que leva os homens de negócios a contrair empréstimos para expansão. A atividade empresarial depende, em última análise, de fatores psicológicos, ou seja, de fatores economicamente irracionais. De acordo com Keynes, o político da economia, a própria confiança que cria crédito é, por sua vez, estritamente determinada pelo crédito. Keynes oferece duas respostas à pergunta «o que gera a confiança?». Afirma que a confiança é uma função da taxa de juro: quanto mais baixa a taxa, maior é a confiança. Afirma também que a confiança é uma função do consumo: quanto maior for o consumo, maior será o investimento em bens de capital. Nas suas teorias, Keynes parece ter oscilado entre estas duas respostas; no entanto, politicamente, não faz grande diferença qual a explicação preferida. Ambas levam praticamente à mesma conclusão: a quantidade de dinheiro ou de crédito disponível determina o grau de confiança e, com ele, a taxa de investimento, e, por conseguinte, o nível de atividade empresarial e de emprego. Daí a panaceia monetária de Keynes para *booms* e depressões: no caso de um *boom*, evitar o desajustamento através da «drenagem» do poder de compra, criando um excedente orçamental; no caso de uma depressão, curar o desajustamento, criando poder de compra através de défices orçamentais. Em ambos os casos, a quantidade de dinheiro regula automática e infalivelmente a confiança.

Keynes começa com a afirmação de que o comportamento humano na vida económica não é, como os economistas clássicos assumiram, determinado por forças económicas objetivas, mas que, pelo contrário, as forças económicas são dirigidas, ou até determinadas, pelo comportamento humano. Termina afirmando um determinismo económico tão rígido do comportamento e das ações humanas como alguma vez proclamado por qualquer Ricardo ou Malthus. Esta afirmação sustenta toda a política económica de Keynes, além de justificar a sua queda. É esta afirmação que é refutada de forma categórica pela experiência do New Deal. O New Deal — pelo menos de 1935 a 1939 — baseou-se em despesas deficitárias que criaram poder de compra dos consumidores e forçaram a baixar o nível das taxas de juro. Não provocou nem uma retoma do investimento nem um corte significativo no desemprego. Com o crédito injetado nos bancos, as empresas apressaram-se a pagar as suas antigas dívidas, em vez de contraírem empréstimos para novos investimentos; e o dinheiro pago pelo governo aos consumidores fluiu quase de imediato de volta para os bancos, transformando-se «poupança excessiva».

Os adeptos do keynesianismo têm sido duramente pressionados para explicar o que aconteceu. O seu argumento favorito é que a oposição política ao New Deal veio contrabalançar a confiança economicamente criada. Mas esta argumentação não é admissível, quanto mais convincente. Ou a confiança pode ser gerada através da criação de crédito e poder de compra, independentemente da forma como as empresas ou qualquer outro grupo encaram a política governamental, ou as políticas económicas de Keynes estão erradas. Para além disso, está indiscutivelmente provado que a confiança não pode se cria numa máquina de passar cheques.

A maioria dos discípulos mais antigos tirou as suas conclusões desta experiência. Ainda são keynesianos na sua análise teórica, mas já não o são nas suas políticas. Continuam a expressar os seus pensamentos em termos monetários, mas já não falam da taxa de juro ou mesmo de défices ou excedentes orçamentais. O poder de compra dos consumidores e a «confiança» desapareceram praticamente do seu vocabulário. O programa do grupo mais influente de economistas keynesianos neste país — tal como foi escrito por Alvin Hansen de Harvard no projeto de lei original de Full Employment — prevê que, em tempos de depressão e desemprego, o governo *produza* bens de capital através de obras públicas e encomendas governamentais numa quantidade suficiente para levar a produção total de bens de capital a um nível que proporcione emprego total. Se isto é feito com ou sem défice, a uma taxa de juro elevada ou baixa, é de muito pouca importância; o que importa para o neokeynesiano de hoje não é a política monetária, mas a produção de bens de capital. Esta mudança nega tanto os conceitos económicos de Keynes como o seu objetivo político geral.

De facto, esta mudança chegou mesmo a atingir o próprio Keynes. Ironicamente, o mesmo evento que lhe trouxe o reconhecimento e as honras oficiais revelou também as limitações das suas teorias e políticas. Durante a guerra, Keynes tornou-se o conselheiro financeiro oficial do seu governo, diretor do Banco de Inglaterra e membro do pariato. Pela primeira vez, o seu país natal adotou oficialmente as ideias keynesianas como base da sua política financeira; as medidas delineadas no seu pequeno panfleto, *How to Pay for the War*, foram adotadas quase inalteradas pelo governo britânico. Mas a guerra também mostrou, especialmente na Grã-Bretanha, que a política monetária é bastante subordinada e que, por si só, alcança muito pouco. A produção de guerra da Inglaterra foi obtida não através da direção do fluxo de dinheiro, crédito e poder de compra, mas através do controlo físico de homens, matérias-primas, equipamento das fábricas e da produção que poderia ter funcionado quase tão bem como uma política monetária diferente; na Alemanha nazi funcionaram sem qualquer política monetária.

III

Na mente popular Keynes representa a intervenção do governo nos negócios. Esta pode muito bem ser uma avaliação correta do efeito final da economia keynesiana; mas, se assim for, Keynes alcançou precisamente o oposto do que pretendia alcançar, pois o único objetivo apaixonado das suas políticas era tornar possível um sistema económico livre de interferências governamentais, um sistema determinado exclusivamente por forças económicas objetivas e impessoais. «O mercado livre está morto, viva o mercado livre», seria um lema adequado para a totalidade da sua obra.

A visão básica de Keynes foi a perceção de que o mercado livre dos economistas clássicos não se ajusta automaticamente como previsto, porque as forças económicas da procura e oferta, custo e preço, são anuladas pelas forças psicológicas do dinheiro e do crédito. A partir desta base, teriam sido logicamente possíveis várias conclusões sobre a política económica.

Keynes poderia ter argumentado que uma ação política consciente tinha de alcançar, através da quebra do muro do dinheiro, o que as forças do mercado deveriam ter alcançado por si próprias. Essa teria sido uma política económica de intervenção direta do governo na *produção* através de obras e encomendas públicas e não uma política de criação de crédito; e é precisamente isto o que a maioria dos neokeynesianos tem defendido. Essa política teria restaurado a supremacia do sistema «real», mas ao preço da sua independência política.

A partir das suas próprias premissas, Keynes poderia também ter chegado a um desenvolvimento lógico de uma política em que a ação governamental é utilizada apenas para induzir as empresas privadas a construir reservatórios de bens de capital para utilização numa depressão, por exemplo, através de um sistema de recompensas fiscais para a construção de reservas em anos bons, a juntar a penalizações fiscais rígidas incorridas se essas reservas não forem utilizadas para a criação de novos investimentos numa depressão. Podia mesmo ter chegado à conclusão de que a política adequada é psicológica e não económica, ou seja, propaganda para criar confiança; o economista alemão Knapp, cujas ideias tiveram grande influência sobre Keynes, apresentou esta solução.

A única conclusão que quer lógica quer teoricamente parece impossível de derivar da premissa de Keynes é a que ele efetivamente retirou. Mas foi precisamente esta conclusão que deu a Keynes o resultado político desejado: a manutenção de um sistema político de *laissez-faire* em que a economia é determinada apenas por fatores económicos objetivos e em que as atividades económicas humanas estão inteiramente sob o controlo dos indivíduos, e não sob o controlo do governo.

Se o estado liberal do *laissez-faire* do século XIX era um guarda-noturno que protegia o burguês pacífico e cumpridor da lei contra ladrões e perturbadores da paz, o estado de Keynes era um termóstato que protegia os cidadãos individuais contra mudanças bruscas de temperatura. E deveria ser um termóstato totalmente automático. Um decréscimo da atividade económica ativaria o crédito; um aumento voltaria a reduzi-lo; e, no contexto de um *boom*, o mecanismo funcionaria ao contrário. Em contraste com o estado do século XIX, o estado de Keynes deveria, de facto, agir positivamente; mas as ações, bem como o seu *timing*, deveriam ser determinados estritamente por estatísticas económicas, não sujeitas a manipulação política. O único objetivo destas ações era restaurar a liberdade do indivíduo na esfera económica, ou seja, a liberdade relativamente a todos os fatores económicos, a todas as considerações económicas — sendo que «económicas» se refere à economia «real» dos clássicos.

O sistema económico da economia ortodoxa era um mecanismo que tinha sido contruído pelo «relojoeiro divino», portanto, isento de fricção e em perpétuo movimento e equilíbrio. O sistema de Keynes era um relógio, um relógio muito bom e engenhoso, mas, ainda assim, construído por um relojoeiro humano, e, portanto, sujeito a fricção. Mas as únicas ações exigidas ao relojoeiro eram que desse corda, oleasse e, quando necessário, acertasse o relógio. Não se tratava de o pôr a funcionar; era apenas para o tornar apto a funcionar; e era para funcionar de acordo com leis mecânicas, não de acordo com decisões políticas.

O objetivo básico de Keynes de restaurar por métodos pouco ortodoxos o ortodoxo sistema automático do mercado, a sua crença básica de que os seus métodos eram objetivos, apolíticos e capacitados de determinação pela bitola impessoal das estatísticas, é mais evidente no seu último grande trabalho: o «Plano Keynes», onde propõe um sistema internacional de moeda e crédito em 1943. Este plano projetava as suas políticas da esfera nacional para a esfera internacional. Propunha superar depressões e desajustes internacionais através do ajustamento dos preços e do poder de compra através da criação de crédito internacional. A agência que deveria controlar esta moeda e crédito internacionais não deveria ser um governo mundial, mas um organismo internacional de estatísticas económicas governado por números de índice e quase inteiramente sem poder discricionário. O resultado deste sistema internacional e a sua principal justificação seria o restabelecimento da plena liberdade e equilíbrio no comércio internacional e nos movimentos monetários.

Os críticos têm assinalado, com razão, que Keynes era ingénuo, algo até certo ponto espantoso num homem tão talentoso e experiente na política, ao acreditar que o seu sistema poderia realmente ser imune à manipulação política. Talvez seja possível obter estatísticas objetivas. Mas para serem significativas, as estatísticas têm de ser interpretadas por seres humanos; e as interpretações serão radicalmente diferentes consoante as crenças e desejos políticos do intérprete — do qual é exemplo a previsão divulgada em 1945 de dez milhões de desempregados nos Estados Unidos até à primavera de 1946, feita de boa-fé por peritos governamentais interessados em estabelecer uma economia planeada. Além disso, um controlo, ainda que impessoal e objetivo, continua a ser controlo; e é um velho axioma político que um governo que controla o rendimento nacional, ou seja, a subsistência do povo, controla inevitavelmente as almas das suas gentes. O sistema político de Keynes, no qual o Estado tem o poder de interferir nas atividades económicas do indivíduo, mas se abstém de fazer uso dele, é assim algo de muito diferente do seu ideal — o do liberalismo do século XIX, que era um estado sem poder de interferência.

Mas a crítica decisiva ao argumento de Keynes não é a de que tem falhas, mas a de que se trata de um argumento irracional. Em resumo, afirma: provámos que os fatores que controlam a atividade económica são economicamente irracionais, ou seja, fatores psicológicos; *portanto*, eles próprios devem ser controláveis por um mecanismo económico. Mas este «portanto» não é do vocabulário da razão, nem sequer do da fé; é o «portanto» da magia. É nesta mesma crença — que o reconhecidamente irracional pode ser controlado e dirigido por meios mecânicos — que todo o sistema de magia se baseia. As «políticas» keynesianas, apesar — ou talvez por causa — do seu elaborado aparelho de fórmulas matemáticas e tabelas estatísticas, não passam de feitiços. Em virtude disto, o facto de terem falhado uma vez, no New Deal, significa que falharam para sempre, pois é da natureza de um feitiço que este deixa de ser eficaz assim que é quebrado.

Mas foi precisamente a sua irracionalidade que tornou a política de Keynes tão convincente para a geração do longo armistício. Após a Primeira Guerra Mundial, o mundo ocidental despertou subitamente para a compreensão de que os pressupostos básicos do século XIX já não se aplicavam. Mas recusou-se a enfrentar a necessidade de um novo pensamento e de uma nova decisão. Os tímidos cobriram-na com o manto da normalidade, tapando-lhe olhos e ouvidos para que dormisse um pouco mais. Os corajosos aceitaram a nova situação, mas tentaram evitar enfrentá-la, encontrando uma fórmula, uma engenhoca mecânica, um feitiço, por outras palavras, que faria o novo comportar-se como se fosse o antigo. Um exemplo seria a política laboral do New Deal. Começou com a perceção de que as relações sociais e políticas, e não o nexo puramente económico dos salários, são a essência da indústria moderna. Mas concluiu que o dispositivo mecânico de «igual poder de negociação» em questões económicas seria suficiente. Outro exemplo é no domínio das relações internacionais. Aqui, a Primeira Guerra Mundial mostrou claramente que a paz não pode basear-se no conceito de Estados soberanos iguais, cujas políticas internas e externas não são da competência de ninguém, a não ser da sua própria responsabilidade. A resposta foi uma fórmula estritamente mecânica, a Sociedade das Nações, que não representava senão os Estados soberanos iguais na sua plena igualdade e soberania, que não era nem um supergoverno nem um supertribunal, nem sequer uma aliança das Grandes Potências, mas que se esperava, de alguma forma mágica, que superassem a soberania.

Noutros campos distantes da política podemos também encontrar rastos deste desejo por uma fórmula mecânica que faça com que aquilo que é novo funcione como funcionava o antigo, que faça com que aquilo que era irracional nos velhos pressupostos volte a comportar-se racionalmente. Este desejo explica, por exemplo, o tremendo apelo da psicanálise freudiana enquanto cura para tudo. Freud tinha tido o discernimento de ver a falácia da psicologia tradicional mecanicista — a mesma psicologia na qual os economistas clássicos se tinham baseado, por sinal. Ele percebeu que o Homem não é um cabaz de reflexos e reações mecânicas, mas sim uma personalidade. Mas evitou enfrentar o problema — filosófico ou religioso — ao afirmar que esta personalidade é determinada biologicamente, que opera através das forças intrinsecamente mecânicas de repressão e sublimação, e que pode ser controlada pela técnica mecânica da análise.

Mas é a política a área onde o desejo por um sistema mágico foi maior. E no campo político a política económica de Keynes foi a tentativa mais bem conseguida, mais brilhante, mais elegante de tornar o impossível novamente possível, o irracional novamente racional.

IV

No campo do pensamento económico, Keynes representou simultaneamente um começo e um fim. Demonstrou que a economia clássica já não se aplica e o porquê. Mostrou que a teoria económica tem de dar uma resposta a um novo problema: o impacto do Homem, agindo enquanto ser humano e não enquanto máquina económica, sobre a economia. Mas contribuiu pouco ou nada para a solução destes novos problemas; ele próprio nunca foi além dos métodos clássicos e da análise clássica. De facto, pode dizer-se que refreou o pensamento económico. Antes de ele dominar o panorama, tínhamos feito incursões promissoras no sentido da compreensão do fator humano na vida económica em livros como o de Knight, *Risk, Uncertainty, and Profit*, e o de Schumpeter, *Theory of Economic Dynamics*, ambos escritos aquando da Primeira Guerra Mundial; e na Harvard Business School, Elton Mayo tinha começado os seus estudos pioneiros sobre a relação entre trabalhador e produção.

A influência de Keynes, a sua atração magnética sobre os jovens desta área, fez com que a economia teórica voltasse a concentrar-se no equilíbrio mecânico e num conceito mecânico do Homem económico determinado por forças impessoais e puramente quantitativas.

O principal legado de Keynes é no campo das políticas económicas, área em que formulou as nossas tarefas; até o termo «emprego integral» é dele. Mas a sua única contribuição para uma solução — e uma contribuição muito importante — foi mostrar-nos qual o caminho que não devemos seguir; não devemos, como ele fez, afirmar que uma política económica é possível sem uma decisão política. Podemos decidir talvez que o Estado tem de assumir o controlo económico direto da produção — a decisão da maioria dos neokeynesianos. Esta decisão levanta a questão de como manter a liberdade política num Estado assim. Levanta também a questão igualmente difícil de saber o que o Estado deve produzir e quem deve tomar essa decisão; até agora, nenhum Estado, seja capitalista, fascista ou socialista, foi capaz de vencer o desemprego através da intervenção direta do governo, exceto através da produção de armamentos e fábricas de armamento, ou seja, no contexto de uma economia de guerra.

Podemos igualmente decidir que o Estado tem de criar por meios políticos as condições nas quais uma economia de livre iniciativa irá, ela própria, prevenir e superar as depressões. Uma política assim não é impossível de conceber no papel. Precisaríamos de uma política fiscal que reconhecesse que a produção industrial se estende ao longo do ciclo económico, em vez de uma política baseada na ficção do lucro anual. Precisaríamos de uma política de encorajamento concreto de novos empreendimentos e de investimento de capital em anos maus. E precisaríamos de uma política laboral que, ao mesmo tempo que restabelecesse a flexibilidade dos salários através da sua vinculação à eficiência produtiva e aos lucros das empresas, desse segurança através de garantias de emprego, tais como um salário anual. Mas tudo isto levanta a questão de como essas políticas, que exigem de todos os grupos que subordinem os seus interesses a curto prazo ao bem a longo prazo do conjunto, podem ser realizadas num governo popular baseado em grupos sectoriais e sujeito à constante pressão por estes exercida.

Mas o próprio Keynes não pode ajudar-nos a tomar estas decisões ou a responder a estas questões.

CAPÍTULO TREZE

A Base Económica da Política Americana

I

POR QUE MOTIVO não há um único americano entre os «grandes economistas»? Desde os seus primórdios, este país teve mais economistas do que qualquer outro. Tem sido líder no desenvolvimento dos instrumentos de análise económica. Há economistas em todo o lado — no governo, nas empresas, nas universidades, nos sindicatos de trabalhadores. Em nenhum outro país, de facto, o conhecimento da economia é considerado parte do ensino comum, enquanto nos Estados Unidos há muitos anos que tentamos combater o «analfabetismo económico» nas escolas secundárias. E certamente não há outro país onde o interesse popular pela economia seja maior e onde as questões económicas sejam mais proeminentes.

No entanto, falta-nos manifestamente a figura do Grande Economista, o economista que muda as nossas ideias sobre economia e nos faculta novas abordagens à interpretação e rumo dos acontecimentos económicos.

Ou melhor: os grandes economistas que a América produziu não são conhecidos como tal, não são reconhecidos como tal. Alexander Hamilton e Henry Clay merecem certamente ser considerados grandes economistas: Hamilton, logo no início da economia sistemática, criou uma teoria básica do desenvolvimento económico que não foi muito melhorada desde então; o «Sistema Americano» de Henry Clay é a fonte e origem de toda a economia da assistência social. No entanto, os seus nomes raramente são mencionados em livros de história do pensamento económico, enquanto o alemão Friedrich List, que repetiu o que Clay lhe tinha ensinado, costuma ocupar um lugar proeminente nestes livros.

É claro que nem Hamilton nem Clay queriam verdadeiramente ser conhecidos como economistas. As suas ambições eram outras: a de Hamilton era

---

Publicado pela primeira vez em *The Public Interest*, no inverno de 1968.

tornar-se general-comandante de um vitorioso Exército dos Estados Unidos, a de Clay ser eleito Presidente. Para ambos, a sua política económica era totalmente incidental e uma ferramenta das suas políticas. Tanto para Hamilton como para Clay, a política económica era claramente um meio para um fim político. E quando se discute os seus pontos de vista económicos, estes são tratados, e bem, como parte das suas teorias e estratégias políticas.

A explicação para este cenário parece ser a seguinte: a economia é demasiado importante para a política americana para ser deixada nas mãos dos economistas americanos. A economia tem um papel político a cumprir que transcende a sua própria matéria. Há mais de 200 anos que tem vindo a ser o impulso unificador no processo político deste país. Desde os tempos coloniais, têm sido utilizados sistematicamente «interesses económicos» para criar forças e alinhamentos políticos e, acima de tudo, para unir grupos regionais e sectoriais em torno de um líder e de um programa. Os nomes destes interesses económicos mudaram, mas quer falemos do «interesse industrial», do «interesse agrícola» ou do «bloco de prata», a ideia em si não mudou. Da mesma forma, durante mais de dois séculos, questões económicas — como a tarifa, a moeda ou o terreno livre — têm sido utilizadas para superar e neutralizar clivagens ideológicas e conflitos que de outra forma poderiam ter dilacerado a nação. Durante toda a nossa História, as clivagens fundamentais no país foram colmatadas pela polarização da política sobre questões económicas; estas são questões em que é sempre possível um compromisso. O exemplo clássico é, evidentemente, o compromisso sobre a «Tarifa de Abominação» entre o Sul e Andrew Jackson que adiou o conflito sobre o tema da escravatura durante 30 anos. Desde sempre, tem sido boa educação política americana falar de dinheiro, quando, na verdade, estamos a falar de decisões políticas. A forma como Robert McNamara, no papel de secretário da Defesa nas administrações Kennedy e Johnson, utilizou o controlo orçamental de forma radical para alterar conceitos estratégicos e organização militar é outro bom exemplo.

Talvez o elemento mais revelador seja a forma como temos utilizado a esfera económica para pensar e resolver questões básicas da relação do governo com a sociedade. As grandes empresas são muito mais poderosas em França ou na Alemanha, por exemplo, do que nos Estados Unidos. Mas só nos Estados Unidos é que a relação entre «governo e empresas» passou a ser considerada a questão-chave para uma discussão fundamental sobre o papel e o poder do governo na sociedade. De facto, as nossas discussões públicas há já um século que levam muitos observadores estrangeiros ingénuos a concluir que nos Estados Unidos não existem outras instituições sociais dignas de nota para além das instituições empresariais.

Os grandes temas da História americana

O resultado deste papel peculiar das questões económicas e da controvérsia económica no processo político americano é muito paradoxal. Por um lado, a economia neste país parece ser muito mais proeminente e muito mais importante na vida política do que em qualquer outro país. A História americana parece ser dominada, à primeira vista, pelo conflito económico. De facto, é possível ignorar o facto de os grandes temas da história americana sempre terem sido morais e constitucionais: a escravatura, a sociedade industrial *versus* a agrária, e o federalismo no século XIX; a igualdade racial, o papel e a função do governo central, e o lugar da América numa sociedade internacional no presente século. Em nítido contraste com países cuja política tem uma organização e padrão ideológico, como todos os países europeus, estes grandes temas quase não são mencionados diariamente ou sequer anualmente na política americana, em que os *slogans* são principalmente económicos. É, portanto, muito fácil confundir a aparência com a realidade. Assim, é possível argumentar, como fez toda uma escola de historiadores, que a Guerra Civil foi um «conflito desnecessário» e que poderia ter sido evitado pagando algumas centenas de milhões de dólares aos proprietários de escravos. É possível, como fez Arthur M. Schlesinger Jr., no seu brilhante *Age of Jackson*, ignorar completamente que o tema central e a coroa da administração Jackson era estabelecer a soberania do governo nacional sobre todos os interesses regionais ou seccionais; em vez disso, o Sr. Schlesinger fez prevalecer os interesses económicos e de classe. É mesmo possível, como Charles Beard fez numa longa vida enquanto historiador, encarar toda a nossa História como tendo sido determinada por — e subordinada a — interesses económicos. Mas Beard viveu o tempo suficiente para perceber que qualquer tentativa de prever o curso da História americana e o comportamento político americano a partir da economia está fadada a falhar.

De facto, todo o político americano tem de saber como utilizar medidas económicas para fins políticos. Se aspira a um papel à escala nacional, deve ser um mestre em encontrar e criar alinhamentos económicos que unifiquem diversos grupos em toda a nação. Até John C. Calhoun, o mais «metafísico» dos nossos pensadores políticos, passou as últimas duas décadas da sua vida numa tentativa abortada de colmatar o abismo moral da escravatura entre o Sul e o Ocidente através do seu interesse económico comum de agricultores.

É assim que, apesar da sua aparência de centralidade, a economia na experiência americana é, na realidade, um meio subordinado a fins predominantemente não económicos. Os nossos valores não são valores económicos nem a nossa economia é autónoma. A política até decide quais são as questões económicas que podem figurar no palco da História americana, pois, para estar «disponível» como veículo político, uma questão económica tem de se inserir na nossa lógica política. Deve mobilizar as energias nacionais e unificar grandes massas através do território para uma ação política conjunta e para a conquista do poder político central que é a Presidência.

Isto explica a ausência de um Grande Economista. Alguém assim tem de assumir a autonomia da esfera económica na vida humana. Tem de assumir a realidade dos valores económicos. Se, de todo, se interessar pela política (como poucos o fizeram), deve tratar a política como uma serva da economia e um instrumento para alcançar objetivos económicos. Estes pressupostos não fazem sentido na experiência americana. O que floresce neste país, portanto, são os técnicos económicos talentosos e renomados, os analistas económicos e os especialistas em ferramentas económicas. Temos economistas políticos e políticos economistas em abundância. Mas o clima é muito pouco favorável para o Grande Economista. Alguém assim tem de assumir uma realidade económica autónoma, da qual as questões políticas são apenas um reflexo. Na nossa experiência americana, contudo, a economia é a abreviatura convencional e a língua franca para questões e decisões que não são económicas, mas políticas e morais. Poder-se-ia, de facto, formular uma regra básica da política americana: *se possível, exprimir uma questão política e conceber um alinhamento político como uma questão económica e um alinhamento económico.*

II

A perceção de que os interesses económicos podem ser usados como a charneira da política é geralmente atribuída ao famoso n.º 10 dos *Federalist Papers* em que James Madison (no seguimento de *Oceana*, de Harrington e John Locke) concluiu que o poder segue a propriedade. Mas, quando Madison escreveu, a vida política americana já estava, há um século, organizada de forma habitual em torno de questões económicas e em alinhamentos económicos. Madison apenas codificou o que tinha sido a experiência americana bastante geral durante o período colonial.

As legislaturas coloniais não tinham, de facto, qualquer alternativa se quisessem ser eficazes. Os assuntos que agora ocupam uma legislatura — ordem e direito públicos, administração da justiça ou educação — podem ter sido de grande interesse para eles, mas normalmente não estavam ao seu alcance. Tinham, forçosamente, de ser deixados ao cuidado das comunidades locais, das cidades e dos distritos. Na América colonial, as distâncias eram demasiado grandes, a população estava estabelecida de forma demasiado escassa, para que qualquer autoridade central pudesse ser eficaz. Se a comunidade local não cuidasse dos próprios assuntos internos, mais ninguém teria capacidade para o fazer. A principal questão acesa para a legislatura colonial eram as relações com a pátria mãe. E estas viraram-se para problemas económicos e questões económicas: impostos e tarifas, moedas e crédito, e assim por diante. Era sobretudo nestas questões que o governador real da colónia estava interessado, pois na teoria e na prática do século XVIII, uma colónia ultramarina era um bem económico. Evidentemente, perturbações tão recorrentes como os levantamentos indígenas ou a guerra endémica com os franceses ocuparam uma boa parte do tempo e da atenção dos políticos coloniais. Mas a sua principal função era representar os colonizadores ante e contra o poder económico representado e exercido pelo governador. A sua própria razão de ser era económica. E só identificando e organizando os interesses económicos é que os políticos coloniais do século XVIII puderam criar unidade no eleitorado que representavam — um eleitorado que, à medida que o século foi passando, se foi diversificando cada vez mais nas suas outras características (crenças religiosas, origens étnicas, etc.). Nunca houve muita necessidade de fazer pelos políticos do século XVIII, em Boston, Filadélfia e Williamsburg, o que *Sir* Lewis Namier teve de fazer no nosso século pelo seu homólogo inglês: procurar e identificar as suas filiações e interesses económicos. Esse era o único facto sobre os políticos na América colonial que era sempre claro, evidente e do conhecimento de todos.

Mas a Madison — e a todos os políticos brilhantes que, no primeiro quarto de século da História dos Estados Unidos, estabeleceram as convenções políticas e os processos políticos para o país nascente — deveria ser dado crédito por uma visão fundamental: os interesses económicos podiam ser utilizados para *unificar*. Podiam ser utilizados para superar as «fações» perniciosas, a clivagem da sociedade em campos ideológicos divididos pelas suas crenças básicas, que os fundadores da nação temiam, com razão, por serem incompatíveis com a nação e a estabilidade política.

A utilidade do conflito económico

Esta é uma visão política da economia — uma visão que explica os acontecimentos económicos em termos de comportamento humano. Isto, mais do que qualquer outra coisa, distingue a abordagem tradicional americana à economia da abordagem do economista. O economista compreende o comportamento das *commodities*. E se for ingénuo (como os nossos atuais neokeynesianos tendem a ser), acredita que os seres humanos se comportam como *commodities*. Mas mesmo que seja cético, é provável que considere o comportamento humano comum um comportamento não racional do ponto de vista económico. De facto, o economista desde sempre desconfia, ou pelo menos desdenha, do político que, segundo lhe parece, subordina a lógica clara da racionalidade económica ao obscuro irracional das emoções e vaidades humanas. Partindo daqui, os economistas clássicos chegaram essencialmente a uma negação da política. Para eles, existia uma harmonia preestabelecida no sistema económico, com a autorregulação económica a produzir automaticamente o melhor para todos os grupos e classes da sociedade. O próprio Marx desprezava igualmente a figura do político: não mais aceitando a doutrina clássica da harmonia, mas sim a realidade do conflito económico, deduziu daí a inevitabilidade, muito além do alcance de qualquer político, da guerra de classes e da revolução.

Os economistas políticos da tradição americana nunca acreditaram, nem por um instante, numa harmonia económica preestabelecida. O conflito económico era demasiado óbvio para que isso acontecesse. Afinal de contas, havia caracterizado as relações entre as colónias filhas e a pátria mãe, culminando finalmente num violento tumulto da ordem política na Revolução. Mas, ao mesmo tempo, viram no conflito económico os seus meios para evitar o conflito ideológico, esse sim mais perigoso. E viram no conflito económico os meios para estabelecer a ordem — não a harmonia, que não esperavam alcançar neste planeta. Acima de tudo, viram que o conflito económico era o único conflito dentro do corpo político que podia ser gerido. Poderia ser gerido porque os interesses económicos são divisíveis, enquanto as crenças políticas ou religiosas não o são. Pode-se sempre dividir uma diferença económica em duas — e enquanto metade de um pão é melhor do que nenhum, metade de uma criança, como o rei Salomão há muito percebeu, não é, de todo, bom. O mesmo se aplica a metade de uma religião, de uma filosofia ou de um princípio político.

Acima de tudo, a sua experiência, única na altura e bastante contrária ao que o «senso comum» teria ensinado noutros locais, convenceu os fundadores da nação de que, ao contrário de todas as outras clivagens, os conflitos económicos tendem a tornar-se menos agudos com o tempo. Podem não sarar de forma automática, mas têm capacidade de melhoria. Se a luta for sobre «quem recebe quanto», então é possível satisfazer ambos os lados se a quantidade disponível para distribuir aumentar. E a sua experiência de colonizadores no continente virgem ensinou-lhes que o bolo económico é, de facto, passível de ser aumentado pela ação humana, em vez de ser fixo para sempre.

Eles podem não ter pensado conscientemente nisto, mas Alexander Hamilton partiu do pressuposto de que é possível aumentar os recursos económicos disponíveis. Esta suposição explica, em grande parte, porque é que os seus compatriotas, por mais que desconfiassem das suas políticas, adotaram facilmente o seu sistema económico, mas também porque é que nunca alcançou a plena respeitabilidade enquanto economista. Afinal, os economistas sempre — até muito depois da Segunda Guerra Mundial — partiram do pressuposto de que os recursos económicos são dados e limitados, de modo que o problema é a eficácia da sua distribuição num sistema de equilíbrio. A este respeito, Keynes, por muito diferente que fosse dos seus antecessores, era tão tradicional como os restantes. Foi apenas nas décadas mais recentes, até ao advento do «desenvolvimento económico» como objetivo da política económica — sendo a data crucial a declaração do Presidente Truman do «Ponto Quatro» do início dos anos 50 —, que os economistas aceitaram a criação propositada de um desequilíbrio dinâmico como algo possível e significativo.

Para os americanos — por muito fielmente que repetissem os ensinamentos dos economistas, por muito fielmente que os ensinassem nas salas de aula das suas faculdades — era óbvio que no seu país os recursos económicos se tinham revelado capazes de uma expansão quase infinita através da ação humana e, em grande medida, da ação política. Podem ter concordado com os economistas para quem este facto era puramente o resultado do mais raro dos acasos: o facto de neste continente existirem vastas áreas de solo vazio, pronto para o arado, pronto para ser apropriado e para ser convertido num recurso económico. Mas desde muito cedo que encontramos no comportamento político dos americanos fortes indícios de que, no fundo, eles sabiam que esse não era o caso. Sabiam aquilo que Hamilton também percebeu na última década do século XVIII: que existe uma dinâmica económica e que os recursos económicos são criação do Homem e não da Providência. Isto está claramente subjacente a medidas tão ousadas como a Lei Morrill, de 1865, com a qual, ao criar as «*land-grant colleges*», se assumia claramente que a aplicação do conhecimento cria um valor económico e uma capacidade produtiva muito superior aos fornecidos pelos recursos existentes. Subjaz, desde o início, a todos os movimentos sindicalistas americanos. O «sindicalismo empresarial» americano pressupõe não só que o bolo económico pode ser aumentado, mas, sobretudo, que a própria luta pela divisão do bolo é propícia à produção de um bolo maior — por outras palavras, o conflito económico por si só conduz ao crescimento económico, logo, simultaneamente, à unidade política e social.

III

Não pode haver grandes dúvidas de que o conceito americano de «interesse económico» enquanto força política eficaz e unificadora tem sido extremamente benéfico para este país.

Na verdade, é questionável se sem ela poderia ter existido uma nação americana. Com a sabedoria que uma visão *a posteriori* nos confere, conseguimos ver nas fronteiras uma fonte de força. Mas, na realidade, a vivência das fronteiras deve ter constituído uma tensão quase insuportável, como testemunham todos os outros países que passaram por uma experiência semelhante. Não foi apenas o tipo de tensão sobre os recursos físicos e sobre as energias políticas que uma expansão rápida e turbulenta produz. Acima de tudo, foi a tensão sobre a unidade de um país em que uma nova onda de imigrantes de diferentes origens sociais, diferentes países e credos religiosos chegava sempre muito antes de a anterior onda de imigrantes ter sido absorvida. Num país assim, a crescer a uma velocidade frenética, as clivagens ideológicas, filosóficas ou religiosas poderiam ter sido fatais.

Não devemos esquecer que os imigrantes, de um modo geral, não tinham qualquer tradição de autogoverno ou até de atividades políticas; afinal, não eram as pessoas respeitáveis ou de bem que chegavam nos porões dos navios de imigrantes. No entanto, praticamente da noite para o dia, estas vastas massas heterogéneas tiveram de se tornar uma nação subordinada a um governo e com um conjunto de valores básicos, caso contrário, a experiência americana teria sido um fracasso. Se os interesses económicos não tivessem sido o epicentro da organização política, ou teria sido necessário impor uma autoridade extremamente rígida à população, ou então o pluralismo ter-se-ia organizado *contra* a nação e a sua unidade — neste caso, cada tradição religiosa e cultural importada, cada valor e convicção política importada, seria o foco de uma ideologia estranha, ou até hostil, à criação de uma nacionalidade americana (como é tão claramente o caso na América Latina).

O grande fenómeno do século XIX não é, afinal de contas, a ascensão da economia americana. É a criação da nação americana. Ora, uma nação, como estamos agora a descobrir um pouco por todo o mundo, não é algo que se possa criar facilmente. Pelo contrário, é geralmente fruto de uma longa experiência e de forças históricas que operam ao longo de muitos séculos. Nem as nações da Europa nem o Japão foram criados da noite para o dia. A criação de uma nação é algo difícil e leva muito tempo a concretizar-se, e isto é comprovado pelo facto de, fora as antigas nações — e os Estados Unidos —, muito poucas ou nenhumas nações terem surgido entretanto. Em toda a América Latina, por exemplo, apesar de séculos de identidade política, apenas o México e, em menor grau, o Brasil, podem ser considerados «nações» — e ambos apenas neste século. Mas os Estados Unidos alcançaram a condição de nação em poucas décadas, ou, no máximo, no espaço de um século. Isto deve-se, em grande medida, à tradição que utilizou os interesses económicos e os seus confrontos e conflitos como base para questões políticas, alinhamentos políticos e conflitos políticos. Isto permitiu aos Estados Unidos tolerar, ou até encorajar, o pluralismo em todas as demais esferas, sobreviver à mais feroz das guerras civis e alcançar uma unidade de lealdade e de compromissos básicos que representam um laço e comunhão tão fortes como séculos de História, língua e experiências em comum deram a qualquer uma das nações mais antigas.

A tendência para o «bipartidarismo»

A convenção de interesses económicos, porém, tem feito mais do que prevenir o surgimento de questões ideológicas: tem forçado o sistema político americano a uma abordagem apartidária dos problemas não económicos.

As questões não económicas ameaçam os alinhamentos políticos existentes. Não são facilmente englobadas no seio do sistema político americano. Os políticos americanos evitam posições ideológicas, pela simples razão de que estas irão seguramente alienar uma grande parte de um círculo eleitoral congregado por interesses económicos. Qualquer posição ideológica não económica teria, por exemplo, acabado imediatamente com a aliança entre os brancos protestantes fundamentalistas e orgulhosamente anglo-saxónicos do Sul e a classe trabalhadora cosmopolita, em grande parte católica ou judaica, das grandes cidades em que o Partido Democrata se baseou durante tanto tempo. A única coisa capaz de os manter unidos — e capaz, assim, de levar um político democrata a um cargo federal — era a sua oposição económica aos interesses da indústria transformadora.

Isto incorporou no processo político americano um poderoso incentivo para lidar com questões não económicas numa base «bipartidária», ou seja, para os retirar essencialmente da política partidária. De facto, o maior elogio no nosso sistema político é reservado ao «patriota» que transforma uma questão não económica potencialmente disruptiva num consenso bipartidário. É principalmente por este ato de patriotismo que, reza a lenda, lhe custou as suas hipóteses de vir a ser Presidente que a História americana evoca Henry Clay. E um século mais tarde, Arthur Vandenberg conquistou um lugar permanente no panteão político americano ao tornar a política externa americana após a Segunda Guerra Mundial «bipartidária», mais uma vez sacrificando assim qualquer hipótese de uma nomeação presidencial que alguma vez possa ter tido para o seu partido. Muitos eleitores repudiaram Barry Goldwater em 1964, não porque discordassem das suas opiniões, mas porque a sua decisão de tomar uma posição partidária sobre questões não económicas lhes parecia uma ameaça maior para a República do que um consenso errado, mas bipartidário. E, no contexto do processo político americano, tinham razão.

Assuntos externos, religião, educação, direitos civis e uma série de outras áreas que, em qualquer outro país, são o pão nosso de cada dia da política partidária e da organização política são, portanto, tanto quanto possível, tratados como «bipartidários» no sistema político americano. Isto não significa que não sejam controversos. Significa que o sistema, desde que funcione, as utiliza para reunir fações que de outra forma seriam beligerantes, em vez de criar novas fações de cada lado da controvérsia. Na verdade, preferimos de longe nem sequer abordar essas questões, a menos que exista uma ampla coligação que ultrapasse as fronteiras dos nossos alinhamentos políticos convencionais. Frequentemente, iniciativas deste tipo são deixadas, como se por um acordo passivo, a cargo do único órgão do sistema político americano que está fora do alinhamento partidário estabelecido, o Supremo Tribunal. O facto de uma decisão do Supremo Tribunal ter tomado o lugar da ação política em duas das grandes questões constitucionais dos últimos anos, os direitos civis e a redistribuição dos distritos eleitorais, duas áreas politicamente cruciais, estava em plena consonância com a tradição que remonta ao Tribunal de John Marshall, pois uma decisão do Supremo Tribunal é a «lei da terra» e estabelece, assim, o seu próprio consenso.

As limitações do «consenso»

Existem limitações óbvias e reais à eficácia da convenção de questões económicas na política americana. Nem todas as questões não económicas — isto é, ideológicas, políticas ou morais — podem fazer-se passar por económicas ou ser organizadas como «bipartidárias». De facto, as questões e decisões mais importantes na vida de uma nação não podem ser tratadas desta forma. O grande exemplo é a escravatura, claro, pois neste país a escravatura não servia primariamente uma função económica (como era o caso, por exemplo, da economia do Brasil, baseada nas plantações). Pelo menos no segundo quarto do século XIX, a principal função da escravatura era dotar os «brancos pobres» do Sul de um sentimento de superioridade humana, por mais miserável que fosse a sua condição física ou moral. Mesmo que a escravatura na sua origem e propagação fosse uma instituição económica, na altura em que se tornou um problema, ou seja, aproximadamente depois de 1820, os principais beneficiários já não eram os proprietários de escravos, mas sim os não proprietários que obtinham os benefícios psíquicos de uma sociedade de escravos sem terem de suportar a crescente carga económica de manter os escravos. Por outras palavras, os abolicionistas, como agora sabemos, tinham razão: a escravatura neste país era um pecado e não um crime. Por esta razão, a abolição da escravatura por si só, sem que implicasse verdadeiros direitos civis para os negros, teve tão pouca expressão.

Também por este motivo, a escravatura não podia ser camuflada como uma questão económica, por mais que os políticos do início do século XIX tentassem. Além disso, sendo uma questão verdadeiramente «irreconciliável», ou seja, uma questão espiritual e moral, não poderia haver «consenso» sobre ela, apesar de o Supremo Tribunal da época a ter tentado estabelecer com a decisão de Dred Scott. Tão-pouco poderia a organização política existente lidar com uma questão tão marcadamente não económica — e provavelmente nenhum sistema político de país algum, por mais organizado que fosse, poderia ter lidado com ela. Assim, no que respeita à questão da escravatura, o sistema político americano fracassou e afundou-se na Guerra Civil, quase destruindo o país.

Mesmo em áreas menos cruciais e menos sensíveis, o sistema político americano não está vocacionado para lidar com questões não económicas. Este é o caso especialmente sempre que a política externa não pode ser organizada com base no «consenso» e no «bipartidarismo». Qualquer falha deste tipo deixa cicatrizes profundas e duradouras, pois põe em perigo a coesão nacional. Mas mesmo em áreas menos cruciais e menos sensíveis, o sistema político americano não está vocacionado para lidar com questões não económicas. Este é o caso especialmente sempre que a política externa não pode ser organizada com base no «consenso» e no «bipartidarismo». Qualquer falha deste tipo deixa cicatrizes profundas e duradouras, pois põe em perigo a coesão nacional. Foi o caso da guerra de 1812. Foi o caso do amargo conflito de política externa que precedeu a nossa entrada na Primeira Guerra Mundial. Mas quanto ao ataque japonês a Pearl Harbor, a clivagem em relação à política externa nos anos anteriores à Segunda Guerra Mundial poderia igualmente ter-se revelado incapaz de ser organizada no seio do sistema político americano e poderia ter dilacerado a unidade nacional americana. Hoje em dia, o Vietname representa uma ameaça semelhante.

Mas também há sempre o perigo de os nossos políticos se poderem esquecer de que a questão económica é uma convenção e caírem no erro de acreditar que a economia realmente controla a política. Nos assuntos internos, o perigo não é muito grande. Só um político muito estúpido não se aperceberá intuitivamente das limitações, bem como dos usos, da convenção. Certamente nenhum Presidente forte — Jackson, Lincoln, os dois Roosevelt ou Truman, por exemplo — alguma vez acreditou que os interesses económicos e a política económica eram, por si só, suficientes ou que prevaleciam inevitavelmente. Mas nos assuntos externos cometemos este erro repetidas vezes — e pagámos caro em todas elas. Por várias ocasiões fomos atrás da ilusão das «sanções económicas» como um instrumento eficaz nos negócios estrangeiros. E repetidas vezes descobrimos que são ineficazes. Isto aplica-se à crença do Sul de que o «Rei Algodão» forçaria o Norte a ajoelhar-se e coagiria a Europa a aliar-se à Confederação, mas também à crença no outro prato da balança, no Norte, de que a Confederação poderia ser derrotada por um bloqueio económico. E agora também sabemos, pelos diários dos líderes pró-ocidentais japoneses, que as sanções económicas que os Estados Unidos e a Grã-Bretanha impuseram ao Japão em 1940 e 1941 apenas fortaleceram o partido que apoiava a guerra e privaram os moderados de toda a influência, tal como o bloqueio da Alemanha na Primeira Guerra Mundial emasculou os moderados no governo alemão e tornou todo-poderosos os extremistas militares. Ironicamente, também sabemos agora que as sanções económicas nem sequer funcionaram no único caso em que pareciam ter tido sucesso — o caso que provavelmente explica a crença cega americana nesta política: as «sanções económicas» dos colonos americanos contra a primeira tentativa britânica de os tributar, uma década antes da Revolução Americana. Pesquisas históricas recentes tornaram razoavelmente certo que o Gabinete Britânico utilizou o boicote americano como desculpa para a retirada de uma política que se tinha revelado excessivamente impopular entre os poderosos apoiantes nacionais, e não principalmente por razões económicas.

A convenção da economia como terreno da ação e da organização política é, por outras palavras, apenas uma ferramenta. Como qualquer ferramenta, tem de ser usada com discernimento. E, como qualquer ferramenta, tem limitações. Quem confundir a convenção com a realidade paga sempre a pesada penalização que todos temos de pagar quando nos enganamos a nós próprios.

Embora não seja perfeita, nem infalível, nem, de forma alguma, uma panaceia, a convenção tem servido notoriamente bem o povo americano.

IV

A verdadeira questão, porém, não é quão bem a convenção funcionou no passado. Trata-se de saber se continua a ser útil. Podem os assuntos políticos habituais do povo americano continuar a ser ordenados pela regra tradicional de formular questões, tanto quanto possível, enquanto questões económicas e de definir alinhamentos, na medida do possível, enquanto alinhamentos económicos?

É praticamente impossível que esta convenção tradicional da política interna americana tenha um papel futuro importante a desempenhar nos assuntos externos e internacionais. Ao mesmo tempo, pode estar no fim da sua utilidade a nível interno.

Nenhum dos muitos novos países que surgiram nas últimas duas décadas se tornou ainda uma nação. Cada um deles está menos bem equipado para esta tarefa, pela História e pela tradição, do que há 200 anos estava a jovem República americana. Em todos eles, as clivagens entre tribos, religiões, raças, são profundas — e terão de ser ultrapassadas rapidamente para que o país possa sobreviver. Nenhum deles sobreviveria a um conflito de ideologias. Nesta situação, muitos deles, senão todos, recorreriam previsivelmente à eliminação das políticas — a promessa vã de todas as ditaduras. Também previsivelmente, isto só irá agravar os conflitos e torná-los ainda mais difíceis de resolver. Previsivelmente também, alguns deles pelo menos procurarão refúgio no nacionalismo fanfarrão, ou até em conquistas no estrangeiro. Também isto, como a História nos ensinou amplamente, não será bem-sucedido. Só uma abordagem política que permita que os conflitos sejam produtivos e criem unidade para além das fronteiras de tribo, religião, tradição ou raça pareceria adequar-se às necessidades dos novos países. Na abordagem tradicional americana, que faz com que a política se volte para interesses económicos e questões económicas, os novos países podem muito bem encontrar o que precisam, pronto a usar e devidamente testado.

De facto, esta abordagem poderia tornar-se cada vez mais importante para a comunidade internacional no seu conjunto. O mundo de hoje está ameaçado por um perigo ainda maior do que o da guerra de classes no século XIX. Está ameaçado pelo perigo de uma guerra racial mundial dos pobres, na sua maioria de cor, contra a minoria maioritariamente branca dos ricos. Ao mesmo tempo, este é um mundo infinitamente menor do que o do século XVIII — um mundo em que todos são vizinhos de todos e em que, portanto, não há alternativa à vida em conjunto. Num mundo assim, um conceito político que permite um conflito produtivo, mas que também organiza a unidade para além das ideologias e tradições divisoras, pode ser de suma importância.

Estamos obviamente muito longe de qualquer feito deste tipo; a «Aliança para o Progresso», na versão original do Presidente Kennedy, era, provavelmente, a que mais se aproximava. Mas, em retrospetiva, os esforços de desenvolvimento dos anos 50 e 60 podem um dia ser lidos como os primeiros passos incertos e vacilantes no sentido de um novo conceito de ordem internacional, não ideológico, mas unificador, diferente tanto na sua flexibilidade e eficácia da anarquia mundial de Estados soberanos que se tornou um anacronismo irremediável, como de um governo mundial que, se de todo exequível, poderia atualmente não ser mais do que uma tirania mundial.

A necessidade de inovação

Ao mesmo tempo, parece provável que na política interna a convenção económica tradicional tenha perdido a sua utilidade. Não é que estejamos insatisfeitos com ela ou que nos tenhamos apegado à política ideológica, mas os problemas e desafios da vida americana já não se podem encaixar facilmente, se de todo, num molde económico. A questão dos direitos civis, muito provavelmente, é um exemplo típico das questões que serão centrais para a política americana a partir de agora: os problemas da metrópole; a estrutura, valores e relações de uma sociedade cada vez mais organizada em grandes e poderosas instituições; ou o papel, função e limitações da ciência e tecnologia. Estas questões não podem ser convertidas em questões económicas. Nem é provável, apesar das tentativas de «consenso» do Presidente Johnson, que se prestem ao «bipartidarismo». O bipartidarismo é eficaz quando as respostas são conhecidas, pelo menos em linhas gerais. Mas as grandes inovações políticas, tais como as que precisamos, raramente descendem do compromisso.

No entanto, estas são também questões que os alinhamentos ideológicos tradicionais, os alinhamentos da política europeia, não podem resolver. Fazer como tantos críticos do sistema político americano, estrangeiros e nacionais, nos incitaram a fazer durante mais de um século — organizar a nossa vida política com base em «liberal» e «conservadora», ou «direita» e «esquerda» — só serviria para aumentar a confusão. O que é «liberal» em relação ao governo de uma metrópole? Ou no que respeita à relação entre o indivíduo e as grandes organizações das quais depende para a sua eficácia, mas das quais não deve depender se quiser ser livre? E o que significa ser um «conservador» nestas questões? Vai haver, obviamente, um desacordo violento em relação a estas questões; de facto, há necessidade desse desacordo e de uma diversidade de abordagens para que possa surgir uma solução. Mas os alinhamentos ideológicos são tão irrelevantes para estas questões como o alinhamento tradicional baseado em interesses económicos. A «Nova Esquerda» está, por conseguinte, destinada a ser estéril e condenada à frustração total.

Se, de facto, o mundo nos permitir o luxo de nos dedicarmos aos assuntos domésticos no próximo meio século, teremos não só de enfrentar novas questões, mas de conceber uma nova abordagem da política interna no seu conjunto. Isto significa uma maior agitação na nossa vida política, uma maior pressão sobre a sanidade política e a estabilidade, do que as novas questões só por si poderiam significar e a maior oportunidade para um pensamento político criativo e uma liderança política eficaz que este país já viu desde os dias dos fundadores da nação.

Se aproveitarmos esta oportunidade, podemos ter de abandonar a tradicional dependência dos interesses económicos e das questões económicas como símbolos de relações políticas e como meios de organização política. Espero que, ao desistirmos delas, não desistamos do princípio que lhes está subjacente: a mobilização do conflito para criar unidade e o apelo aos interesses contra o fanatismo das fações ideológicas. Este não é apenas um conceito civilizado; é um princípio que torna a política produtiva para o bem comum. Tem beneficiado o povo americano — de tal forma que prescindir da figura do Grande Economista parece, de facto, um preço irrisório a pagar.